慧教育

杏坛论教
智慧领航

高国忠 —— 主编

上海社会科学院出版社
SHANGHAI ACADEMY OF SOCIAL SCIENCES PRESS

图书在版编目(CIP)数据

慧教育：杏坛论教　智慧领航. 第一辑 / 高国忠主编. — 上海：上海社会科学院出版社，2024
ISBN 978-7-5520-4394-5

Ⅰ. ①慧… Ⅱ. ①高… Ⅲ. ①师资队伍建设—研究—浦东新区—文集 Ⅳ. ①G451.2-53

中国国家版本馆CIP数据核字(2024)第094918号

慧教育——杏坛论教　智慧领航（第一辑）

主　　编：高国忠
责任编辑：路　晓
封面设计：徐　蓉
出版发行：上海社会科学院出版社
　　　　　上海顺昌路622号　邮编200025
　　　　　电话总机 021-63315947　销售热线 021-53063735
　　　　　https://cbs.sass.org.cn　E-mail:sassp@sassp.cn
照　　排：南京理工出版信息技术有限公司
印　　刷：上海颛辉印刷厂有限公司
开　　本：710毫米×1010毫米　1/16
印　　张：21.25
字　　数：343千
版　　次：2024年7月第1版　2024年7月第1次印刷

ISBN 978-7-5520-4394-5/G·1322　　　　　　　　　　定价：98.00元

版权所有　翻印必究

编委会

主　　任　单少军　张娣芳

副 主 任　高国忠　毛力熊

主　　编　高国忠

执行主编　毛力熊

编委会成员（以姓氏笔画为序）
丁黎忠　卜文雄　毛力熊　朱　慧
刘玉华　刘晓峰　李百艳　李　军
吴　瑶　张　伟　陈　斌　陈　强
金志勇　郑致刚　徐宏亮

序
树立思想自信　提升实践自觉

于　漪

浦东改革开放30年的非凡成就，让我情不自禁地想到了30年前上海市副市长、市委常委赵启正同志。他被委任为首任浦东新区管理委员会主任后，曾在浦东召开了一个全市高教普教专家代表座谈会，商讨浦东新区教育发展的灿烂前景，我当时也有幸参加了。会上大家畅所欲言，发表了很多意见。赵启正同志对浦东新区建设的激情、发展的期望，对浦东教育如何把理想变为现实的壮志豪情，至今历历在目。最后，他总结发言，其中有一句话我至今不忘。他说，开发浦东新区从教育而言，最重要的就是花大力气把基础教育抓上去，提高人的素质。他举例说，那时浦东还未开放，比较困难，汽车也少，但不断出车祸。为什么呢？人在马路上走，有的车从你左边开，有的车从你右边开，不懂规则，无规则意识。教育不是一件平常事，它是提高人的素质的，这一点我铭记在心。30年过去了，浦东新区学校林立，上海1/5的学生与教师都在这块热土上成长，有了大体量的基础教育，浦东的教育发生了翻天覆地的变化。这是浦东教育人一代一代齐心协力、艰苦奋斗、改革创新结成的硕果。想到这些，我这名老教师心中就升腾起对浦东教育的创建者、奉献者和参与者的无限崇敬。

如今30年过去了，我们还有许许多多的工作要做，特别是当前"双新""双减"的任务非常繁重，这是我们从来没有碰到过的新问题、新挑战。对新冠肺炎疫情的防控，学校也是重任在肩。但我们再忙再累，也不能忘掉教师队伍自身的建设、自身的修为。习近平总书记讲，教师是教育工作的中坚力量，有高质量的教师，才会有高质量的教育。没有高水平的教师，就很难培养出高水平的创新人才，也很难产生高水平的创新成果。他特别提出，教师要成为大先生，做学生为人、为事、为学的示范，促进学生成长为全面发展的人。这些话对我们教师寄托着无限的期望。

我们从事教育，要高质量高水平，需要学习的东西非常多，需要锻炼的角度、方位也非常多。但我认为一名优秀教师、卓越教师的成长，除广泛学习、深入学习外，对我国教育的一些根本性的问题，须作根本性的思考。

我们所从事的是中国特色社会主义教育。中国特色社会主义教育的本质特征是什么？它的渊源是什么？须作深刻思考与探究。党领导下的中国特色社会主义教育的本质特征是社会主义。这个教育前无古人。中华文明有几千年，教育是伴随着中华文明的，没有良好的教育就不可能有几千年延续的中华文明。因此，我们的教育是有优秀传统的。但是，那时没有社会主义。而今，我们传承了中华教育的传统，创造性地转化、创新性地发展。放眼世界，欧洲也好，美国也好，日本也好，它们没有社会主义教育，故我们没有任何现成的模式可照搬照抄，要靠我们自己创造。但必须清醒地认识到，现在是改革开放时代，我们办教育要海纳百川，面向世界，把世界各国教育的精华学过来，择善而用，丰富和壮大我们自己。

中国特色社会主义的教育，就我们中国有，在人类历史上进行创造，要有舍我其谁的高远志向和原创的教育教学思想和精神。我们的教育跟西方的教育、日本的教育有很多相近、相似乃至相同的地方，因为培养人，从儿童到少年到青年，有相似相近的规律。那么，有没有不同呢？有没有本质上的区别呢？作为一名觉醒了的教师，须想清楚、想明白。改革开放这些年，我们的教育大体量地全面普及，成就首屈一指。但我们不仅要在量上发展，还要在质上取胜，才有真正的话语权。

100多年前，洋学堂是从西方引进的，规则是人家定的。中国特色社会主义教育必须有我们自己很多原创的东西，才有话语权，才真正对人类有贡献。思想上必须树立自信，站在战略的高度，厘清中外教育的同与不同。比如说培养目标，研究哈佛大学毕业生去向的一份材料说，哈佛强调以真理为友，但是大量的优秀毕业生都是到华尔街搞金融发财、搞垄断。我们要培养的是德智体美劳全面发展的社会主义建设者和接班人，是赓续红色血脉，能担当中华民族伟大复兴重任的时代新人。

教育部已经讲了，我们现在的基础教育已经是世界上的中上水平。但一讲到教育，有些人总认为我们就是落后的。我们确实有落后的地方，但真的就那么落后吗？改革开放这些年来，国家发生了翻天覆地的变化，绝大多数都是我们自己培养的人在从事建设事业。因此，教育自信十分重要。比如，教育公平，我们做的大量工作是政治性、社会性、基础性的。不管是东部、中部还是西部，都要想办法让学生受到优质教育，因为我们是以人民为中心的。国外也讲教育公平，但往往看成是救济、慈善，例如有的学校每周有几节课，教师为困难学生补困。国情不一样，同样的话语，教育内涵不一样。

又比如，立德树人是我们的根本任务，是我们的原创。育人，古今中外都讲。教育就是培养人，雅斯贝斯讲教育就是"人之完成"；我们讲教书育人，读书做人，关键在做人。为什么要立德？中国文化是做人要做君子，不能做小人。立德是做人的底线，缺德失德就丢失了人的本分。今天我们的立德树人就是要明大德、守公德、严私德，要有家国情怀，要坚守中国特色社会主义的共同理想。回顾历史，放眼看世界，对这个原创思想的价值意义就会有更深刻的认识与理解。中华人民共和国成立之际，帝国主义就想把新生的人民共和国扼杀在摇篮里，抗美援朝艰苦卓绝的斗争粉碎了他们的美梦。但是，美国国务卿杜勒斯临死的时候，还把中国"变色"的希望放在中国第三代、第四代身上。现在美国"卡我们脖子"，过去主要是经济、军事领域，现在是经济领域、军事领域、科技领域、信息领域、思想领域、文化领域等，对此我们要有清醒的认识。立德树人是在中国土地上诞生的，这个原创思想源于中国立场、世界视野、时代特征。

我们从事教育的老师，要学会将马克思主义基本原理和中国教育的国情结合起来思考，寻觅并创造科学而有效的教育教学途径与方法，教育专业、学科专业方面也不要习惯于听别人说短长。从1840年鸦片战争以来，中国沦为半殖民地半封建社会，积贫积弱，奋起抗争，艰难曲折，一次次失败让有些人成了思

想矮子，而且习惯了不自知。如今党领导中国人民奋斗了 100 年，取得了令世人震惊的伟大成就，正向着第二个 100 年前进。因此，思想上更要树立自信，挺直脊梁骨，用教育自信创建自信的教育。教育发展进程中有这样那样的问题不足为怪，关键在于怎样面对、怎样分析、破解。要乘风破浪，自信心、自信力必不可少。我们的教育是有积淀的，从革命老区办学开始，就有好的经验；新中国 70 多年来，特别是改革开放以来，教育创造了许多行之有效的有中国特色的优秀经验，关键要认真梳理、凝聚、筛选，上升到理论层面来认识，洞悉规律与价值。如果缺乏自信，就会视而不见，甚至不屑一顾。

我们的认识、我们的思想对不对，要靠实践来检验，因为实践是检验真理的唯一标准。我们进行课程教材改革，从事大量的教育教学实践，增强自觉性十分重要，切忌盲目。现在实施"双减"，社会上庞大的培训机构，资本的运作，冲击学校教育体制，影响党的教育方针的全面落实，必须进行治理，拨正教育的航向。校外积极治理，校内过重的作业负担要减，让教育回归本原，使学生身心获得健康发展。学业减负不只是技术上的增减，要推敲它的质和量。社会上加在学生身上过重的学业负担减了，学校更要发挥教育的主体功能，根据学生的认知与身心发展的规律，提高教育教学质量。

作业减负的源头在课堂教学的质与量。从事教学实践，必须思考：这节课究竟要学生学什么？怎样指导才能让学生学习积极性充分发挥？这节课是否把握住了学科的特质？在单元知识、能力架构中起什么作用？凡此种种，均应想清楚。有时，为了趋时跟风，不切实际，效果适得其反，给学生增加了不必要的负担。比如，引进一种教学方法本无可非议，异质、多元可促进思考，从中吸取养料，获得自我提升。但是，如若盲目照搬，就会事与愿违。如 1968 年英国人托东尼·博赞发明的、1974 年开始在全球推广的全脑思维记忆工具，把半个控制语言、线条、数字等抽象思维内容的理性脑和半个控制形状、色彩和想象力的感性脑整合起来，就可抓住记忆点，增强记忆效果。任何工具的发明都有其使用的价值，运用时须弄清其来龙去脉，把握它的优点与局限，若乱搬乱套，就会造成五花八门、光怪陆离的现象。如教张若虚的《春江花月夜》，整堂课的思维导图就是给诗中的景、情、物绘色，红、蓝、黄色不够，还得拼色。思维导图满目都是色彩，诗的意象、意境、语言文字的表现力模糊了、虚幻了，审美情趣的培养走样了。学生究竟学到了什么？这样的学业负担合理吗？在课堂教学中，我们常看到外来的风一浪逐一浪，浪头过去似乎也就销声匿迹了。

由此，我联想到美国一位文学理论大师说过的话。众所周知，美国文学是美国土著文学与欧洲殖民文学的结合体。他说，从欧洲引进的这些理论并不是超凡大度的，其理论、做法以及萌芽生长的一些东西，与特定的时间、特定的地点、特定的文化、特定的语言盘根错节，难解难分。若花大力气去拿来用了，并没有发挥本土的正面功能，而变成了《荷马史诗》里的"特洛伊的木马"，或者就是计算机里的一种病毒，改变了机构的程序，起到破坏的作用。教学与文学理论有别，具体问题要具体分析，不能一概而论。这番话对我们仍有启迪作用：一要放出眼光拿来；二要从教材实际、学生实际出发，恰如其分地运用。

当前，学生作业负担要减得有效，关键在课堂教学目标、教学内容的适切性。有些课，教师和学生都在负重前进。一节课的教学内容多到古今中外皆有，学生没有那么多文化积累，也没有那么强的综合思维能力，只能是蜻蜓点水，云里雾里，学得不切实际，完成作业的难度可想而知。基础教育重在打基础，是奠基，不是高大上，一就是一，二就是二，具有科学性、适切性。"好"与"深"是两个概念。切合学生认知与身心发展规律，学生学得高兴、学得快乐，学有成就感、满足感，课堂教学质量才是优质的。

大道至简。要提高课堂教学质量，有效减少课后作业过重负担，至为重要的是教学要返璞归真，少一点装饰、挂件，少一点弯弯绕，多一点真知真思真问题。课前要充分备课，对学生须掌握的知识、能力成竹在胸，教学时要言不烦，一语中的。教学中含糊的，绕过来绕过去，废话最多的，一定是自己不深知底里，或生搬硬套、或一知半解的。教学实践中，要减少盲目性，增强自觉性，学科专业的真本领须不断锤炼、提升。

"双减"形势下，班级教学实践中因材施教十分重要。要善于调动不同层次学生的学习积极性和主动性。比如，某个章节、某篇课文的主问题，既要面对大多数学生，又要有最基本的，让学习最困难的学生也能寻觅到解答，还要适当增加难度，让学有余力的学生可攀登，让不同层次的学生学习各得其所，都有满足感，而且可体悟到逐步攀登的乐趣。教学千古事，得失寸心知。提高课堂教学实践的科学性、艺术性、适切性，永远行进在追求的路途之中。

对基础教育的一些根本问题作根本性的思考，目的在于树立思想自信，提升实践自觉，聚焦于教师内心的深度觉醒。每位老师都有相当大的潜力，当内心觉醒，把自己的命运与学生的命运、国家和民族的命运紧密联系在一起的时候，就会有无穷的智慧，有用不完的劲，群策群力，在新时代创造浦东新区教育的新硕果。

浦东新区是我们改革开放的前沿，是上海的骄傲，也是全国的骄傲。"苟日新，日日新，又日新"，天天学习，日日向上，浦东新区教育一定能在今天取得翻天覆地变化的基础上创造新辉煌。我这名老教师期盼着，祝愿着。

（本文根据于漪在首届浦东杏坛上的报告录音编辑整理）

作者简介：于漪，上海市杨浦高级中学名誉校长。曾任全国语言学会理事、全国中学语文教学研究会副会长，上海市教师学研究会首任会长。她长期躬耕中学语文教学事业，坚持教文育人，推动"人文性"写入全国《语文课程标准》。从教至今，共撰写教育著述600余万字，出版有全国基础教育领域首部特级教师全集《于漪全集》，主讲省市级以上探索性、示范性公开课近2 000节，被誉为"精心育人的一代师表，潜心教改的一面旗帜"。被评为全国首批语文特级教师，首届全国教书育人楷模，中共中央、国务院2018年授予其"改革先锋"称号，2019年授予其"人民教育家"国家荣誉称号。

前　言

党的二十大报告明确提出"教育强国"的战略目标，强调了教育在国家发展中的基础性、先导性和全局性地位。上海浦东新区作为中国改革开放的前沿阵地，积极响应党的号召，以高质量发展为主线，筑牢教育强国根基，致力于打造教育强区。

为全面落实《中共中央　国务院关于全面深化新时代教师队伍建设改革的意见》，打造社会主义现代化建设引领区，深化浦东新区师资队伍建设改革，以"十四五"为契机，开启全面建设高素质、专业化、创新型教师队伍的新征程，2021年9月，浦东新区启动"浦东杏坛"系列论坛活动，以促进教师专业发展和提升专业素养为目标，通过专题化、专业化的论坛形式，以国家最新政策文件、国内外最新理论研究成果为导向，以教育教学中的实践问题为抓手，推进区域教师开展多元学习活动，注重专业引领与问题解决，强调加强体系、提升层次、质量保障、创新融合、与时俱进，引领浦东新区教师适应新课程教学改革和新时代教育发展要求。

"浦东杏坛"分为"教育之道""评价之策""课程之法""科研之力"和"技术之能"五个模块开展。"教育之道"围绕"创新、协调、绿色、开放、共享"等新的教育发展理念，探讨如何激发教育活力、教师创造力、学生创新力。"评价之策"围绕中共中央、国务院《深化新时代教育评价改革总体方案》，探讨科学的教育评价导向、教育发展方向和学校治学导向等问题。"课程之法"围绕深化新课程改革、落实立德树人等要求，关注学生学科核心素养，探讨符合素质教育要求的新课程模式、新教材体系、新人才培养路径。"科研之力"围绕如何提升中小学教师科研能力水平和科研绩效等问题，激励教师探索科研与教学相结合、科研与实践相结合的有效路径。"技术之能"围绕新时代下技术如何赋能教育，以推动学校教育变革为导向，挖掘信息化教育教学的发展需求，探讨教师如何主动适应智能技术变革的方法、路径，持续提升教师信息素养。

近三年来，在上海市教委、上海市教育学会高度关注下，在浦东新区区委区政府、浦东新区教育局领导的指导下，以及国家级、市级专家的大力支持下，已成功举办七届"浦东杏坛"活动，即首届"杏坛论教　智慧领航"，第二届"融合共生　智向未来"，第三届"引领·培育·创生"，第四届"育人方式变革背景下教研转型的应为与可为"，第五届"铸魂·生根·强基——新时期教师专业发展学校建设"，第六届"大模型、人机协同与教学数字化转型"，第七届"创·教育：点亮创新之光"。七届"浦东杏坛"共汇聚了200多场专家报告，线上线下共20万人次参与，其规格之高、内容之深、规模之大、影响力之广，已成为彰显浦东教育标识度、辐射度、美誉度的教育品牌。未来，"浦东杏坛"将继续聚焦专业力量，锚定"打造社会主义现代化建设引领教育强区样板"目标，勇挑"引领区"重担，每个季度定期开展高品质的"浦东杏坛"活动。

《慧教育——杏坛论教　智慧领航（第一辑）》一书的出版，既是浦东新区教育领军人才教育成果"慧教育"系列成果之一，是对近三年来七届"浦东杏坛"活动优秀成果的汇聚和总结，充分展现了浦东新区在教育事业上所取得的卓越成就，同时也为全国的教育改革提供了宝贵的经验和启示。本书收录的50篇文章，从教育之道、评价之策、课程之法、科研之力、技术之能五个维度反映了浦东新区高质量教育发展的智慧淬炼和实践探索，也体现了浦东新区优秀教师强韧内力、拔点攻坚的锐意进取和不懈追求。

相信本书的出版，不仅是具有高远立意和站位的教育智慧宝典的汇聚，能够激发全社会对高质量教育的关注和对教育事业发展的支持，也一定能使"浦东杏坛"品牌影响力辐射更广、影响更为深远，如一座智慧的灯塔，照亮着我们迈向教育强区的征程。让我们携手共进，以智慧领航，共同迎接更加美好的教育未来！

目 录
CONTENTS

序　树立思想自信　提升实践自觉…………………………于　漪　001
前言……………………………………………………………………001

教育之道

立德铸魂育新人　开拓创新促发展
　　——李百艳院长在首届浦东杏坛主论坛上的讲话
　　………………………上海市浦东教育发展研究院　李百艳　003
迎接挑战，砥砺前行
　　——毛力熊书记在"铸魂·生根·强基：新时期教师专业
　　发展学校建设论坛暨第五届浦东杏坛"闭幕式上的讲话
　　…………………………上海市浦东新区教育局　毛力熊　006
助力浦东"引领区"建设，打造教育专业服务"芯"高地
　　………………………上海市浦东教育发展研究院　李百艳　011
做学生健康成长的引路人
　　——教师的价值观建设
　　………………………………清华大学教育学院　石中英　015
教师学习：如何构建区域教师培训课程系统
　　………………………上海市浦东教育发展研究院　胡意慧　022

规划：让教师学习突破经验局限
....上海市川沙中学　王　珏　028

做项目、建模式，解决教师学习的"行动"问题
....上海市建平中学西校　赵之浩　032

赋能与重构：建构教师队伍高质量发展的长效机制
....上海市进才中学北校　金卫东　035

建构支撑教师学习的学校生态系统
....上海市浦东新区竹园小学　娄华英　040

一堂三读：做一个幸福的"学习者"
....上海市浦东新区浦南幼儿园　蒋耀琴　043

探索基于"物证理治"提升中学物理教师"五味·三能力"的实训之经
....上海南汇中学　张韶龙　046

研训——理念落于实践与合作
　　　　——团队分层满足
......................................上海市浦东新区高东镇中心小学　万晓春　052

评价之策

以评价改革促进教师专业发展
　　　　——以浦东教师评价改革进行时为例
....上海市浦东教育发展研究院　张　新　061

指向教师发展的学校自我督导体系建设
....上海市浦东教育发展研究院　刘　朋　066

促进幼儿科学素养养成的表现性评价
....上海市浦东新区南门幼儿园　龚卫玲　071

有效评价，促进教师专业化成长
　　　　——以教师个人三年规划为依据，开展教师自主性评价
....上海市浦东新区高科幼儿园　费丽华　078

用评价看见每一个孩子
　　——基于智慧校园平台的"五星五育+"学生综合素质评价探索
　　…………………………上海市浦东新区第二中心小学　陈　洁　083
均衡：让每个孩子成为最好的自己
　　…………………………上海戏剧学院附属浦东新世界实验小学　周　怡　092
让学生在多元对话中成长　让星星在多元评价中闪耀
　　………………………………………上海市建平实验中学　叶　彬　105
有效评价，实现见习教师专业成长
　　………………………………………上海市浦东新区天虹幼儿园　茅琴美　107

课程之法

学习贯彻党的二十大精神　推进区域教研高品质发展
　　………………………………上海市浦东教育发展研究院　卜文雄　115
以学校课程建设支持教师专业发展
　　………………………………………………上海市澧溪中学　朱国花　119
乘着课改春风，收获成长硕果
　　……………………………上海市浦东新区东方幼儿园　刘树樑　126
"双新"背景下的实验教学解读和"微活动"的设计
　　——以必修1《分子与细胞》为例
　　………………………………………………上海市建平中学　冯碧薇　131
基于课改背景下的项目化学习
　　………………………………上海市浦东教育发展研究院　陈久华　138

科研之力

引领·培育·创生
　　——高国忠局长在第三届浦东杏坛开幕式上的发言
　　………………………………………上海市浦东新区教育局　高国忠　143

以科研成就有价值的教师
................上海师范大学国际与比较教育研究院　王　洁　145

项目引领　益师强师
................华东师范大学附属东昌中学　薛志明　150

"桃"不言　下自成蹊
——"桃文化"长效课题研究促教师专业成长
................上海市浦东新区大团小学　卫飞明　156

当AI和教师的教育写作相遇
——人工智能教育案例撰写例谈
................上海市浦东教育发展研究院　王丽琴　162

跬步千里　向美而行
——以金囡幼儿园长周期龙头课题为例
................上海市浦东新区金囡幼儿园　曹莉萍　171

课例研究：14年本土化区域变式探索
................上海市浦东教育发展研究院　郑新华
上海市民办尚德实验学校　邬强波　176

教科研引领未来教育的形态
................上海市民办尚德实验学校　姜晓勇　186

技术之能

融合共生　智向未来
——浦东教育数字化转型的探索与设计
................上海市浦东教育发展研究院　李百艳　193

区域推进面向计算思维的人工智能与编程教育的若干问题思考
................上海市浦东教育发展研究院　谢忠新　李晓晓　李　盈　200

运用现代技术　撬动课堂转型
................上海市浦东教育发展研究院　章健文　209

基于作业数据分析的课堂精准教学实践研究
....上海市浦东教育发展研究院　朱　伟　216
实践逻辑 & 落地路径：教育数字化转型，怎么"转"
....上海市浦东教育发展研究院　张广录　228
利用"教学助手"的数据反馈　开展精准英语教学研究
....上海市浦东教育发展研究院　郭松梅　234
面向计算思维培养的人工智能项目设计与实施
....上海市实验学校东校　潘艳东　244
注重体验的人工智能教学模式实践探索与思考
....上海大学附属浦东实验小学　王斌华
....上海市浦东新区福山外国语小学　吕立晨　252
智慧校园背景下的学校教师专业发展场景建设研究
....上海市浦东新区第二中心小学　陈　洁　260
以"三个助手"校本化实施为依托　推进数字化转型
——孙桥小学基于"三个助手"开展数学数字化转型赋能教师成长
....上海市浦东新区孙桥小学　朱　威　268
技术赋能，探索教师专业发展的新方略
....上海市进才中学北校　金卫东　279
基于科创特色的人工智能教育探索
——张江高科实验小学人工智能教育实践
....上海市浦东新区张江高科实验小学　陈　飞　李　晶　285
关于智能时代教师智能教育素养的思考
....上海市浦东教育发展研究院　李　盈　292
智能技术如何促进教师专业发展
....上海海事大学附属北蔡高级中学　马淑颖　298
基于大数据平台的教师专业发展数据挖掘分析
....上海市浦东教育发展研究院　周　伟　300

欣耘细耕　活力溯源
　　——教学数字化转型的实践初探
　　..上海市新云台中学　王晓云　308
"杏坛论教　智慧领航"历届杏坛回眸
　　..上海市浦东教育发展研究院　刘晓峰　315

围绕立德树人、育人方式变革，探讨如何激发教育活力、教师创造力和学生创新力。

教育之道

立德铸魂育新人　开拓创新促发展

——李百艳院长在首届浦东杏坛主论坛上的讲话

上海市浦东教育发展研究院　李百艳

我怀着激动的心情参加了"浦东新区庆祝第37个教师节暨'浦东杏坛'"活动，有三点感受和大家分享：

育"师"之本，在于立德铸魂。国无德不兴，人无德不立。才为德之资，德为才之帅。育人之本，在于立德铸魂。

一、培养什么人，是教育的首要问题

教师教育，首先要围绕为谁培养教师、培养什么样的教师、怎样培养教师这一根本问题，提出工作要求、作出战略部署。我们培养教师，是为了办好人民满意的教育，为加快推动浦东新区教育现代化步伐、建设教育强区提供师资支持。

"得其大者可以兼其小"。天下大事必作于细，必成于实。教师教育，除了强调在加强品德修养上下功夫外，在教育实践中，更加重视引导教师从自身教学工作做起、从点滴开始，在日常的"教师学习"中，培育和践行符合时代要求的教师工作核心价值观，踏踏实实修好品德，成为符合总书记"四有"要求的有大爱大德大情怀的人。

二、以"教师学习"为抓手，专业引领，升级体系

这次论坛能够明显让人感觉到浦东新区的教师教育，除了先进理念的引领，更重视深入的学术研究，并在实践落地上狠下功夫。论坛通过丰富的展板、研

讨、对话等专题化、专业化的方式，围绕"教师学习"这个核心，在具体做法上，展示了浦东新区是如何以立德树人为根本，聚焦教师专业发展和素养要求，搭建优质教师教育交流平台，如何注重教师教育的专业引领与问题跟进，如何加强体系、提升层次、保障质量、创新融合、与时俱进，打响浦东教师品牌。

如何在教育教学的实践中拓展多元路径，充分利用资源对"教师学习"加以支持，是摆在我们面前要探索的迫切任务。从论坛中，我们能够感受到十分浓郁的研究"教师学习"的学术风气，从学校到教发院，从实践现场到研究机构，从高端引领者到普通教师，大家都以高涨的热情、科学的态度、专业的方法，对"教师学习"加以支持帮助和引领，以达成通过教师学习的方式实现凝聚人心、完善人格、开发人力、培育人才、造福教育的效果。

浦东新区在这方面做了一系列探索，总结了成体系的经验做法，本次论坛展示了不少成果，为浦东新区教师教育事业更上一个新台阶打下了良好的基础。

三、建设高质量教师教育体系，使命光荣，任重道远

"育才造士，为国之本。"浦东新区要在教育领域发挥社会主义现代化建设的引领作用，对教师队伍建设提出新的更高要求。

面对新时代的要求，我们需要思考一系列问题：如何准确把握教育改革发展面临的新形势、新任务，领会社会主义现代化建设引领区的时代主题、精神内涵与时代价值？如何加强党对教育工作的全面领导，为教育改革发展稳定提供坚强保证？如何深化教育改革创新，攻坚克难，进一步激发教育发展的动力和活力，推动改革和发展深度融合、高效联动，确保各项决策部署落地见效？如何采取措施，弘扬尊师重教的社会风尚，让广大教师安心从教、热心从教，汇聚起教育事业改革发展的磅礴力量？如何培养大批德才兼备、担当重任的社会主义现代化教育事业的建设者和开拓者？……总之，建设一支优秀的教师队伍，是实现教育振兴、建设社会主义现代化建设引领区的重要基石，对浦东新区提升教育综合素质、促进人的全面发展、增强创造活力具有决定性意义。这一个个"如何"，是压在我们教育工作者身上的一副副重担，是目前摆在我们面前的一个个难题，需要我们一个个研究，给出答案。

面对新使命、新要求、新压力，我们教育工作者要不畏艰难，不忘初心、牢记使命，扎实工作，开拓进取，不断提升境界和能力，把新发展理念转化为教育工作的机制、方法和行动，协同发力，不断探索发展新路径，拓展发展新境界，奋力建设高质量教师教育体系，成为示范者、引领者、创新者，办好人民满意的教育，为建设浦东社会主义现代化引领区做出贡献！

作者简介：李百艳，上海市浦东教育发展研究院院长。曾任上海市建平实验中学校长、党总支书记。教育学博士，特级校长，特级教师，正高级教师，教育部特约督导员，教育部"国培计划"名师领航工程名师、工作室主持人，第四期"上海市普教系统双名工程""高峰计划"名校长，浦东新区教师培训基地主持人。荣获2017年"上海教育年度新闻人物""上海市先进工作者"等荣誉称号。出版学术专著《对话与超越》《发展中的校本教师培训模式》《上海名师课堂 初中语文李百艳卷》，在核心期刊发表论文30余篇。

迎接挑战，砥砺前行

——毛力熊书记在"铸魂·生根·强基：新时期教师专业发展学校建设论坛暨第五届浦东杏坛"闭幕式上的讲话

上海市浦东新区教育局　毛力熊

今天我参加了两场专业活动，第一场是上海各区教育学院院长研修论坛，主要涉及教师评价，尤其关注基于数字画像的教师评价。第二场是第五届浦东杏坛，关注新时期教师专业发展学校建设主题。两场活动都回顾了我们浦东新区教师专业发展学校的历史沿革和发展脉络，都分享了一些理论研究、教育观点和实践案例。

一、成绩回顾：提供了难题解决的系列方案

经过老师们的努力，浦东新区这些年在教师专业发展方面取得了很大的成绩，尤其是面对浦东"区大人多"的难题，我们经过艰苦探索，提供了一系列做法，并给出了难题解决的系列方案。

第一，关注三个"发"。

一场活动好不好，主要是关注三个"发"：第一，启发，是否启发了我对这个问题的思考；第二，激发，是否激发了我深入研究这些问题的愿望和助力；第三，生发，是否生发了我了解这些问题的初步方案和初步设想。如果有这三个"发"，就是一个比较好的活动。从今天的演讲中，我认为，这三个"发"都做得很好。

通过聆听发言，我了解到浦东新区在教师专业发展学校建设方面，曾经走在

全市前列,引领风气之先;现在我们继续走在全市的前列,尤其是,我们有 90 所教师专业发展学校,占全市超过 1/7 的体量,难能可贵。

第二,责任担当。

对于教师的专业发展,我们浦东新区有一个系统的责任体系。从全区层面来讲,教育工作党委承担责任;从处室层面,教育局各个处室也都承担着责任,主要牵头的是组织人事处;从学校层面来讲,我们每一所学校的校长、书记都承担着对教师专业发展、专业成长的责任。但是,光有校长、书记承担责任是不够的,每一位老师也都对自己的专业发展承担着责任。

有了责任,大家就有发展的动力,不但有外部的推动力,还有内在的驱动力,有了这两个"力",我们同向发力,在专业发展的道路上会越走越好。

第三,大力发展。

这三年,我们在教师的专业发展方面做了大量的工作,招录了 9 000 位新教师,基本补足了教师队伍的缺口。

三年来,我们浦东的教师专业发展在职称方面的增长体现得尤为明显。通过高级教师的增长计划,老师们对自身的专业发展有了更大的内在动力。三年里共有 1 189 位教师新评上了高级职称,每年有 50% 的增长。我们的高级教师总量已经达到 3 048 名,而三年前只有 2 790 个。

当然,和浦东新区庞大的教师队伍体量相比,我们的高级教师数量还远远不够,我们还需要加把劲,每一个校长还要继续努力。

第四,引领性。

三年来,我们的名校长、名师培养工程也取得了很大发展,新获评的特级校长有 18 位、特级教师有 73 位,比三年前提高了 78%。我们现在还在同步运作"名校长培养项目"和"领军人才的学术培养项目","名校长培养项目"有 70 多位校长,分两个层面在培养。"领军人才的学术培养项目"是借助华东师范大学的学术力量,帮助教师提升专业发展中的学术水平。

二、当下:亟待解决的六大问题

我们三年当中做出了很大成绩,但是面对"区大人多"的难题,仍然还有许

多亟待解决的大问题，需要我们区、校、个人共同努力，主要体现为以下六个问题。

第一个问题，如何提升教师队伍发展的针对性和有效性？浦东新区有一支超大体量的教师队伍，这5.5万教师（4.3万专任教师）是我们浦东实现教育强区的关键力量，他们的专业成长、专业发展决定了能不能实现浦东的教育强区梦，有针对性地促进教师专业成长高质量发展是我们必须面对的关键问题。

第二个问题，如何加快对年轻教师的培养？我们队伍相对比较年轻，我们的专业教师当中47.5%是35岁以下的教师，对于这些年轻教师，怎样加快对他们专业发展的培养？

第三个问题，如何帮助新教师站稳课堂？新教师和年轻教师不是一个概念。新教师指的是近三年招录的教师有9 000人，他们不具有一线教学经验，这些教师，在数量上占到全区教师队伍的1/4。面对这些新教师，怎样补上他们教育经验的不足，提高他们的能力，让他们能够站稳讲台，是我们面临的又一个难题。

第四个问题，如何帮助非师范教育的教师提升教育水平？我们老师经过师范教育的比例相对比较低，只有不到50%是受到师范教育专业训练，一半以上在师范教育上面是空白，只是考过了教师资格证，但是没有受到相关的教育学、心理学、评价学等方面的教育，如何帮他们在尽量短的时间补上教育理论的不足，是又一个挑战。

第五个问题，如何提升教师的学历层次？我们浦东新区教师的学历层次，在全市跟其他区相比不算高，我们研究生以上的硕士生、博士生占比8.7%，全区的博士生只有48位，这些都是我们的薄弱环境。

第六个问题，如何提升高端教师的比例？我们浦东的高端教师占比并不高，尽管我们很努力，和三年前相比，已经增加了78%，即使如此，高端教师在全区的教师队伍当中占比也只有0.5%，在全市同类教师占比只有11%，跟1/4的教师体量相比，还有很大的差距。

尽管，这三年来我们年年在进步，功不可没，但这六个问题依然在困扰着我们的发展。

三、未来：解决问题的系列政策与设计

接下来我们会推出一系列的做法来解决这六大难题。

1. 十条政策

2023年年初，我们已经提出了教育人才的十条政策，从校长的发展、教师的发展、环境的营造、机制的创新四个方面，出台了十条政策。这十条政策，我们要逐步落实到位，包括引进特级校长、新评30位正高级教师，这些都要一一兑现。

2. 五大工程

接下来，我们会推进"五大工程"：一是师德师风的建设提升工程；二是新教师的增量提质工程；三是青教发展工程，主要是针对0—5年新入职的教师；四是"两推一增"的扩容工程；五是人才保障工程。

这五大工程跟每一个教师的专业发展都有关系，跟每一所专业发展学校都有关系。我们希望能够通过一系列创新举措，通过学校的创新、学校的实践，更快促进浦东教育的教师队伍快速成长，促进浦东教育高质量发展。

3. 关注教师教育者的身份

教师专业发展学校，这是注册的，是有名分的，是有身份的；但是我们在这些学校里具体从事教师教育工作的教师，他们付出了很多努力，却并没有具体的教师教育者身份。接下来，我们要在体制机制上研究，怎样给教师教育的从业者，给他身份和名分。

4. 成立新机构

教师教育，绝对不单单是浦东教育局的事，也不是区教育发展研究院的事，也不是各个学校的事。我们要视野更开阔一点，我们要跳出教发院、跳出专业学校、跳出组织人事处、跳出浦东新区，要把所有促进有利于教师队伍成长的资源引进来。像我们浦东这样一个庞大的体量，完全可以成立师范学院，来培养自己的老师；同时还可以成立很大规模的教师教育学院，我们教发院本身是教师的教育学院，但是人员数量包括人员的基本要求还不能达到我们的要求标准。

我跟北京师范大学朱旭东部长商量，我们可以成立虚拟师范学院，借助北

师大的学术力量，一起培养；将来，我们还会跟高校一起合作，针对不同学科、不同学段，请他们来支持，我们要建立一系列的伙伴关系，建立一系列的联盟合作，共同打造浦东高质量的师资队伍，也希望明年在杏坛上有更多高水平的演讲。

　　谢谢大家。

助力浦东"引领区"建设，打造教育专业服务"芯"高地

上海市浦东教育发展研究院　李百艳

《中共中央　国务院关于支持浦东新区高水平改革开放打造社会主义现代化建设引领区的意见》的发布，为浦东新区擘画了一幅举世瞩目的壮丽画卷。到 2050 年，浦东新区建设成为在全球具有强大吸引力、创造力、竞争力、影响力的城市重要承载区，城市治理能力和治理成效的全球典范，社会主义现代化强国的璀璨明珠。这画卷里激荡着一种来自时代的呼唤，呼唤浦东"勇于挑最重的担子、啃最硬的骨头，努力成为更高水平改革开放的开路先锋、全面建设社会主义现代化国家的排头兵、彰显'四个自信'的实践范例……"，浦东被赋予改革开放新的重大任务，踏上更高水平改革开放的新征程。国家对浦东的定位之高、期许之重，呼唤浦东各行各业只争朝夕，奏响壮阔奋进之音。教育作为民生之本，作为城市建设人力资源储备及消费的基础支撑，寄托着人民群众对美好生活的期盼，必须对时代的呼唤作出积极回应，提升人民群众的满意度和获得感。浦东教育发展研究院作为浦东教育的重要专业服务机构，如同计算机的芯片一样，是教育内涵与专业化发展的核心，发挥着"思想库""研发池""运维源""服务器""评价者"等的重要作用，更应站在新的历史方位重新擘画发展蓝图，在更高起点、更高层次上推进教育高水平改革开放的战略升级，当上海市乃至全国教育改革的探路者、示范者、引领者。

一、勇挑"引领区"重担，明确教育专业服务定位

上海市教育发展"十四五"规划提出了时代新要求，增强上海教育服务能力

和贡献水平、发挥上海教育综合改革先行先试作用、当好教育改革开放排头兵、创新发展先行者。时代大势、国家宏愿、历史选择,在浦东"汇流",一幅浦东引领区建设的路线图铺展在世界面前。

大胆探索、先行先试,区域教育综合改革创新示范区;

城乡融合、均衡发展,高水平基础教育优质均衡领跑区;

共建共享、开放互鉴,全方位多层次教育对外开放引领区;

协同推进、创新发展,科技创新人才培养模式改革试验区;

宏观管理、自主自治,治理体系和治理能力现代化先行区。

"五大区"的战略定位,是浦东的创新之举。浦东开展教育现代化区域创新试验,积极探索、先行先试,打造上海教育改革创新发展新标杆,为上海深化教育综合改革、加快推进教育现代化提供可复制可推广的经验。政策之新、机制之活、空间之大,推动浦东教育更大力度、更深层次、更为全面的探索。

浦东教育发展研究院应时而动,顺势而为,重新思考机构定位,主动服务于学校发展、服务于教师发展、服务于学生发展、服务于政府治理。积极引领课程教学改革,指导学校提升课程领导力,提高教育教学质量;深入研究学生学习和身心发展规律,促进学生全面发展、可持续发展;指导教师研究和学习,提高教师专业化素养;服务政府教育管理决策,促进理论与实践的双向转化,提高区域教育现代治理水平。以高质量的教育专业服务与浦东的高水平改革开放、高质量发展、高效能治理同频共振。

二、锚定"引领者"目标,积极推进组织机构变革

引领区建设需要引领者,教育大区向教育强区迈进的过程中,需要更科学的专业路径和更丰富的教育内涵。截至2021年8月,浦东新区基础教育阶段各级各类学校有656所,占全市学校数的1/5;学生51.1万名,占全市学生数1/4;教职工5万多人,专任教师3.8万名,占全市教师数的1/4,是一艘当之无愧的巨型教育航母。如此大的教育体量,在开发开放的城市化进程中,社区之间、校际之间、教师之间、学生之间的差异非常之大。如何尽快缩小差距,促进浦东教育优质均衡发展,打造新时代中国特色社会主义教育"五育并举、公平优质、开

放融合、活力创新"的生动范例？浦东教育发展研究院本着专业服务的机构定位，锚定专业引领者目标，致力于打造以下七个方面的"引领者"：

打造"一站式"专业服务基地，努力争当高品质教育研究机构的引领者；

打造"五育并举"教育研究阵地，努力争当基础教育育人模式的引领者；

打造改革研发与教育科研重地，努力争当区域教育综合改革的引领者；

打造领军人才辈出的教育高地，努力争当新时代教师队伍建设的引领者；

打造发展性督导与评价要地，努力争当新时代教育评价改革的引领者；

打造全方位赋能的智慧教育园地，努力争当教育数字化转型的引领者；

打造浦东教育品牌策划培育源地，努力争当区域教育文化建设的引领者。

为了实现这七个"引领者"目标，浦东教育发展研究院直面更为艰巨、更为复杂、更为不确定的挑战，积极探索组织机构变革，兼顾行政管理与专业职能融合的优势，完善10个内设机构，包括党政办、教学研究指导部、教育评价指导部、德育研究指导部、教师教育培训部、教育科研指导部、区域教育研究部、教育督导事务部、教育信息技术部、教育合作交流部。通过探索分布式领导、管理重心下移，多中心协同治理，激活主体内驱力。同时，积极探索与联合国教科文组织教师教育中心、清华大学教育研究院、华东师范大学基础教育研究所，以及上海师范大学、北京市海淀区教师进修学校、上海市教委教研室等高校或专业研究机构签约合作，推动"U-G-S"（大学—政府—中小学）之间的合作，促进理论与实践之间的双向转化，激发浦东教育学术能量。

三、打响"引领区"品牌，发出浦东教育专业声音

如果说七个"引领者"目标是浦东教育发展研究院助力引领区建设的主动承担，十个专业化内设机构是构建新发展格局的关键支撑，那么"浦东品牌"的打造就是有力抓手。打响浦东品牌，重点是紧紧围绕"引领者"目标，有主题、有项目、有措施、有行动地为浦东的广大校长、教师、学生提供展示自己力量、成绩、智慧的舞台，让浦东教育人有机会与海内外教育名家展开多元、深入、高端的教育对话。"浦东品牌"是一个系统工程，涉及浦东教研、浦东名师、浦东教育科研、浦东课程、浦东微课等一系列教育内涵品牌的培育。

2021年9月，"浦东杏坛"系列论坛活动启动。站在时代与历史的交汇点上，传承儒家传统文化，融合现代发展理念，通过专题化、专业化的论坛形式，以国家最新政策文件、国内外最新理论研究成果为导向，以教育教学中的实践问题为抓手，推进区域教师开展多元学习活动，注重专业引领与问题解决，引领浦东新区教师适应新课程教学改革和新时代教育发展要求。"浦东杏坛"分为"教育之道""评价之策""课程之法""科研之力"和"技术之能"五个分主题。"教育之道"围绕"立德树人"，探讨如何激发教育活力、教师创造力、学生创新力。"评价之策"围绕中共中央、国务院印发的《深化新时代教育评价改革总体方案》，从政府、学校、教师、学生、社会五大类评价主体予以观照，探讨评价指标的价值引领、评价的激励功能、学校自我督导体系。"课程之法"围绕深化新课程改革、落实立德树人等要求，关注学生学科核心素养，探讨符合素质教育要求的新课程模式、新教材体系、新人才培养路径。"科研之力"围绕如何提升中小学教师科研能力水平和科研绩效等问题，激励教师探索科研与教学相结合、科研与实践相结合的有效路径。"技术之能"围绕新时代下技术如何赋能教育，探讨教师如何主动适应智能技术变革的方法、路径，持续提升教师信息素养，实现教育数字化转型。

"浦东杏坛"等一系列浦东品牌的打造有效提升了浦东教育的标识度、辐射度、体验度、美誉度，奏响了浦东教育的壮阔奋进之音，为"引领区"教育的高质量发展贡献了专业力量。

做学生健康成长的引路人

——教师的价值观建设

清华大学教育学院 石中英

今天为什么要跟大家讨论教师的价值观问题？我觉得这跟教师工作的内在要求有着密不可分的关系，因为教师是学生健康成长的引路人。每一个人在成长的道路上都有一些教师令自己终身难忘。我们也都有自己的教师，大家仔细地回想一下，我们能够走到今天，都曾受到教师的精心指导。在我们和教师之间，都有很多难忘的故事，每一个故事背后都有一些令人怦然心动的、正确的、积极的，甚至是高尚的价值观。

一、重视教师价值观建设的学理基础

从学理上说，要重视教师的价值观建设，我觉得主要原因有下面四点：

第一，加强教师的价值观建设是贯彻党和国家教育方针、立德树人的根本任务。教育是有价值的事业，因此教育内在地包含着一种价值引导、价值塑造的任务，所以贯彻党和国家的教育方针、落实立德树人的根本任务就不能不重视教师价值观的建设。

第二，教师的价值观会通过教师的一言一行体现出来，成为影响学生价值观形成的重要因素。这一点，我们是当教师的，都深有体会。

第三，受复杂因素影响，现实中一些教师的价值观存在不良的方面，不能很好地履行和善尽教书育人的职责。从教育部到各地教育行政部门所通报的关于教师系统中所出现的很多问题来看，我们不能说在1 000多万的教师队伍中，每一

个教师的价值观都是没有问题的。在我们的身边，甚至我们自己身上，都还有很多价值观需要进一步检验、提升。

第四，不断地加强自身价值观建设，是一切优秀教师和教育家成长的共同经验。今天在现场的有人民教育家于漪先生，虽然我没有机会亲自受教于于漪先生，但是通过新闻媒体，通过她的很多论文、著作，我也能感受到于漪先生在她的教育生涯中，在她处理与学生、与同事、与工作的关系这些事务上，她是秉持着正确、高尚的价值观。

习近平总书记2014年教师节前夕到北京师范大学视察，发表了《做党和人民满意的好老师》的重要演讲。在这个演讲里面，他对教师队伍的价值观的重要性做了一个概括和说明，习近平总书记说："老师对学生的影响，离不开老师的学识和能力，更离不开老师为人处世、于国于民、于公于私所持的价值观。一个老师如果在是非、曲直、善恶、义利、得失等方面老出问题，怎么能担起立德树人的责任？广大教师必须率先垂范、以身作则，引导和帮助学生把握好人生方向，特别是引导和帮助青少年学生扣好人生的第一粒扣子。"引导和帮助学生扣好人生的第一粒扣子，这是总书记对青少年价值观教育的重要性所提出的一个非常形象生动、深刻的比喻。我们做教师的，要引导和帮助青少年学生扣好人生的第一粒扣子，我们自己的扣子就要先扣好了，扣对了。所以总书记要求我们在价值观的问题上，率先垂范、以身作则。所以，重视教师的价值观建设，也是党和国家对我们每一个教师提出的时代要求。

北京师范大学有一位两弹元勋黄祖洽先生，他在晚年写了一本自己的自传体文集，叫《三杂集》。在这个文集里，他回忆自己的成长历程，就特别谈到他中学时代的老师们的价值观对他成长所产生的深远影响，这也可以佐证教师的价值观对学生一生健康成长所具有的直接的作用。

二、教师应该具备哪些方面的价值观

教师应该具备哪些方面的价值观，这是一个需要我们来认真思考的问题。到目前为止，关于教师价值观的分类，还没有一个公认的体系。这里，我个人从教师工作的几个侧面来对教师的价值观做一个分类，并对在这些不同侧面的工作中教师应该持有什么样的价值观提出一些自己的看法。

（一）第一个维度是建构师生关系时应具备的基本的价值观

学生是教师工作的对象，师生关系是最基本的，也是最核心的教育关系。怎样构建良好的师生关系？我想这是我们每一个教师在自己的职业生涯里都应该认真思考的问题。而要构建良好的师生关系，就必须要有正确的价值原则来指导。所以，谈到教师的价值观，首先就要去思考，我们在和学生打交道的时候所秉承的基本的价值观应该有哪些。

根据我对很多师生交往的案例的分析以及对很多教育学著作有关讨论的分析，我觉得，要想建立良好的师生关系，教师应该具备下面这些价值观，包括：师生之间人格上的平等；教师对学生学习的潜力、成长的愿望以及自身价值的无条件信任；教师对学生的可教性、发展性抱有真诚的希望，对于学生有发自内心的爱；教师在处理学生事务的时候始终如一的公正；对学生在学习和行为方面所犯错误、所持不同观点的宽容；教师对待学生进步的耐心等待；对待学生家庭、学业处境等所抱有的同情和理解；在班级管理方面，对于民主原则始终如一的坚守；对待学生独特个性的尊重和健康个性的引导；等等。当然，这些应当说还不能够囊括教师在建构师生关系时所应该遵循的所有的价值原则，但是我认为它们是一些最基本的价值原则，它们是不能够缺失的，也是不能违背的。请各位教师想一想，如果在跟学生打交道的时候，我们不遵循或者违背了前述价值原则，我们还能构建理想的、有教育意义的师生关系吗？

（二）第二个维度是教师在对待自我时应具备的基本的价值观

这个问题目前讨论得还不是很多，但是我觉得也是非常重要的。这组价值观所要回答的问题是教师如何对待自己才是正确的、正当的。那么教师要如何对待自己和自己从事的职业呢？我个人觉得这里面有以下一些正确的价值原则。

一是愉快地自我接纳。其实每一个人都应该自我接纳，我们的尊严就来自我们对自我的接纳，我们的活力也来自我们对自我的接纳。自我接纳的反面就是自我否定、自我否弃。如果一个教师在根本的意义上，是对自己充满负面情绪的人，那我想他的身上也不可能产生教育的热情、教育的激情。

二是强烈的自尊。这里面包括人格的尊严和职业的尊严，还有不断的自我激

励。这个自我激励对于教师来说是非常重要的，因为漫长的教育生涯当中，我们会经常碰到一些挫折，那么在这个过程里面，自我的激励、坚持是一种非常重要的人格品质。

三是理性的自制、克制。它的反面就是易怒、好面子，不愿意承认自己的不足和缺点。有很多教师的错误行为都是在这种缺乏自制力、缺乏理性克制的心理状态下产生的。

四是培养钝感力。现在这个社会充满了比较，充满了个体的比较，充满了职业的比较。我们投身教育事业，难免也会受到各种各样的比较和议论，很多时候这些比较和议论可能就会动摇我们专业的信念。在这个时候我们就需要日本的精神病学家渡边淳一所说的钝感力，不要听那么多的议论，坚信自己的选择是没错的，坚信教育事业是值得去追求的，努力地去体会教育工作内在的价值和尊严，这样我们才有信心和勇气在教育的职业生涯中走下去，不至于半途而废。

五是学而不厌、诲人不倦。这是自孔子时代以来就为人们所称颂的教师价值品格。

（三）第三个维度是教师对待同事时应该具备的基本的价值观

教育事业是集体的事业，教育劳动也是一项集体劳动，它需要很多教师一起团结、协作、配合。融入一个教育集体当中，维护一个团结的、和谐的、坚强的教育集体，这始终是我们每一个教师内在的职业要求和职业伦理。在教师队伍里面，有一些教师不太懂得这样的道理，他们大概有着个人英雄主义的情结。

那么，怎样和同事打交道才是对的、才是好的、才是正当的？我觉得有下面这样一些价值原则，可以来帮助我们建构良好的同事关系。

一是真诚的关怀。有的教师说我们跟同事在一起生活的时间比我们跟家人在一起生活的时间还多，这就表明了同事关系对我们的工作、对我们的精神生活的极端重要性，所以同事间的相互关怀是构建良好的同事关系的基础性的价值原则：发自内心的赞美，维护集体的尊严，对他人的信任和坚强的团结，困难时候的安慰和鼓励。

二是如果我们已经是一个资深教师，那么我们还要有和年轻人分享自己的教育教学和班级管理经验的责任。如果我们集体有了荣誉，孩子获得了成绩，那么教师要有老子讲的"不敢为天下先"的谦逊，不要争功、不要抢功，要看到教育对象自身的努力，要看到集体的作用，要看到我们所在的学校历史文化传统潜移默化的伟大的力量。

三是要守护共同的价值信念与目标愿景。总的说来，要做教育集体的建设者、教育传统的弘扬者和共同教育责任的承担者。我觉得这是我们成为一个同事所喜爱的、所尊敬的老师必要的价值前提。

（四）第四个维度是对待工作应具有的基本的价值观，即怎么对待工作才是对的、才是好的、才是应该的

怎么样对待工作呢？我想对一名教师而言，下面这些价值品质会变得很重要：

一是全神贯注的投入。工作首先要投入，投入时间、投入精力、投入我们专业的才华，注意力要高度集中在我们的工作上，要有投入感。千万不能三心二意，千万不能马马虎虎。这是一个教师对待工作应该有的最基本的态度。

二是对问题的敏锐观察。我们是做教师的最在意的是学生的学习和成长，对于学生学习和成长当中碰到的很多问题，我们要比任何人都更加敏感，我们要及时发现问题、研究问题，为问题的解决殚精竭虑、创造条件。

三是要有专业主义的态度和精神。我们是教师、是教育的专家，碰到问题之后要有专家的客观、冷静、理智，要调动全部的专业素养来分析问题。

四是要有对教育效果和教育艺术的不懈追求。要做教育信念和学生终身幸福的守护人，这是我们教育者的人格的一个非常重要的来源。我们在很多教师身上所感受到的那种教育者的伟大精神，也就来源于这种坚定的信念和对学生幸福的守护。

五是要做自主的教育改革者，要做传统文化与教育智慧的传承者，要有对社会进步和人的成长的坚定信仰。有人说教育者一定是个理想主义者，我觉得这句话说得不错。我们一定要对孩子们的未来充满信心，不管他今天的发展、他今天的表现是否达到了令人满意的水平，但教育者永远对孩子们的未来充满希望，对社会的进步、对国家的前途、对人类的未来充满了希望，因为教育就是播种希望的事业。

三、怎样加强教师队伍的价值观建设

随着我们国家教育改革创新的不断深入，各个地区、各级学校都越来越重视，通过很多途径来加强教师队伍的价值观建设，所以在这方面我并没有什么新的主张，只是强调通过以下途径进一步聚焦教师队伍的价值观建设。

（一）结合实际工作，以"我们今天如何做教师"为主题，开展教师基本价值观的讨论

之前很多学校在教师的师德师风建设方面做过很多讨论，应该说师德师风建设就是教师价值观建设的一部分，但是价值观的内涵和外延比师德师风建设的内涵和外延要更加广泛。我觉得"我们今天如何做教师"是一个常说常新的主题。时代不同了，做教师的价值要求也有一些新的内容。总之，这一条建议就是希望大家今后能够对教师的价值观问题不断地聚焦讨论。

（二）总结优秀教师在提升自我价值观素养方面的宝贵经验

向优秀的教师和公认的人民教育家学习，看看那些老师是如何赢得孩子的，是如何赢得同行的尊重的，是如何赢得社会的爱戴的，是如何赢得党和国家的赞誉的，支撑他们日常教育教学工作背后的那个价值观体系到底是什么。这是需要我们来做一些讨论的。

（三）将正确的价值观融入学科教学和师生交往当中

价值观对于一个人的行动来说，它是内隐的。但是这个内隐的价值观总是要通过我们的言说、我们的行动表现出来，所以教师队伍的价值观建设不是一件孤立的工作，我们要把它和教育教学行为的改变、师生交往方式的改变结合起来，要真正地使得价值观起到我们行为的向导、行为的依据这样的作用。

（四）反思一些教育教学和管理问题中的价值观偏差

很多时候由于各种复杂的原因，在一个特定的教育环境当中，我们所做出的教育行为背后的价值观实际上不那么正确，或者不完全正确，有的还会出现比较明显的偏差。我觉得对这样一些教育行为的批判性反思，也是从反面帮助我们树立正确的价值观。我们要研究这些反面的例子。

（五）以社会主义核心价值观为引领，总结提炼学校核心价值观，使之成为全体师生共同遵守的行为准则和价值信念

党的十八大凝练了社会主义核心价值观，全党、全社会也在弘扬和践行社会主义核心价值观，所以这样一个新的时代背景下，教师队伍的价值观建设也要以社会主义核心价值观为引领。首先，我们就要成为社会主义核心价值观的弘扬者和践行者；其次，我们在教育教学管理等一切的活动当中要渗透社会主义核心价值观的要求，最终帮助学生成为社会主义核心价值观的信奉者、践行者，从而为他们成长为堪当民族复兴大任的时代新人奠定一生的价值观的基础。

教师的价值观建设，我觉得是新时代教师队伍建设的一个非常重要的工作。浦东新区作为社会主义建设的先行区，我也衷心希望它在教师队伍的价值观建设方面能够形成非常先进的、可复制、可借鉴、可推广的经验，为建设高素质的教师队伍做出突出的贡献。

（本文根据石中英教授在首届"浦东杏坛"上的报告录音编辑整理）

作者简介：石中英，清华大学教育研究院院长、教授、博士生导师。主要研究领域为教育基本理论与教育哲学、基础教育、教育改革、高等教育哲学等。在教育学学科性质研究、教育认识论研究、教育价值论和价值观教育研究、教育改革研究等领域承担多项省部级科研项目，出版《教育学的文化性格》《知识转型与教育改革》《教育哲学》等著作，发表学术论文150多篇。积极参与教育培训和咨询工作，为北京市、教育部和国家有关教育政策制定、评估提供专业咨询意见。

教师学习：
如何构建区域教师培训课程系统

上海市浦东教育发展研究院 胡意慧

一、教师学习：如何看待当下教师教育的发展趋势

长期以来，教师教育的理论和实践经历了复杂的变革过程，从教师训练到教师发展，再到教师学习，反映了背后不同的教师教育观：把教师看作用专门知识和技能训练的受训者，把教师看作具有专业精神、知识、技能和实践理性的专业工作者，把教师看作是社会历史和文化环境互动中主动构建的学习者。[1]而"教师学习"这一概念的出现，是人们越来越重视教师学习的主动性、日常性和教师知识内生性的结果。[2]

二、培训课程建设：怎样确立区域层面教师教育工作的核心

当下的教师专业学习主要分为学校和区域两个层面。校本研修在促进教师反思、改进实践，激发专业自主等方面都发挥着直接的作用，在"教师学习"的趋势下，地位越来越凸显。而传统上以提供教师"必须完成"的职后培训为"主业"的区域层面研修活动，该如何激发教师的学习动力、焕发教师的专业精神，使其转化为对教育教学实践的改进，始终是一个复杂的难题。

在浦东新区这个拥有近4万名教师的大区，区域层面的教师研修仍然是教师学习的一种非常重要的途径。且从"十三五"调研反馈来看，教师在区级专业学习活动所体验到的学习内容总体上优于校本研修，其学习动机、情绪、意志力表

现更为积极,且能体验到更深度的互动。[3] 这与浦东新区长期以来以培训课程建设为支持教师学习的核心,持续打造"开放、多元、科学、亲和"的区域培训课程建设系统并构建了相应的良好生态有关。

三、经验转化:如何构建一个丰富、鲜活、不断更新的课程库

在浦东新区,区内优质教育教学经验转化是培训课程的重要来源。在培训资源日益丰富的当下,为何仍然如此重视本区教师的经验转化?有以下几点原因。首先,重视实践性知识。我们认为,优秀教师从自身实践中萃取的经验对其他教师所产生的帮助和启发并不一定亚于专家提供的课程。其次,要解决如此巨大体量的教师个性化的培训需求,就需要一个内容丰富、鲜活、不断更新的课程库。仅仅通过例如购买固定的网络课程等途径是远远不能够达成的。最后,优秀教师在经历培训课程开发建设的一整套规范而具有支持性的路径之后,可以达成成果转化和专业发展。

浦东新区自"十一五"开始探索区内优质教育教学经验转化为培训课程的做法,积累了一系列富有实效的经验并形成了相应的机制。区域自建培训课程也成为浦东教师教育的传统与特色。

四、以学习支持学习,用实践优化实践:如何确立区域自建课程发展的基本思路

所谓"优质教育教学经验转化"的对象,并非仅指那些拥有一定资历或头衔的"优秀教师"。在浦东新区,任何一位教师或一个团队,只要认为自己在某个方面有所长,都可申报教师培训课程。但是,当一位一线教师要建设培训课程,即想要成为一名"教师培训师",至少要跨过两个"难关"。第一,经验萃取。如何确定自己的经验是符合教育规律的?又是不是其他教师也需要的?如何将自己的经验提炼为课程也并不容易。所以,整个培训课程的建设系统中,有极大的一部分环节是需要耗费在将自己的经验提炼明白、表达清楚。第二,课程设计。如何将自己的经验设计成为一系列活动、流程,变成一个符合成人特点的、有实效的课程?即便对非常优秀的教师来说,这个课程设计流程乃是支持和保障一线教

师能"把课开出来"和"把课开得更好"所不可或缺的。

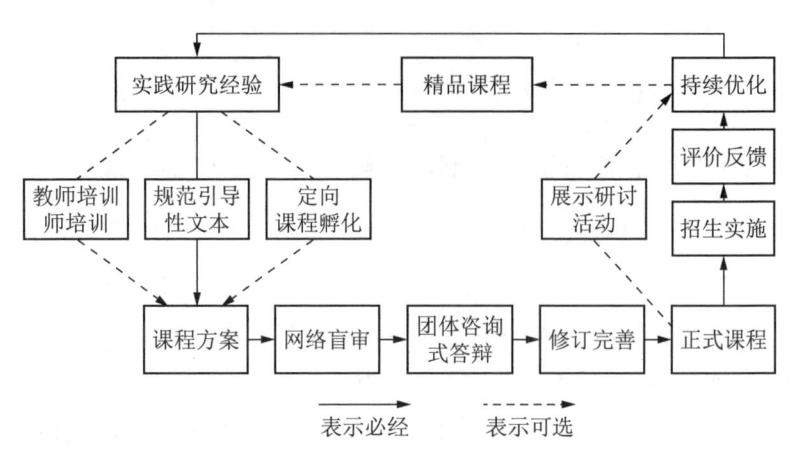

图 1 浦东新区教师培训课程建设系统

以教师培训师的学习支持区域层面更多教师的学习，用问题导向、实践导向的培训课程优化真实的教育教学实践——浦东新区的培训课程开发，始终和培养人结合在一起。这样，才有源源不断的活水进入教师的学习资源中来，最终成为一个有活力的、良性循环的区域教师学习系统。

五、研制《指南》：如何进行规范性引导

除了教师教育的重要文件和其他参考性文本外，我们为所有课程申报者提供《培训课程填报指南》（简称《指南》），这个引导性的文本给出了一门培训课程所必须考虑的要素以及比较明确的设计方向。比如，在课程开发背景中，开发者必须清晰地回答"本课程面向的群体、拟解决的问题以及为什么要解决这些问题"，这项要求体现的就是"问题导向"和"实践导向"。在组织实施方面，《指南》提倡关注成人学习特点，且直接给出一些直接可用的建议，如：采用案例分析法，选用和打磨有典型性、可分析度强的案例，通过案例建立起观念和实践的强连结；多使用归纳法，案例或活动先行，再从中得出一定的方法、原因、策略等。在课程建设者多会忽略的"学习评价"部分，给出类似"提供一定材料和思考框架，避免布置空谈感想或凭空进行某种设计等无材料载体、无方向引导的作业"等实操性的建议。

六、专业提升：如何进行教师培训师培养

教师培训课程的设计与任何门类的课程一样，是完整、复杂、不断变动的设计。相应地，教师培训的"专业"，不仅包含学科专业，更在于作为一个培训师的素养，如是否了解成人的学习特点，是否会分析需求、合理设计课程、运用培训技术，等等。这样的专业性，无论是区级层面的教师培训师还是校本研修活动的设计与组织者都需要具备。针对这样的需求，浦东新区自主研发了教师培训师培训，目的是通过实例演示、案例拆解、工具赋能、课程改造等一系列过程，让参与者理解教师学习的特点，以及"小切口""实践性""深度卷入"等价值导向，掌握成人培训常用的方法和工具，通过小组合作和个别指导生产出自己的培训课程。

七、定向课程孵化：如何升级培训课程的内容

在浦东新区，培训课程申报是一个完全自主的行为，从主题内容到培训形式，甚至课时、团队组合等都有极大的自由度。所以，当课程量积累到一定程度时，区域对整体课程分布情况需要有一个把握和有意识的调控，其中一个手段就是定向课程孵化。所谓"孵化"，是指在正式的课程征集前，预先选择一部分当下区内教师有切实培训需求、有创新意义的课程主题，在课程专家库中匹配领域合适的专家，为课程开发者提供一轮或多轮"问诊"。这种一对一的指导对培训课程的内容质量以及课程开发者本身的专业成长都有极大的助益。

八、团体咨询式答辩：如何让评审过程为培训者赋能

当培训课程通过网络盲审进入现场答辩环节，我们采取的是将同学科同主题的课程申报者纳入一个小组轮流与专家对话的形式。因专家需在过程中针对课程内容、形式与申报者进行比较深入的、较长时间的交流，反馈具体改进意见，故称为"团体咨询式答辩"。这样的过程更像是一场"专题培训"，课程申报者可以接触到关于自己研究话题的前沿信息、不同观点，并了解其他同行的实践。尽管因为严格的课程评审标准，历年的课程通过率都仅在60%左右，但参与者仍然都表示在此过程中获益匪浅。

九、精准管理：如何提升培训课程实施的过程质量

除上述途径以外，师训部门通过学习者匿名问卷、抽样访谈、专家巡视等方式掌握培训课程开设的整体质量。对于在课程评价中显著低于整体水平的课程或发生严重教学事故的培训师启动退出机制。而符合一定开设次数等条件的课程可参评五年一次的"区教师培训精品课程"。同时，联合教师培训师培训项目，不定期开展培训课程展示交流活动，针对教师学习、培训课程建设等话题展开学术探讨，发挥辐射引领作用。10多年来，浦东新区培训课程建设系统与高端教师考核奖励等相关机制也完成了匹配和衔接，并形成了公开、公平、规范、积极的课程建设环境。

十、模式提炼：如何为区域层面的教师学习提供更专业的支持

浦东新区的培训课程建设系统已基本构建完成，并在持续的良性运转中为新区的教师学习与发展不断带来积极影响。这样的思路和模式已在区域层面的其他各类教师发展项目中得到运用，且同样取得了良好的效果。

在新背景下，教师教育工作者仍有诸多问题需要不断探索。例如，需要继续加强对已开设课程的内容分析，对于薄弱学科和紧缺领域加大支持力度，甚至可以对于当下教育改革的热点难点问题进行主题性的"课程群"开发，带领一批优秀教师在课程开发的任务下攻坚克难。又如，针对课程开发者普遍不熟悉成人学习特征，对课程环节和形式设计无处着手的情况，师训部门可以研发若干适用于教师培训课程的基本模式，嵌入《指南》，供课程开发者选用或改造使用。此外，如何进一步将在线环境纳入到教师学习环境和课程开发的辅助环境中来，使其对教师学习真正发挥作用，也需要更为系统化的设计。

参考文献

[1] 杨玉东.教师学习视角下的校本研修概念演化及其本义[J].教育参考，2020（5）：5—28.
[2] 毛齐民.国外"教师学习"研究领域的兴起与发展[J].全球教育展望，2010（1）：63—67.
[3] 上海市教育科学研究院.浦东新区教师继续教育"十三五"评估报告[A].上海：上海市教育科学研究院，2021.

作者简介：胡意慧，浦东教育发展研究院教师教育培训部副主任，浦东新区学科带头人，先后领衔"浦东新区教师培训课程建设""幼儿园研修组织领衔人能力提升专项培训"等项目。

规划：让教师学习突破经验局限

上海市川沙中学　王　珏

育人方式的变革是当今教育面临的重要变革。对教师而言，育人先要育己；而教师的成长，最重要的路径就是学习。

我们常说熟能生巧，那么教师工作是否也是如此？教师工作的常态如何呢？

有的教师工作了10多年，获得了10多年的教学经验；而有的教师却只是将一年的经验重复了10多次。是什么阻碍了我们向经验学习，让熟能生巧变得困难重重？我想，其差异的主要原因就是学习的提升。对教师而言，学习的方式很多种，读书、参加工作室、上公开课、学历提升、课题研究、师徒结队等。学习的路径也常常从模仿到经验积累到反思，最后突破自己原有的局限。但是有一条却是不变的，教师在团队中得到成长——老师们常常跟师傅、导师，从跟着干到帮着干到带头干，慢慢地带领大家一起干，最终成为这个领域的专家。

我们看两个案例。

一是川沙中学（简称川中）张艳、丁燕华老师除了日常的教育教学工作，他们还忙着录制空中课堂，参加9月份的全国展示活动，主持课题研究，等等。他们是正高级教师，也是市级名师基地的学员，他们也有自己的团队，承担起带领组内教师、集团教师乃至区内青年教师一起成长的重任。外力的强力推动以及自身的责任感和使命感，使他们不仅带头干，还要带领大家一起干。

二是川中的青年教师孙浩、王琳他们也很忙：孙浩除了班主任工作还有一个实验创新班和一个新疆班的数学教学，还忙着参与课题研究，公开教学，参与基地专著的编写。他告诉我，他们的那本书很专业，水平很高。他还在核心期刊上发表文章，职称评审文章为 A。王琳忙着参加外省市的一个语文论坛，他在论坛上做了专题发言。他们都参加了区级基地的学习，也是基地提供的平台和外力的推动。他们跟着导师一起干、帮着干、带头干。

案例中的教师的内在主观能动性通过外力的推动激发出来了。因为名师基地有任务导向，还提供了有效的学术支持。这些支持对教师成长而言至关重要。

学校层面在激发教师学习的主观能动性方面可以做些什么呢？学校为了鼓励教师参加基地的学习，不仅给予车费补贴、派车便利、考核奖励，针对教师的研究成果还有专门的奖励方案。学校还鼓励条件成熟的教师成立集团工作室，将经验提炼总结，促进自身的成长并带领更多青年教师进步。

如果我们进一步思考这个话题，会发现顶层设计必不可少。对教师而言，这个顶层设计就是个人的发展规划，也就是规划先行。我们也不例外。

最初阶段，我们通过校长或学校领导找教师谈话，帮助他们明确发展目标，鼓励促进他们的学习和成长。由于教师人数多，准备有时不充分，时间和内容都有些随意，所以重点关注的一部分教师效果不错，其他教师的效果不显著。

为了让大部分的教师对自己的发展有明确的实施规划，学校制定了个人发展规划书，包括基本情况、自我分析、专业发展目标、需要得到的帮助四个方面。希望每个教师客观分析和认识自己，找到自己的发展方向和目标。但在具体实施过程中，存在重制定、轻落实和反馈的情况，遇到检查了，就突击完成各项反馈。据此，出台了新版《教师个人发展策划书》，形式和内容上作了大幅度的调整。例如，"自我分析"改成了"学校发展与个人发展现状分析"，包括 3 个方面：

（1）学校未来会发展成什么样子，学校的发展对我有什么要求，给我什么机遇？

（2）我已经做了哪些工作，所取得的成绩。

（3）我在专业发展方面存在的问题、遇到的困难、需要突破的地方。

又如，发展目标增加到 10 个方面，包括：学历提升或基地学习、参加课程建设、提高教学成绩、班主任工作、开公开课和参加教学竞赛、听课评课、参加课题研究和教学研究、论文发表或获奖、读书、指导青年教师。要求有明确的成果标志。

新版的《教师个人发展策划书》不仅是名称上的改变，更重要的是将我们对教师发展的认识体现在其中，将学校的发展与个人的发展联系在一起。

然而实施过程中，一些教师的发展目标完成度不高，学校能够提供的资源还很有限，没有区分不同阶段教师的成长路径。整个过程繁琐有余，形式大于内容。重制定、轻落实反馈的问题依然存在。实际上，教师们更渴望的是和学校领导一对一地聊聊，得到更多的鼓励和肯定。于是，我们将个人发展规划分成不同的类别，谈话制和书面制相结合。谈话的内容除了原先的10个方面，还包括了生涯教育、学生课题指导、信息技术的运用、导师制的实施、班级文化的营造、对家校关系和学生行为的解读等。

个人规划经历了从简到繁再化繁为简的过程。但其中走过的每一个环节都是不可或缺的，包含了我们对教师学习以及教师成长规律的新认识和理解。

对学校而言，鼓励教师读书或许是教师获取专业支持的最有效、最经济、最方便的方式。在个人规划的发展目标栏目，有一项内容一直是学校关注的重点，那就是读书。但是这往往是最难的一件事。买书很简单，推荐好书也不难；难的是，不仅读书还要通过读书解决实际问题。

教师职业之所以专业，就是因为他遇到的每一件事每一学生都是不同的，而解决这些问题，非要有某种专业的指导不可。我们提倡教师带着问题来读书，在读书中获取某种观点、立场与方法，用读书所获得的观点、立场与方法来反思，最终在反思中改善行动。

以往，我们有了问题，往往凭借自己的经验提出解决的办法。这种问题解决方式有的时候有些效果，但常常是束手无策，"经验"不够用。读书就是为了突破经验的局限。当然在读书与解决问题之间，还有一个环节，这就是反思，用观点、立场和方法进行反思，教师们真正反思了，就一定会影响到日常教育教学行为。

新冠肺炎疫情期间的线上教学，我们遇到了很多新问题，有的问题解决得不错，但更多的实质性的问题没有得到很好的解决，学生的学习效果不尽如人意。这些新问题更是很难利用过去的经验来解决。教师们既缺乏问题意识或问题感，也缺乏解决问题的方法和手段。后续的读书学习反思改进必不可少。当然读书环节的具体组织实施，考验管理者的智慧，也需要实践，不是一蹴而就的。

教师的学习成长有其规律性，不同阶段的教师其学习路径是不同的：

职初教师的学习方式主要是模仿，而专家教师常反思自己的教育教学行为及效果。

职初教师的成长主要靠经验的积累，而专家教师主要"用理论"来反思自己的经验。

职初教师的成长很多是自然开始的，而专家教师很多是在受到外力的强力推动后开始的。

职初教师的成长主要是同伴的示范，而专家教师的成长主要依靠专家的指导。

如何让青年教师快速跨越（缩短）职初教师的成长阶段，迅速进入第二阶段？成熟教师如何借助外力的推动，改善其行为方式和思维方式成为专家型教师？教师学习是个永恒的话题。规划先行，让教师学习帮助教师突破经验的局限，和老师们在一起，永远在路上。

作者简介：王珏，上海市川沙中学校长，高中地理正高级教师、特级教师，第三、四期上海市地理学科德育基地主持人，浦东地理教学专委会主任，上海市地理教学专委会副主任，华东师范大学硕士生实践导师，上海市高中地理新教材编写组核心成员，区民进副主委和区人大常委会委员。曾获多项市级、国家级科研成果奖项，获"市园丁""浦东新区十大杰出青年提名奖"等荣誉。

做项目、建模式，
解决教师学习的"行动"问题

上海市建平中学西校　赵之浩

教师的专业发展存在重经验轻借鉴、重功利轻进取、重实用轻理论三大瓶颈。要突破这三大瓶颈，就需要解决教师专业发展中教师学习的"行动"问题。建平中学通过做项目、建模式的做法取得了一定的成效。

一、做项目解决教师学习中的"行动"问题

做项目其实就是一种项目教研活动。一个项目，需要经历预设目标、整体设计、分阶段实施、效果验证、经验总结等一系列过程。这就保证了系列教研活动有一致的目标与主题，保证了多次活动的延续性、连接性，避免了单次教研活动研究不够深入、问题解决不够彻底、经验总结不够完善等不足。

项目教研活动是教研组把在实践中发现的问题、遇到的困惑，教师比较关注、相对集中的问题，经过梳理、调查分析，形成一个需要解决的项目，然后制订项目计划，通过教研组全体成员分工合作，将各种资源组织起来，在给定的费用和时间约束规范内，

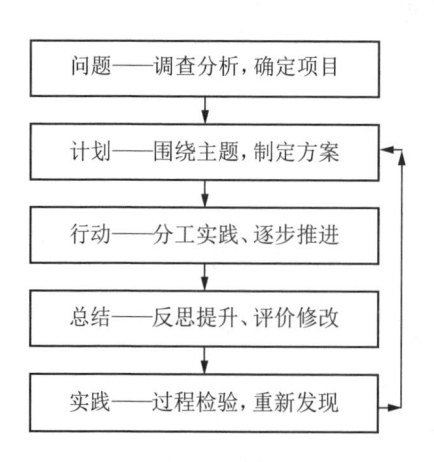

图1　项目教研活动操作流程图

（流程：问题——调查分析，确定项目 → 计划——围绕主题，制定方案 → 行动——分工实践，逐步推进 → 总结——反思提升、评价修改 → 实践——过程检验，重新发现）

完成一项独立的、一次性的工作任务，达到项目计划的目标，通过总结反思，对项目进行改进提升再实验。项目式教研活动的基本程序是：问题—计划—行动—总结—调整计划—行动—总结—再调整计划。具体操作流程如图1所示。

例如，我校语文、数学、物理、化学教研组在教学实践中发现，按照教材统一配套的练习册布置作业不能满足我校学生的发展需求，需要提高课后作业的针对性，由此提出了结合我校学生实际情况进行作业研究，形成了"校本作业研究项目"。学校决定由各教研组开展项目式教研活动，教研组制订项目计划，制定校本作业编写体例与要求，各备课组教师基于自己对教材教学内容和新课标要求的理解，紧扣课堂教学内容，面向自己任教的年级中绝大多数学生的学情精选作业，分年级由备课组长协调任课教师分工编撰，以学期为单位，每学期编撰一册校本作业。又如，《导学案》的编写，以及数学组的《初中数学拓展课程讲义》、语文组的《谜语》《对联》《古诗文》、物理组的《生活中的物理》、化学组的《生活中的化学》等校本课程开发都是通过项目式教研活动来完成的。项目式教研活动提升了教师的课程开发能力和课程实施能力，教师的学习在做项目的过程中被项目的任务所驱动，不管是"被动"的还是"主动"的，反正都"行动"起来了。

二、建模式解决教师学习中的"行动"问题

以"小先生"教学模式创新解决教师学习中的"行动"问题。"小先生"教学模式的核心创意是在教师教学层面上要求教师从"以教师为中心"转变为"以学生为中心"，通过让"小先生"学会教学来主动提升教师的学习、教学、反思和评价等专业发展能力。

"小先生"教学模式可以概括为："在一小段时间里，在一个小的区域，由一个小先生，解决一个小问题"。其所涉及的关键要素包括学习内容、学习小组、小先生、学生群体、教师。通过"课前教师设题、学生选择""课上两轮教学、充分互动""课后多元评价、拓展提升"的方式，有效关联各类元素，形成既具有实践可能又具有辐射价值的教学运作模式。

"小先生"教学模式特别强调教师集体的作用，强调教师之间的专业切磋、

协调与合作、互相学习、彼此支持。备课组通过课前集体教研、课中实践反思、课后行动研究三个层次开展集体教研。怎样选择教学内容？怎样分组？怎样选择"小先生"？这些都需要备课组集体的智慧。只有通过备课组定时、定点、定人、定主题的集体教研，实行资源共享，才能做到选择合适的教学内容，分成合适的小组，由合适的"小先生"来教学，这些任务驱动着备课组高效且充满活力地开展集体学习。"小先生"教学过程中，"老先生"负责倾听、点评与补充，对"小先生"教学的教学方法进行比较、研究、反思。这一过程促使教师主动寻找将知识的"学术形态"转换成"教育形态"的最佳途径，这就是"教学相长"。通过对"小先生"教学模式的探索、实践和研究，教师在教学理念、课程设计、学生培养、教学反思、教学科研等专业水平方面都得到了提高，整体专业素质也得到了提升。

通过做项目、建模式，解决了教师学习的"行动"问题，促进了教师专业视野的开阔、角色定位的转换、专业发展的主动、教育智慧的生成，培养出了一支适应教育发展和学校发展要求，师德高尚、业务精湛、结构合理、身心健康的专业化师资队伍。

作者简介：赵之浩，现任上海市建平中学西校校长。中学高级教师、上海市特级校长、浦东新区教育学会理事。

赋能与重构：
建构教师队伍高质量发展的长效机制

上海市进才中学北校　金卫东

一、立足校本，建构成型的教师专业发展模式

作为市教师专业化发展学校，进才中学北校一直以"引领教师专业化发展"为指向，努力探索"一本·二分·三自"的教师专业发展模式（"一本"："以校为本"的发展策略；"二分"："分层培养、分类激励"的培训机制；"三自"："自主认识、自主发展、自主提升"的发展方式），积极探索现代教师成长机制。

（一）从教师个人层面

根据教师不同学历、资历和发展性评价的结果及个性需求，分成"入格"培养层、"升格"培养层、"风格"培养层和"品格"培养层四个层次，安排校内导师及外请名师有针对性地进行指导，使各层次的教师在教育、教学、教科研等方面获得持续的提升。

（二）从教研组层面

秉持教研的核心价值，使教研内容系列化、教研推进层级化、教研活动日常化、教研行为制度化，有效地提高教与学的水平和人才培养的规格，重构教研文化。把建设"教师专业发展共同体"作为学校管理的第一目标，创造不断学习的机会，促进探讨和对话，鼓励共同合作和团队学习，建立学习共享系统，把教研组建设成实现共同愿景的、师生能获得自我超越的"学习型组织"，实现学校的持续不断的创新发展。

（三）从学校的层面

把"引领教师专业的可持续发展"作为学校教师队伍建设的第一要务，组建教师专业发展领导小组，构建与新课改相适应的发展性教师评价体系，创设绩效奖励栏目，分解绩效项目，以评价促发展，有效地带动学校的各方面工作。学校积极探索特色教师、教师专业发展共同体的培育和运行机制，来拓展优秀教师培育的新路径。让"进德达才、养正拓新"的校训落地生根，促进学生全面发展、教师专业化发展和学校特色发展。

二、评价赋能，建构教师专业发展的长效机制

学校不仅通过营造教师专业成长的良好环境，建构教师个体发展的评价机制，还通过"引与领""引与逼""引与竞"的体制机制变革，展开基础性评价、诊断性评价和发展性评价。

我们特别关注对教师团队的评价。一个具有良好舆论导向、有文化品位的团队组织，直接影响教师群体的价值取向、品质素养、工作态度、敬业精神和人际关系。教师之间的相互学习、交流、合作和竞争的状态，也会直接影响教师个体成长的心理环境，影响教师的专业发展。所以我们积极发挥团队评价的作用，用团队评价作为多元评价的支点撬动教师专业发展。

学校制定了《上海市进才中学北校文明组室评比方案（修订版）》《上海市进才中学北校优秀教研组优秀备课组评比细则（新版）》(简称《优秀教研组评比细则》)、《上海市进才中学北校优秀服务班组绩效考核方案》等。比如《优秀教研组评比细则》涵盖了"教学常规""教学活动""教学成果"三方面的具体表现。其中，"教学常规"下设计划总结、集体备课、资源共享、教学检查、团结协作5个二级指标；"教学活动"下设公开教学、教学设计、课题研究、校本课程、教研活动、业务培训6个二级指标；"教学成果"下设教学质量、学科竞赛、论文指导、教师素质4个二级指标。对每个二级指标又通过细则说明和量化指标加以具体化，并赋以相应分值。除了前述三大维度、15个二级评价指标下的细则目标之外，还列举了"一票否决"的情况，例如：组内有严重不团结现象，影响学校的正常教学秩序；组内有拒不接受学校布置任务的现象；组内发生严重的

安全事故或严重影响学校声誉的事件……这种明确的目标导向，对教师产生了积极的引导作用，成为教师的集体愿景和行动指南。

三、重构路径，践行教师专业发展共同体建设

（一）共同体建设重构教师专业发展的新生态

教师专业发展共同体有别于传统意义上的教研组、备课组和年级组等偏行政色彩的组织建设，更注重专业引领和学术地位。为了更好地建设学校教师专业共同体，系统有序地开展持续的、全方位的教师发展活动，学校成立了专门的校本教师发展组织机构，主要包括：教师专业发展领导小组、教师专业发展工作与督导小组以及学术委员会。

以学术委员会为例，说明其在教师专业共同体建设中的作用。学术委员会主要承担如下职责：其一，学术咨询。参与学校改革和发展重大课题（项目）的调研和论证，为学校重大政策的出台提供预案或建议。其二，学术研究。定期举行学术沙龙活动，定期开展专项调研工作，指导并参与开展专项课题研究，提升教师科研实力。其三，学术指导。对提高课堂教学质量提供建设性的意见，能深入课堂听课，对提高中青年教师学术水平给予指导和帮助，指导帮助中青年教师上好汇报课、研究课等；同时，对名教师的培养提出建议方案，提升教师的教育教学能力。其四，学术评估。参与教师学术水平评定的有关工作，诸如学期末的论文评选、基本功大赛等；对教师的教育、教学、教研水平提出评价；对新进教师进行综合评价，提出参考意见；审议精品课程建设、教材建设、师资队伍建设方案，承担学校专业技术人员职称评定和岗位定级等工作。其五，学术交流。每学期要面向全校或本教研究组人员进行一至两次的学术交流活动，可就优秀教育教学思想、教育教学案例引导青年教师展开讨论；积极组织参加国内和国际学术活动，加强和国内外学术团体、教育界同行的联系。

有别于个体发展，为了促进教师专业成长，教师专业共同体注重合作精神和共生意识。教师群体的价值取向、品质素养、工作态度、敬业精神、人际关系，教师之间的相互学习、交流、合作和竞争的状态，都会直接影响教师个体成长的心理环境，影响教师的专业发展。因此，我们不仅通过团队评价作为多元评价的支点撬动

教师专业发展，而且通过共同体文化建设，培育具有良好舆论导向、文化品位，注重合作精神和共生意识的团队组织，实现高效、有序、持续的团队协作的过程。

（二）共同体建设呈现教师专业发展的新样态

进北的教师专业共同体有三类形式：基于学科、基于项目、基于主题。

（1）基于学科——立足学科教师的成长阶梯，分"入格""升格""风格""品格"组队加以培养的专业共同体。这一校本分层体系不与教师的职称、待遇等直接挂钩，但因为升级门槛高度适中，培训内容根据成长阶段量身打造，有同伴互助和导师引领的互动机制，有效地激发了教师们追求持续发展的动力。

（2）基于项目——依据项目类型，由创新实验室、模拟法庭、模拟联合国、未来之城、智慧教室、项目化学习等分组而设的专业共同体。例如，自2018年起，我校正式成立项目化学习团队。截至目前，这个团队已扩容至90多名成员，覆盖全学科。在专家团队的引领下，采用"工作坊"研训模式分批次开展培训，每次培训分为集中培训和分组一对一指导两部分，让每一位教师在掌握基本理论的同时满足个性化的设计需求，鼓励他们在项目化学习实践中展现个人风格和学科特点。

项目化学习团队通过教师专业发展共同体的运行机制推进教学和科研，其实际效果要远胜于个人的单打独斗。项目团队采用了一种开放共享的学习形式：通过打造优秀项目化学习团队，调动教师们的积极性，汲取集体智慧，同舟奋楫，协作共赢。项目化学习团队共同研读《项目化学习》《项目化学习设计：学习素养视角下的国际与本土实践》《项目制学习：智能时代项目制学习权威实战指南》等相关理论书籍，每学期在工作坊范围内召开团队总结会，分享优秀案例；每年5月和11月举行同一批次工作坊的项目化学习成果汇报。通过诸如此类的项目化团队学习活动，每一位团队教师都能够在共同学习的过程中，在身边榜样的激励下，深入理解项目化学习元素，完善项目案例，实现团队合作与共同成长。

（3）基于主题——根据各类主题的不同内容，以见习教师规范化培训、管理学习会、青年教师班主任沙龙等组建的专业共同体。例如，青年班主任沙龙，2020学年起我校学生管理处根据日益扩大的青年班主任队伍的需求，把新班主任按年级组成学习团队，学习"名师大讲堂"班主任专业发展课程，每周四晚上认真观看在线课程，记录要点，整理感想和收获；每周一把上周观看内容的感想和收获发至交流群；每月最后一周的周一下午第二节课进行研讨活动（论坛、经验介绍、沙龙等）；每月主动与班主任带教导师沟通交流自己的学习体会和实践运用；每学期结合班级管理实际，撰写一份有质量的德育文章，进行交流或发表。这样的培训方式既使新教师们学习到了全国各地专家及优秀教师们的育德方法和策略，又在团队及师徒学习心得分享任务的驱动下，实现同伴间的互动互助及师徒间的教学相长，形成了同事间密切合作的专业共同体。

四、示范辐射，带动教师专业发展长效机制的迭代

学校搭建各级各类教育、教学、教科研展示的平台，发挥区域示范辐射作用，带动本校教师及集团内和学区内兄弟学校、支教结对学校、强校工程结对学校教师的专业发展。如一年一度举办的五四青年教师教学评比活动，从原来单纯的教学比赛已迭代成为包含教学设计、命题设计、课堂教学和教学论坛的"慧学杯"青年教师教学比赛。如2022年从3—5月开展的主题为"减负提质，探索'生本'课堂新样态"的比赛，各教研组抓住"五四"青年节契机，不仅推动青年学习型团队建设，而且让教研组的资深教师在参与命题、阅卷、指导、点评的过程中与青年教师共同研究新课标、学习新理念、探索新方法、打造课堂教学的新样态。而且，活动的每个比赛阶段教研组都可以聘请学科专家在主题教研活动上进行专业的点评和指导，让这一活动成为全体教师共同参与、并辐射集团和区域内其他学校教师专业发展的有效路径。

以专业促发展，以发展树品牌。进才北校将始终立足实际，精准把脉，以打造高质量的教师队伍作为提高教育教学质量的生力点，练就新时代教育尖兵，以实际行动对"大师之谓也"做出铿锵有力的生动诠释。

作者简介：金卫东，上海市进才中学北校校长、浦东新区进才繁荣实验中学校长。教育博士，上海市特级校长，正高级教师。兼任中国教育学会第九届理事、中国教育学会初专委副理事长，上海市教育学会第九届理事、上海教育学会初中教育管理专委会主任。教育部"国培计划"第二期领航工程名校长工作室主持人，长三角中小学名校长联合培训项目基地主持人，浦东新区名校园长培养项目培训基地主持人。曾获评上海市优秀校长。

建构支撑教师学习的学校生态系统

上海市浦东新区竹园小学　娄华英

教师是教育的第一资源。教师的专业成长既是学校教育质量不断提升的保障，也是教师本身的核心使命与追求。党的十八大以来，习近平总书记多次在重要场合强调了教师队伍建设的重要意义，提出了"四有""四个引路人""四个相统一"的系列要求，为新时代教师队伍建设提供了根本遵循。上海市基础教育工作会议也强调要努力"办好每一所学校、教好每一名学生、成就每一位教师"。办好学校，教好学生，根本上都依赖于高素质的教师。

在"教师教育"向"教师学习"转型的背景下，如何以教师学习促进教师专业成长，显得尤为重要。做好之，既需要外部的政策、制度引领，也需要学校层面教师学习支持体系的建构。

20世纪90年代以来，生态观成为社会科学研究领域普遍运用的思维方式，也自然而然地被引入教育领域。从生态观出发思考教师学习，教师的学习就不是一个单一的、个体的、线性的简单过程，而是一个发生于立体的丰富背景之中，包含着人与人、人与物、人与精神的多重互动关系的复杂过程。基于这样的认识，学校必须着眼于教师学习的系统性和复杂性，从生态观的思维方式出发，为教师创设有利于其学习的生态系统，或者说，生态环境。

教师的学习是一个内外关联、相互作用的过程。丰富专业知识，提升专业能力，增厚专业情感，积淀专业智慧，这些指向的都是教师学习的内在性要素，而要真正建构起完善的教师学习支持体系，还要在关注教师学习内在性要素的基础上关注其外在性要素，也就是教师学习的外部生态环境。在我看来，学校对于这种支持教师学习的外部生态环境的建构，主要可以从三个方面进行设计和实践。

一、要关注学校共同成长的文化生态

从生态的角度建构教师学习的校本支持系统，首先需要关注的就是学校的文化建设。学校文化一直是学校管理领域的热词，大家都不陌生。毫无疑问，学校是最具有文化元素和能够创造文化元素的组织，师生都是文化的创造者，学校的文化样态对师生成长发展都具有深层次的影响。从教师学习的角度看，一方面，要注重建构民主开放的学校文化，学校的文化如果是开放的、民主的，那么师生之间、教师和学校管理者之间就容易形成相互尊重、相互理解的关系，教师学习的积极性就容易调动。另一方面，要倡导合作互助的教师文化，要积极破除教师文化中的个人主义和派别主义现象，倡导教师通过自然合作、人为合作等形成共同成长的文化生态。从竹园小学的实际情况看，学校一直用"ZHU·共同成长"文化来引领师生成长发展，特别是始终以学校发展愿景为引领，倡导一种团队共同成长的学校文化，让教师在共同发展中明确方向在哪里，目标是什么，如：学校把办学理念的传承和发展，直白地告诉大家；办学目标教师、学生、家长每个人都清楚；平等、关爱、合作是教师人际关系的核心。这些目标和战略成为凝聚全员进步的精神召唤，激发教师专业自觉的共鸣。这是学校文化的最终价值指向。

二、要关注学校保障激励的制度生态

学校管理的实践表明，教师学习的渠道有很多种，其制度建设的引领作用最为基础和有效，因为教师学习制度不仅使教师的切身利益得到了制度性的保障，也有利于从顶层设计的高度优化教师学习的治理体系。支持教师学习的制度建设，本身也是一个复杂系统。要加强制度变革的思想建设，引导树立正确的学习理念；加强师生的民主参与，让学习满足教师发展需要；加强教师学习的领导，形成完善的制度体系，明确各部门职责，教师学习列入学校发展规划；加强制度的创新力度，体现尺度温度、精神物质相结合。从竹园小学的情况看，在教师学习的制度生态建设中，我们主要关注了"学习共同体"建设的10件实事的设计

与落实，如：统整各项研修制度，制定《学校校本研修章程》，并通过集体审议和决策规范了教师参加校本研修的义务和权利，形成制度化管理；优化校内职级全员申报制度，针对高端教师少的现状，增设一次越级机会，激活专业发展的潜力；构建以"对话"为核心的学习评价机制，用评价看见每个教师的进步。10项实事工程，进一步助力了学习，凝聚了人心，保障了发展。

三、要关注学校优美温馨的自然生态

教师的学习必然要发生在一定的物质和自然环境之中，需要相应的条件和保障，学校自然环境的优美与否，教师办公、学习和生活条件的便利与否，都会影响到教师的职业体验和专业成长效能。可以想象的是，如果教师在幽静、美丽、充满韵味的校园环境中从事自己的专业，在温馨、舒适的办公环境中开展教与学活动，那么他必然也会乐在其中，形成对学校组织的认同感，进而激发专业成长的动力。因此，学校管理者要从"具体的人"的视角看待教师，要满足其作为"普通的人"的审美需要、物质需要。这几年持续投入资金建设学校的学习空间，目的就是为师生提供适宜其学习的自然生态，激发师生多元的学习，在实践之中取得了很好的成效。

总而言之，教师学习，是一个内外联动的复杂系统。学校管理者要学会系统思维、生态思维，从文化生态、制度生态、自然生态等多维度建构教师学习的支持系统，才能够真正营造起教师主动学习、持续发展的生态系统，才能为高素质教师队伍建设持久赋能。

作者简介：娄华英，正高级教师、特级教师、特级校长，上海市督学，新区竹园小学党总支书记、校长、教师，新区竹园小学教育集团理事长，新区名校园长培养项目娄华英校长基地主持人。曾获上海市"四有"好老师（教书育人楷模）提名、上海市园丁奖、上海市"五一"劳动奖章、上海市科教系统"三八"红旗手、上海市新长征突击手、新区首届教书育人贡献奖、新区"最美书香人"、张江社会事业精英奖等荣誉称号。

一堂三读：
做一个幸福的"学习者"

上海市浦东新区浦南幼儿园　蒋耀琴

教师是具有自主专业精神的学习者，而学校应该为教师学习提供一个好的支持环境。浦南幼儿园给教师学习提供支持与帮助的"抓手"，是组织"一堂三读"的文化品牌活动，通过系列"读书"行为，把教师领向"做一个幸福的'学习者'"之路。

自古以来，中国人把读书定义为最高尚的行为，"书犹药也，善读之可以医愚"。在实现幼儿幸福成长的道路上，我们始终激励教师自主、自信地增长书香特质，将成为一名"厚德　博学　睿智　笃行"的浦南人视为自己的责任和使命。

一、"一堂"，即浦南大讲堂，是让每一位教师有思想的大课堂

我们邀请特级校长来讲办学理念、教育思想，特级教师讲教学，文学家来讲创作历程。记得有一次秦文君老师在介绍她的作品《花木兰》时，讲述了她用了3年时间去采风，尤其是在古马场体验一个小女孩替父从军时的复杂的情感。教师们在与秦老师的互动中感悟到了作家的思想。又如，当外界辅导班铺天盖地，家长质疑我们技能知识教得太少的时候，文学博士鲍鹏山教授的"教育六问"，让我们豁然开朗，明白了教育何为，教师何为。鲍教授的"孔子说"，让我们走近先贤，感悟教育不仅仅是谋生谋智更是谋道，因为人的本性中有很多好与不好

的东西，而教育正是引发人心向善的一面，崇尚德行，帮助孩子辨别生活中的是非，塑造健康向上的人生观、价值观。讲堂过后，教师更坚定了教育者首先要有理想信念，之后也有越来越多的教师将国学、汉文化的学习纳入自己的班本化课程中，古诗诵读、节气节日、礼仪认知……一个个创新活动孕育而生，这样的课程内容有思考、有深度，也让教育有了价值与意义。

二、"三读"，即"阅读、走读、研读"

教师与孩子一样都是独立的个体，"三读"就是为了帮助教师们建立自己的学习框架和脉络，找到适合自己的发展方式。

（一）阅读，收获知识提升专业

阅读主要围绕"书"展开，有专业书、文学书，还有各类教师喜欢的"书"。好书分享会、国学社团、琴韵书声等活动样式，是支持教师个性化学习需求的读书活动。如有些教师参与"好书分享"，成为阅读推广人；有些教师喜欢一起对绘本进行深度讨论，学习如何挖掘绘本价值，将绘本读深、读透，创造出各种能够下沉至孩子以及家庭的"精准阅读"教育活动。如在绘本《一条大河》的阅读中，教师们读作者、读画面、读文字，读懂了蕴藏在绘本中的教育价值，并带领孩子们开展了为期一个月的精读活动。

（二）走读，打开视野，丰厚底蕴

读万卷书，行万里路。走读活动的目的就是让教师迈开脚步，放眼世界。如在外滩走读活动中，教师们到访了万国建筑群，认知到上海海派建筑的建构特点；每年的童书展，城市中建造的博物馆、美术馆，孩子们喜爱的海洋馆、科技馆都是教师们每月一次走读的心仪之地。在行走的课堂中，教师们不仅拓展眼界，也迸发出课程研发的动力。正如美国心理学家塞利格曼所说的，教师要有激发幼儿潜力的能力，必须建立在好学博学的基础上，用知识影响幼儿，丰厚自身的文化底蕴，才能到达文化育人的境界。

（三）研读，优化自我、展现自我

研读，追求的是教师对书籍的深度阅读。我们挑选了坐镇美国亚马逊心理书畅销榜10年的《终身成长》，开展了为期21天的共读陪伴营，引导青年教师们思考如何面对真实的自己，从固定型思维转变为成长型思维。每位教师都在书中找到了自己的缩影，也养成了"反思"的习惯，正如《论语》中写的"吾日三省吾身"，研读给教师带来了自省的勇气，营造了敢于表达自己观点的氛围。在2020年新冠肺炎疫情期间，我们开展了"浦南TED线上演讲"活动，每个教师根据主题"古今智慧"研读一本书，并利用信息技术拍摄、剪辑视频，向所有浦南人解读这本书。该活动的开展让成长在快节奏时代的年轻教师，学着慢下心来，细细品味，也让教师们展示了不同的演说风格，历练自己。

爱读书、读好书、善读书，才能养成志存高远、厚德载物的大气。"一堂三读"文化品牌活动，引领教师们在学习习惯上成为"书不离手"的读书人，在自身修养上成为"知书达理"的读书人，在专业发展上做一名"因材施教"的读书人。读书已成为浦南教师自觉的学习方式，做"读书人"已然成为浦南特有的文化——"以文化人、以文明德"是我们独特的成长方式，也是我们"幸福的学习者"该有的样子！

作者简介：蒋耀琴，上海市浦东新区浦南幼儿园园长、特级园长。

探索基于"物证理治"提升中学物理教师"五味·三能力"的实训之经

上海南汇中学　张韶龙

一、举大体务实效，言信行果

浦江之东，活力涌动。浦东新区作为上海首个教育综合改革示范区，将把供给高品质教育资源和优化教育发展生态，作为教育服务国家和区域发展的两个核心功能，把推进教育数字化转型和教育对外开放作为深化新一轮教育综合改革的"双翼"。浦东物理教育必须勇立潮头，有作为、有引领、有示范，彰显物理教育的基础性、先导性、全局性作用。

上海市浦东新区教育局把一批又一批的中学物理教师交给我们，要我们每一届花 2—3 年的时间通过学科"名师基地"等形式培养他们。这是组织对我们的信任，责任重大，我们要求自己必须做到：举大体、务实效、言必信、行必果。

我们除了始终坚守课堂、聚焦课堂、立足课堂外，教学相长，与学员们一起力求有深度、有情怀、有温度地认识、发现和完善自我，与学员们一起上研讨课、公开课、示范课，与学员们一起研课、磨课、听课、说课、议课、评课，贯彻新课标理念、落实新教材素养、推进新课改创新、促进新发展迭代，以研促教解决教育教学过程中的真问题；还为学员们制定了一整套既有个性发展，又有共同成长的培养目标与发展路径，也就是"我们想让他们成长为怎样的物理老师？"至少应该是我们想要的样子，明白"为什么要改变？如何改变？改变了吗？"提升学员们在学科"名师基地"研训中的获得感和满意度。

什么是好的培训？个人认为：好的培训应该能持续激发学员们的学习兴趣，让学员们从中获得学科知识的增长、教学能力的提升、思维能力的深化、教学体验的丰富、生命意义的成长、人格力量的完善、社会责任的增强，学科素养与人文素养同步提升，逐渐成长为"有理想信念、有道德情操、有扎实学识、有仁爱之心"的"四有"好老师。

二、课研训厚实证，内涵素养

我们主持"上海市南汇区张韶龙高中物理学科工作室""上海市浦东新区张韶龙物理教师培训基地""上海市浦东新区张韶龙物理学科名师基地"等已经七届了，蝉联优秀，在培养青年教师有效成长方面，积累了些许的经验。

（一）经验之一：运用"物证理治"的思路，帮助教师理解物理教学的内涵，提升物理教育的素养

基于证据的认知，有知其然，更有知其所以然的理解。培训教师、成就教师、出彩教师，促使教师有加速度的成长，我们一直在课堂中厚实证据的实践。在"课研训"一体化一致性的系列研训活动中，"以物证言"就是基于证据的认知，"以理治道"就是知其所以然的理解。

物理者，万物之理也。物理观念的建立，物理实验的探究，物理规律的归纳，物理思想的深邃，科学态度与责任的意识，都离不开以物证言的实证和以理治道的方法。

基于证据的学习、研究与评价，是我们所推崇的有效教学方式。基于证据的学习、研究、评价＋基于证据的反思＝加速度成长。当我们的学员们产生疑惑、惊叹、好奇之时，"教师学习"就有了内驱力，当基于证据的反思加速之时，成长就自然而然地发生了，"教师学习"就已经走在了成功的大道上。

（二）经验之二：磨炼提升物理教师物理教育"五味·三能力"的学科素养

为了加强对学生核心素养的培育，我和学员们一直在探索"五味·三能力"的物理课堂教育。所谓"五味"，就是物理教育应有"物理的本味、德育的韵味、哲学的品味、对话的意味和探究的趣味"；所谓"三能力"，就是力求发展学生"科学的思维能力、科学的探究能力和科学的表达能力"。基于"物证理治"落实"五味·三能力"，才能更好地培育学生物理学科的核心素养。

三、变则通殊途归，润物释理

每每谈起物理教育的"五味·三能力"这个提法，很多教育学者、专家和普通教师都非常感兴趣，感觉很有意义。以管窥豹，在此举一些简单的例子，给大家谈一谈"哲学的品味"吧。

物理学天然地就与哲学一脉相承，物理学家牛顿的经典著作名称是《自然哲学的数学原理》就是佐证。爱因斯坦的质能联系方程 $E=MC^2$，就是哲学"事物是普遍联系的"原理的物理学基础。物理学的"量子纠缠"甚至使得哲学"物质与意识"关系的原理坍塌，因为"双缝干涉实验"波粒二象性的"观察者原理"告诉我们或许"意识创造一切""意识也是物质的"。物理学需要哲学，物理学家或许不需要哲学家，因为物理学家就是哲学家。物理教学是需要有哲学的逻辑，物理教育是需要有哲学的品味的。

比如说，水的沸腾过程就蕴涵着深刻的哲学原理，我们试着认真观察一下烧开一壶水的全过程，就会发现：水在加热初期，声音很小，气泡也较少；随着时间的推移，水的内部会产生大量气泡，声音也会越来越响；但当水温快到沸点时，响声却渐渐地变小，直到水沸腾时，响声反而会很轻很轻。这里面就蕴涵着"大音希声""大象无形""行胜于言""少讲多探"的教育哲理。

相比水的沸腾，水的蒸发只发生在液体表面，很难被察觉。但如果没有水默默无闻的蒸发，就不会有大自然奇异多彩的"雨、雪、霜、雾、霞、虹"的更迭变幻。上善若水，变则通殊途归，平凡中见伟大。没有永恒的"沸腾"，却有地久天长的"蒸发"。事物达到极致，反而趋于朴素自然的本真。

基于"润物释理"（润泽其物，释然其理）能力提升的"教师学习"需要"沸腾"的激发，更需要"蒸发"的持久，让教师逐渐成长为有魅力的人，把学科本身内在的"美"挖掘出来，散发光芒，既见真理，又享美妙。教师魅力、学科魅力、教学魅力同步提升。

四、敏于行谦受益，悟物探理

《孔子家语》有曰："水唯能下方成海，山不矜高自及天。"一语道出了成长的真谛。水，善向低处流淌方能汇集成江河湖海，避高趋下是一种谦逊，奔流到海是一种追求。山，不用争高自然会接近云天，山之峰巅，不畏风吹雨打而泰然沉稳屹立高耸，不惧雷劈电击而淡定自若气势如虹。"积跬步至千里，积小流成江海"。有容乃大的务实实践与钩沉索隐的持久行动，才是德才兼备学术涵养成长的有效路径。

子曰："三人行，必有我师焉。"学科"名师基地"教师培训亦如此。教师培训其实就是坚守课堂，共同提高的过程；是共同实践，解决困境的过程；是互为资源共同学习，教学相长的过程；是深度挖潜放大学科魅力，守正创新成事成人的过程。新时代跨时空的创造性运用新技术的网络联研联训，迭代重构了"课研训"的新形态，专家指导课堂、省际交流同课异构课堂、同伴互助公开研讨课堂、区市全国展示评优课堂，在课堂中只要放低身段，就能如山巅之上的"天池"，汇聚能量提升课堂的魅力。

作为学科"名师基地"的主持人，我始终坚持与学员们一起开展真教学、研讨真问题、做真研究、求真提升，始终坚持为每届学员现场公开示范课堂教学，始终坚持举办研讨课、示范课、公开课等，在所有学员都交流之后，最后进行说课、议课、评课。七届学科"名师基地"蝉联优秀，就是因为示范督促学员敏于行、谦受益，示范指导学员深耕课堂、内涵素养，示范引领学员专业自觉，悟物探理（悟物之理，探理之物）。

五、重实践乐反思，对话交流

新时代基于核心素养培育的教育，倡导主动参与、乐于探究、勤于动手，培养学生搜集和处理信息、获取新知识、分析和解决问题以及交流合作的能力。使得学生在"事实性知识""方法性知识"和"价值性知识"诸方面得到基于"对话"的全方位的发展。

持续开展全国重点课题"基于对话的高中物理课堂教学的实践研究"，立足课堂，力求在"教师提问与学生表达""学生质疑与教师表达""学生提问与学生表达""实验现象与学生表达""文本材料与学生表达""多媒体与学生表达""教学素材与教师表达"等方面能力，优化基于"对话"的高中物理课堂教学的实践。

通过多途径、多向度的教学"对话",解决当前高中物理教学"读,说,问;讲,议,探"过程中"对话"的缺失,探索"对话"教学的基本形态和基本策略,期望实现物理教学向物理教育本真本义、科学素养回归的课堂结构和形态。

这里简要分享我们通过研究确立的"读、说、问;讲、议、探"的对话教学基本形态。"形态",由"形"和"态"两个字组成。"形"指形象,是空间尺度概念;"态"指发生着什么。对话教学的课堂形态,是指在由教师、学生、文本、实验器材和媒体等教学资源间交互作用的对话教学的时空中,教师的"教"与学生的"学"的行为特征的表现集合。

读:读白教材、读白学生、读白老师,读得心懂。

说:说道观点、说道见解、说道疑惑,说得心清。

问:问学疑难、问学思路、问学方法,问得心明。

讲:讲解概念、讲解规律、讲解学法,讲得心透。

议:议论深度、议论广度、议论瓶颈,议得心知。

探:探究现象、探究原理、探究过程,探得心会。

在对话教学的课堂中,通过教学对话实践反思,螺旋递进,力求对"问道:如何厘定对话教学的课堂形态?""循道:探寻有效对话教学的教学策略""论道:探究各式对话教学的内涵""行道:高效对话教学的课堂教实践"等教育教学问题,给予创新迭代的内涵认知和深度生成。

六、结语

未来已来,唯变不变。谁来教?教什么?怎么教?为什么教?……谁来学?学什么?怎么学?为什么学?……我们必须基于AI时代对教育问题深度思考。

"星舰"移民火星,人工智能迭代的新时代,具有社会信息化、资源泛在化、职业流动化、技术赋能化、学习终身化、教育个性化的鲜明特点。教育是国之大计、党之大计,教育现代化是必由之路。教育的个性化、多样化、多元化、终身化,决定了教师不再是传道受业解惑的唯一"先生",学校不再是获取知识的唯一场所。教师培训学科"名师基地"终将会被取代,在现有阶段如何让学科"名师基地"效能最大化,我们期待每届学员们成长。淡定优雅的气质,包容他人的情怀，坚韧不拔的意志，言行一致的人格，三尺讲台的精彩，我们给出了非唯一、非典型的参考路径，力求启发引领教育同仁有所作为，有效超越。

知行合一，路在脚下，路漫漫吾将上下而求索。

作者简介：张韶龙，上海市特级教师、正高级教师（三级），新农村教师培训者、普教系统"名校长名教师培养工程"一期优秀学员、普教系统"双名工程"二期专家组成员、物理学科德育实训基地导师，浦东新区高级培训师、学科领军人才、张韶龙物理学科"名师基地"主持人、精品课程"悟物探理，润物释理"主持人。荣获全国教学大赛一等奖、上海市园丁奖。

研训——理念落于实践与合作
——团队分层满足

上海市浦东新区高东镇中心小学　万晓春

2021年9月,我有幸参与了首届"浦东杏坛",担任发言嘉宾,就论坛主题——"教师学习视角的区域研修支持"与几位优秀的区级培训主讲教师和工作坊主持人共同分享研训心得。作为浦东新区小学音乐学科领衔人及教师继续培训课程的领衔培训师,我知道来自教学第一线参培教师的需求,光讲空泛的理论是行不通的。培训要将具有一定理念支撑的实践通过具体的教学设计、教学案例、短视频和一些具体的互动环节让教师共鸣,并尝试将学到的具有理论支撑的教学策略运用在自己的教学实践中,以此提高参训后的思考力和实践能力,满足培训需求,实现理念落于实践。

培训教师通过主讲相关课程,将自己在各自教育教学领域和区域组织中的理论、经验传授给参培教师,这种"教师学习"行为,实现了教师训练到教师学习再到教师专业发展的理念变迁。参培教师通过理念联系实践的培训,获得了强有力的实践理论依据,再把理论"化"在实践里,看到、做到理论联系实践的具象,并通过团队合作的方式,发挥团队研训的作用,满足参培教师的分层需求。

一、理论联系实践研究　研训运用理念落地

培训实践中十分普遍的问题是理论和实践两张皮。理论阐释空泛无用,听起来都对,参训的教师们也都能够充分理解,但一到具体实践上,还是靠老经验和惯性来实施教学,理念无法应用到实践中。那么到底怎样做,能让理论发挥作用

指导教学，实现实践行为的变革？

　　培训课程中讲一大堆理论，学员是不易接受的，学员认为理论研究是部分研究者的事情，和实际的教学关系并不大，平时教学中也找不到很好的契合点来落实，甚至有的学员认为理论学习和具体实践是不一致的。在"音乐活动中培养学生合作表演能力的实践与研究"的培训课程中，我不会搬用大量的理论来说合作学习是什么、有多好。我是教学第一线的教师，知道这不是教师们想要的。所以课程一开始，我会和学员聊"合作"，有学员说"我就这点课时，内容都上不完，哪有时间搞合作"；还有学员认为课堂纪律不容易抓，一合作更乱了，所以"合作"无法落实在课堂上……一听就明白了，他们对课堂上的"合作"有一种误解，认为合作就是要单独划出一个时间来搞活动，或者合作只会影响平时的教学秩序。于是我就播放我平时上课的包含合作学习的教学片段给大家看，看过后让大家说一说这里面有没有合作学习，合作有没有提高教学成效。教师们仔细一分析，原来师生互动表演、师生合作歌唱、生生合作律动都是合作学习，他们说"那我上课的时候也有的呀"，又发现原来还可以小组合作、组组协作，参训教师的观念就转过来了，思路也就拓宽了。

（一）先实践　再理论

　　有效学习，简单来说就是先看、先做，再剖析原先的理念，通过比较改变想法或者建立起新的"理念"，然后在实践中加以运用来改进实践。培训一开始，有些学员觉得那些高高在上的理论是部分研究者做的事情，通过培训后，不仅接受了新的理念，而且能通过"案例"的方式来体现"理论这样应用"，认识到理念是可以落地的，理论运用在实践中是可以开花结果的，这个过程里最重要的就是理论和实践如何结合的问题。

　　在精彩的课堂片段及大量的课堂案例、教学设计讲解中，显现合作教学的方法、形式，学员们也会结合自己的教学实践产生尝试的向往。在讨论"如果你来设计这一知识点，课堂上还可以从哪些角度来做合作"时，学员们集思广益，思路打开了，在互相交流中互评，找出有效的合作方式或者提出合理的建议。在这个环节，学员互相补充，学习的气氛也非常好。我还带着学员运用柯达伊手势进行互动的合唱训练、运用达尔克罗兹的体态律动一起来做多声部的声势律动，还

做一些卡农的节奏训练……让教师在培训中看到理论应用在具体的场景、具体的过程，呈现具体的结果。还有的学员根据课程中合作教学的理论结合自己的教学经验撰写论文并公开发表，提高了理论研究的能力。整个过程也许我一句都不会提到那些合作学习的意义之类，但教师们会自然接受，也愿意在教学实践中运用，将理论化在实践中。

（二）实践中　获共鸣

理论落地实践生根开花需要的是通过培训将具有一定理念支撑的具体案例运用在实际教学中，有理念支撑的教学实践是站得高飞得远的，是可以事半功倍的。比如，学员通过具体的教学设计、教学案例、短视频，通过"看一看""说一说""评一评""试一试"等一些互动环节获得共鸣。

1."看一看"

在"小学音乐学习活动中学生合作能力的培养"这一区级教师继续培训课程中，培训教师讲到师生互动、生生合作、小组协作、组组合作的合作教学策略时，我就从教学短视频入手，让学员先"看一看"，通过看找出教学中存在的合作的方式。

2."说一说"

通过"看一看"，学员了解了课堂教学、合唱教学、舞蹈教学、戏剧教学、器乐教学中具体的合作表演方式。在创设的氛围中抽学员来"说一说"，在"说一说"的环节中很多学员会互相补充，并且根据合作的理念挖掘出可以合作的方式、内容、角色，找出已经运用在平时教学实践中的合作形式。

3."评一评"

在"评一评"的过程中让学员找出合作的有效性，鼓励学员思考还可以通过哪些合作方式提高合作效率，如何规避合作中经常出现的问题等。这样集思广益又来源于学员真实的感受与学习感悟，更能促使学员在思考中学习、运用、实践。

4."试一试"

在培训过程中，可以将学员分组进行实际研修，现场培训者和学员进行"试一试"。通过培训教师和学员、学员和学员进行师生互动、生生合作的合唱训练、节奏律动等环节实践合作教学的策略。通过培训，很多学员将学习过程中获得的合作实践教学模式自觉自愿地运用到自己的教学实践中，提高了思考力和实践能力。

二、理念激发同课异构　团队合作碰撞思维

领衔骨干教师、学科带头人的研训，对理念运用的要求就更高了。我们带着研究的任务组织学科团队的骨干教师和学科带头人就同一个课时、同一个知识点，尝试根据理论设置情境，安排不同的教学环节。根据骨干教师、学科带头人的教学特色形成同课异构，激发团队教师思维碰撞，以单元设计、资源整合为研究点，组织课后的互动研讨，实现理论与实践研究再提升。

（一）发挥特长，拓宽思路，丰富教学实践

小学音乐学科团队"促进理解的音乐有效课堂教学实践与探究"的课程已开展四轮，课程中发挥骨干教师和学科带头人不同的特长拓宽设计思路，整合单元资源，形成同课异构，丰富教学实践。团队教师们一起听课评课、共同分析、思想碰撞、经验交流、优势互补、共同提高。探究这些高质量的设计，了解不同教学特色的教师分别通过什么路径达成学科和育人的目标，又同时体现出不同的音乐教学特色，发挥研究型教学形态的魅力，这对每一个参与者来说，都是一种眼界的拓宽和能力的提高。

（二）特色展示，同情共长，异构同课达成

每个音乐教师有不同的特长，声乐、舞蹈、器乐、戏剧，小学音乐学科团队的教师又都是富有教学特色的教师，也具有很强的研究能力。所以教师们在设计公开展示课的时候，以引领辐射的目标来定位每一次展示，即便是一样的教学内容，一样的教学目标，也会根据各自形成的教学特色采用不同的表现方式。就如我和何青老师上三年级的音乐欣赏课《祖国　你好》，我是声乐特长，从歌唱教学入手，何老师是舞蹈特长，从民族舞蹈入手，我们设计不同的教学环节，解决相同的教学难点，达成一致的教学目标。

（三）点评讲座，资源分享，引领专业发展

区级小学音乐学科团队形成了以团队合作碰撞教育教学实践火花，以理念激

发思维的共研氛围。小学音乐学科团队每次的研讨活动以"促进理解的有效音乐课堂的实践与探究"为研究课程，通过同课异构、单元设计及点评、讲座等形式的资源分享，引领专业发展有需求的教师，形成区级学科团队——区级骨干教师、学科带头人——校级教研组长——校级教研组成员、师徒结对、见习基地等三级网络化的管理，共享团队老师的点评及讲座资源，并将研究的内容和科研能力发展相结合，从理论到实践再到理论来完成教育教学能力向科研能力发展的再提升，引领专业发展。

三、理论支撑有效教学　科研促教事半功倍

在培训师生合作、生生互动、小组协作、组组合作的教学策略时，我将自己平时上课的有理论支撑的有效教学课例和指导青年教师落实合作教学的课例片段展示给参训学员，还对小学音乐学科团队中骨干教师和学科带头人同一个课时、同一个知识点用不同结构来解决的同课异构的课例作分析和讲解。参训的学员通过具体的课例——或合唱训练，或舞蹈训练，或戏剧角色扮演，或器乐合奏等来领会理论的落实，并通过互动的讨论，举一反三将理念落实在教学实践中。

在以往的培训中我会要求学员完成培训的千字感言，学员会根据课程培训的重点结合自身的教学实践来撰写，将培训中的发现、实践、运用在学习培训作业中呈现，有的还加上自己的实践案例来作完善和提升。这样不仅将理论落实到了实践中，也丰富了培训课程的案例，丰富了整个培训课程的资源。参与培训的教师常年在教育教学中积累了大量的教学实例，通过研训，将自己的教学实践与理念相结合，以培训小结的方式来"写一写"，提高科研促教的实效。很多学员在千字感言的基础上撰写了结合自身实践的教学经验或论文，在有丰富理论支撑的有效教学案例中提升了理念，理论联系实践并在实践中再升华理念，在螺旋式反复上升的过程中获得理念指导教学、提高科研能力、科研促教事半功倍的体验。

四、团队合作互动共赢　分层研训提升实践

团队成员来自区内各个不同类型的学校，教师结构复杂，人员背景不同。小学音乐学科团队中有少年宫教师、辅读学校教师，有戏剧、舞蹈、器乐、声乐、

音乐制作及信息技术能力较强的教师。作为课程负责人，我要了解团队成员的特长，知道每人擅长什么，以此来发挥每位教师的优势，从而科学承担各个板块的培训任务，完善培训课程的结构；把握培训课程的整体，合理分配理论与实践的比例；将培训课程的内容加以拆解分工，形成不同的板块；发挥培训课程教师的特长，预设培训板块，整合资源形成团队合力，教学相长，相辅相成。

在培训中我不断提升自身理念，结合实践活动找到契合点，满足教师们专业发展的需求。以团队合作的模式，合理设置课时，调整培训板块，让每一位参训教师分层参与培训，满足各自需求，发挥各自特长。团结学校、学区教研组成员，开展教学展示及课题研究，形成合作互动共赢的科研氛围。制定不同专业发展目标，分层研训，提升实践的教师专业发展共同体质量，同时加强课程反馈及考核评价。将课程中的资源进行共享，开发部分课程内容形成课题，将课题研究、教学设计、教学案例等形成论著，编写拓展型教材，起到引领辐射的作用。参训学员成长为市级名师后备、区级学科带头人、区级骨干、区级新锐教师，在研训的道路上合作共研，促进教师教育教学培训工作，形成了"教、研、训、引、领"的模式，带动身边团队成员专业发展，以和谐互动的合作教学获得共赢，共同进步。

作者简介：万晓春，上海市特级教师、正高级教师，上海市浦东新区高东镇中心小学副校长。中国音乐教育专业委员会奥尔夫教育委员会会员、上海音乐教育专业委员会会员、上海市合唱教育专业委员会会员。2001年获上海市艺术教育先进个人荣誉称号，2007年获上海市园丁奖荣誉称号，2007年被评为浦东新区小学音乐学科带头人。2011—2017年担任浦东新区小学音乐兼职教研员，2018年被评为浦东新区小学音乐学科领衔人。

评价之策

围绕深化新时代教育评价改革,探讨科学的教育评价导向、完善的评价体系建设,助推教师专业发展和学生全面发展。

以评价改革促进教师专业发展

——以浦东教师评价改革进行时为例

上海市浦东教育发展研究院　张　新

继党中央、国务院印发《深化新时代教育评价改革总体方案》，上海市委、市政府发布《深化新时代教育评价改革实施方案》之后，《浦东新区深化新时代教育评价改革行动方案》正在全面推进，其中教师评价改革成为五大重点内容之一。面对迫在眉睫的改革任务，我们需要解决的问题很多。例如，如何通过评价这个杠杆，营造一种适合教师专业成长的良好环境？如何激活教师专业发展的内驱力？如何在高中"双新"课改、义务教育"双减"政策，以及"五项管理"等重大改革背景下，优化评价方式，促进教师在命题与作业设计等专业能力方面的突破和成长？如何进一步改进结果评价、强化过程评价、探索增值评价、健全综合评价，完善教师专业发展的评价体系？如何在评价这根指挥棒的指引下，建设一支适应浦东新区战略定位和教育发展需要的师德高尚、业务精湛的高素质专业化创新型教师队伍？等等。怎样解决这诸多问题，改革、优化、重构区域教师评价体系？现初步呈现一些做法，提出点滴思考，以期与大家一起深入研究，求方问策。

一、教师评价于教师专业发展有重要促进作用

（一）以评价引领教师师德师风建设

对于一个区域来说，在重构教师评价体系中，最重要的内容是对于师德师风的评价，这是第一标准。需要评价每一位教师是否能全面贯彻新时代中小学、幼

儿园教师职业行为准则，应把师德表现作为教师资格定期注册、业绩考核、职称评聘、评优奖励的首要要求。通过评价，在引领教师师德师风过硬的基础上，才能真正引领广大教师落实学科德育，做到以德立身、以德立学、以德施教和以德育德。

（二）以评价促进教师改进教学行为和方式

新课改背景下，教师课改理念的学习和掌握，新课程的实践探索和执行力度，都成为区域教育部门和学校管理者研究的重点课题。只有设计具有针对性的指标，评价才能切中肯綮，引导教师们改进教学行为和教学方式，发挥导向作用。例如，对于幼儿园教师的业务评价，应把游戏活动的设计和组织作为关键指标；对于中小学教师的评价，应把教学述评情况纳入考核内容等。

（三）以评价激发教师的专业发展意愿和动力

评价作为一种社会价值判断的手段，可以营造促进教师专业发展的社会氛围。新教师如何克服入职初期压力剧增带来的烦恼和困惑，老教师如何克服成长高原期带来的职业倦怠，都需要在有梯度的教师评价体系中，用不同的评价指标进行引领。只有贴近教师实际的评价，才可能是有温度的评价，才能激发教师提升专业发展的意愿，激发教师提升专业素养的内驱力。

二、教师评价呼唤立体多元、科学合理的方式方法

新时代教师评价改革需要的不是整齐划一的方式，而是因地制宜、因校制宜、科学合理的评价模式。以浦东新区为例，随着"教育大区"向"教育强区"发展目标的提出，教师评价改革正在行动中。对标《浦东教育现代化2035》等相关文件，以及习近平总书记在浦东开发开放30周年庆祝大会上的重要讲话精神，结合浦东打造上海市教育综合改革示范区、国家级信息化教学实验区、社会主义现代化建设引领区等发展目标，构建和完善五育并举、多元视角、立体架构、导向明确的浦东教育评价生态体系已初现端倪，教师评价改革行动同步推进。区域和学校共同努力的一些做法和经验，希望能对教师评价研究有所启示。

（一）构建学校自我督导体系，促进教师专业发展

如何通过学校自我督导体系建设促进教师发展，是伴随着浦东新区学校发展

性督导评估的深入推进，区域和众多学校一起正在实践探究的一个课题。这一课题主要目标是实现将学校发展性督导评估、学校自我改进机制及学校教师专业发展机制三者有机整合，共同推进学校教育高质量发展。

（二）优化"学分学程"评价，促进教师专业发展

复旦附中浦东分校从政策依据、学程与课程设置的学校实践以及全员导师制与档案袋评价制三个方面进行制度设计，充分发挥学程学分评价在促进教师育人能力提升方面的作用。学程学分评价机制的实施促进了教师"三全育人"能力的提升，从而促进了教师专业发展。

（三）借力学生评价机制，促进教师专业发展

上海市建平实验中学多年探索实施了"每周一星"多元对话评价，让学生在多元对话中成长，让星星在多元评价中闪耀。在取得成功后，学校正在利用学生评价的创新做法，尝试着将其迁移到教师评价工作中来，潜移默化地促进教师专业发展。

（四）健全教师评价机制，促进教师专业发展

上海市浦明师范学校附属小学通过倡导"四个一"价值观，激发了教师的专业"自觉"；重视过程性评价，开展多元化评价，执行评改结合，帮助教师提升专业"自能"；通过个人规划、参与科研项目研究、参与青年组织建设等，引领教师发展专业"自我"；另外，学校还将从评价的"自主性""人文性"和"发展性"三方面继续健全教师评价机制。

（五）完善有效评价举措，促进教师专业发展

上海市浦东新区天虹幼儿园对应自主性评价、多元性评价、发展性评价等三个方向，尝试了多种有效评价举措，促进见习教师和工作坊学员的专业发展。例如，学校制定了《见习教师半日活动生活环节自评表》，帮助见习教师在复盘中反思、成长。

三、可视化数据库平台是教师评价的重要保障

深化新时代教师评价改革，必须充分利用信息技术，提高教师评价的科学性、专业性和客观性。

浦东新区正在依托"浦东教育大数据中心",构建动态、可视化的数据库平台,记录教师评价过程数据,基于数据开展过程评价;基于设备互通的无感数据采集,开展自动真实情境的评价;基于不同维度数据汇集,开展综合性评价;基于数据挖掘技术,开展隐性数据的评价。目前,"浦东教育大数据中心"已完成14个业务系统的数据对接工作,初步构建了"教师发展洞察"等若干个2D驾驶舱,待真实数据完整灌入和呈现、未接入系统的数据接入完成后,将为浦东教师评价改革工作的顺利推进提供强力保障。

四、持续深化教师评价改革的问题思考

对于不同区域、不同主体,教师评价改革工作需要重点解决的问题和侧重点必然有所区别。浦东新区作为一个面广量大、结构性缺编问题和均衡发展任务突出、新办学校和新教师数量急剧增长的区域,如何持续深化教师评价改革,促进教师专业发展,以下几对关系正在成为人们的关注焦点。

(一)校本与区域

一方面,在这样一个较大区域里,教研、教师培训、评价和督导等部门组织的教学研究、教师培训、教师考评等活动,如何兼顾沿江与沿海地区的区域不均衡性,设计出分类分层的评价指标,考量着区域教育评价管理和组织者的智慧。另一方面,教师一般参与区级层面的教研、培训、考评活动的时间很有限,区域整体上对于教师的评价工作,大多数需要下沉到学校,以校本方式进行落实。如何保持区域管理部门、学校、教师本人、社会等多个主体对于教师评价要求的一致性,最终需要聚焦到区域整体设计与校本设计和落实的关系。

(二)传统与现代

传统的教师评价常常表现为评价主体单一、评价内容片面、评价方法简单,评价标准只强调共性和一般趋势而缺乏个性差异和个性化发展的价值,评价目的过分关注教学成果而限制了对除教学成果以外的其他教育成效的关注,评价过程主要注重结果评价而忽视过程评价。社会发展到今天,我们逐步走向双师协同育人的智能时代,教师评价迎来了新挑战、新问题:哪些是可以让机师替人师做的?哪些是只有人师才能做的,是无法也不能让机师替代的?在明确了教可以替

代、育不能替代的形势下，我们对当今新时代"教师评价"的思考，越来越需要关注新时代里教师评价内容、评价方式方法等方面与传统的区别。

（三）继承与创新

在教育不断发展的同时，教师评价工作也一直在同步进行着。在学校和一些区域范围，都已经或正在形成关于教师评价的一些经验。虽然有很多做法需要继承和传扬下去，但是其中的"唯论文""唯帽子"等简单化、机械化的做法，已经严重阻碍了教师评价工作的深入开展，严重制约了教师的独创精神和批判性思维的发展。所以，创新教师评价，突破学校和区域"教师评价"的一些瓶颈问题，势在必行。

教育评价是教育的"指挥棒"，教师评价改革是牵动教师专业发展的"牛鼻子"。我们要牢牢抓住教育评价改革的契机，结合区域和学校实际乘势而为，以"四有好老师"标准为标准，把教师专业发展的态度与水平、课程实施的意识与能力、教书育人的成效与业绩作为重要指标，让教师回归教书育人初心，以科学合理的教师评价促进教师专业发展。

作者简介：张新，上海市特级教师，正高级教师。担任中国教育学会地理专委会副秘书长，上海市教育督学，华东师范大学和上海师范大学硕士生导师。担任上海版初中地理新教材分册主编、上海版高中地理新教材核心编委。曾获全国优秀中学地理教育工作者、浦东工匠、浦东新区优秀党员和最美家庭等荣誉。历任浦东教育发展研究院教师发展中心副主任、地理教研员、育人中学副校长、地理名师基地主持人，上海市中青年骨干教师地理团队领衔人。领衔上海市市级课题"素养导向下的学生五育融合评价指标体系研究"。

指向教师发展的学校自我督导体系建设

上海市浦东教育发展研究院 刘 朋

在新时代教育评价改革背景下，如何通过学校自我督导体系建设促进教师发展，是一个伴随着学校发展性督导评价的深入推进，值得学校教育实践探究的课题。

一、政策背景

（一）学校是推进自我督导体系建设的重要主体

中共中央办公厅、国务院办公厅《关于深化新时代教育督导体制机制改革的意见》是我国新时期教育督导体制机制改革的总体纲领，提出要"指导学校建立自我督导体系，优化学校内部治理"。这是站在教育治理体系与治理能力提升的高度，对学校自我督导体系建设提出了时代课题。《浦东新区深化新时代教育评价改革行动方案》指出："健全学校高质量发展自评机制，指导学校建立自我督导体系，优化学校内部治理结构。进一步完善以学校自评为基础、内部评价与外部评价相结合的学校督导制度。将中小学生作业、睡眠、手机、读物、体质'五项管理'等重点内容纳入督导体系，促进学校高质量发展。引导学校围绕育人目标组织开展教育教学活动，使用科学的评价标准进行监测和反馈，形成'诊断—反馈—改进'良性循环的内部质量控制和保障机制。"

（二）学校是教师评价改革的关键主体

中共中央、国务院《深化新时代教育评价改革总体方案》中将"引导教师潜心育人的评价制度更加健全"作为改革目标，并提出了"坚持把师德师风作为第一标准、突出教育教学实绩和强化一线学生工作"的改革任务。在调研自我督导试点学校的过程中，大家形成如下共识：一是学校自我督导体系建设是一项富有意义的改革工作，值得在实践中探索；二是在党的二十大精神指引下，教育走向中国式现代化的时代背景下，学校自我督导体系建设要注重提升学校治理水平和治理体系现代化，要注重提升干部自主评价能力和教师自主内生能力；三是要以学校发展规划为主线，结合各自实际进行自评机制建构，形成联盟学校机制，注重实践探索，带动干部梯队建设，形成研讨机制，促进学校发展；四是注重发挥社会主义现代化引领区的示范、辐射作用；五是积极利用校本研修机制，推进教师培训学分机制完善。

因此，基于学校层面来探讨指向教师发展的自我督导体系建设显得非常有价值。

二、理性认识

（一）从本体论维度看待学校自我督导体系建设

我更倾向于将学校自我督导体系看作一个系统，包括内部的学校自我评估和外部的督导评估，共同体现在学校治理层面。要将学校自我评估和外部的督导评估进行统整考虑，将两件事情融为一体，共同聚焦高质量教育，将办学标准看作是学校自我评估和督导评估的共同纲领。在学校自我评估层面，学校要将规划转换为发展的有力助手，通过将办学标准和督导标准有机结合建立起科学的指标体系，并系统地收集和分析数据，对学校的教育教学活动及结果进行研判。评价结果的应用与学校的教育教学工作整合起来，共同促进学校的改进工作，实现管理机制的优化和完善。在这里，关键在于推进外部的督导评价和内部的自我评价有机结合起来。一方面，要给予学校自评工作相应的标准体系，这是共同的价值研判，实质上更多地体现为对高质量教育的积极回应。这条主线必须坚持住，要学会用高质量教育的眼光，对学校的教育教学工作进行评判，"做了哪些""做到什么标准""还有哪些需要进一步改进"；在管理层面上要在体制机制上加以完善，调动更多的人参与评价活动，也使更多的人在评价活动中受益。另一方面，又要充分发挥学校的自主能动性，让学校结合自身的特点，突出个性和亮点，将相关

的办学要素融为一体进行整体考虑，能体现学校校长的办学思路，能体现党对教育工作的坚强领导，将党组织领导下的校长负责制的相关工作体现在学校的办学实践中，体现在学校的自评工作中。督学和学校成为学校评价"共同体"的组成部分，各自均坚持办学底线又能激发学校的办学活力，最终在机制创新中实现学校的创新发展。从这个视角来看，学校自我督导追求的是学校自我评估的长期性，是可以长期循环的周期，在这个周期内，教育教学和管理工作呈现出更多的活力。必须成立专门的部门来推进评价工作，更为重要的是，评价工作要真正融入日常的教育教学工作中。

（二）从方法论维度看待学校自我督导体系建设

学校自我督导体系建设是一项全新的工作，不过更多的是在原有学校自我评价工作基础上的创新和发展。就学校而言，要善于总结已有的督导评估经验，或许是迎接督导工作中的有效做法，对常规的总结工作给予更多的研判，不仅仅知道学校在教育教学工作中做了什么，更为重要的是要知道学校在做了什么的背后获得了什么，为什么要去做这些事情；要学会用发现的眼光，努力发现学校管理工作中已拥有了哪些评价要素，尽管是不自觉的，但是要善于将这些评价要素统整起来考虑，让学校各个职能部门都能逐步拥有这个意识。我们要对自身的工作作出更多的价值判断，看看我们做的离成功的教育还有多远，然后在实践中加以完善，要学会在经验总结中摸索教育教学规律，要学会用量化数据分析的视角去剖析教育，更要学会用教育性评价的思想去解释教育。也许我们不仅仅是在做教育工作，更多的是在育人工作中走得更远。就督学而言，我们不再仅仅用评价者的眼光来看待教育，更为重要的是要学会走进学校、走近教师、理解学生、理解教师，要将学校的评价素养提升作为一项重要的任务去推进。我们的学校发展性督导工作会更具有生命活力，要倡导在评价中发展、在发展中评价。

（三）从价值论维度看待学校自我督导体系建设

本来意义上而言，学校发展性督导评价已给予学校更多的主动性，学校成为督导活动中的一个评价主体，不再仅仅是评价客体。这在某种程度上将学校看成是督导工作的主体，学校是可以根据督导评估标准并结合自身办学实际和校长的办学思路，对督导活动作出个性化设计的，也能赋能学校后续的发展。因此，学校自我督导体系建设必然会坚持学校的主体作用，学校在考量评价活动时，不仅仅是将其视为单一的督导活动，而是要将学校管理中的诸多活动融入其中，体现出教育教学活动的过程性评价、结果性评价、增值评价和综合评价。在评价理念方面，要从一元控制走向多元治理，强调学校与督导部门之间的平等性，家长、社区等要参与到督导体系建设中去；在评价重点方面，要从"物本"走向"人本"，评价方法、评价指标、评价过程和结果要从价值理性方面给予更多的考虑，要重在激发学校高质量发展的核心要素，真正寻求到学校发展的关键指标；在技术方法上，要从单纯量化走向综合评价，做到量化方法与质性方法的有机结合；在评价范式上，要从外部评价向内部诊断转变，评价重点是教育过程而非结果，强调相互交流，诊断并分析潜在问题，从而对学校教育过程进行有效干预和改进。

三、实践路径

我们认为：指向教师发展的学校自我督导体系是将学校发展性督导评估、学校自我改进机制和学校教师专业发展机制三者有机整合，共同推进学校教育高质量发展的一种学校治理体制与机制。它包括以下四个要点：一是强调学校主体的重要性。要充分发挥学校"策源地"和师生"动力源"作用，尊重并保护学校和广大教师的首创精神。二是深化学校自我评估机制。引导学校拓展自我评估的主体范围，让所有教师参与学校自我评估和改进，推动学校自我评价常态化，形成学校自我改进机制。三是切实发挥教育标准及评价功能作用。将教师专业标准作为各级各类学校开展学校自我督导体系建设的基本依据，引导校长和教师按照标准规范教育教学和管理行为，积极推进学校教师评价改革试点工作。四是处理好内外部评价的互动关系。发展性督导注重激发学校发展的内在活力，更关心学校的改进，通过督导为提高教育标准和质量服务，帮助学校实现教师专业发展，形成基于发展性督导评估的学校自我改进机制和学校内部质量监控与保障机制的联动效应，引导学校内涵发展、优质发展，提升学校办学质量。

学校自我监督体系主要有三项任务：一是学校自我督导体系整体模式。立足于学校整体高质量发展，从学校管理、课程教学、教师发展、德育工作和特色项

目等方面，全面建构创建学校自我督导体系。二是学校自我督导体系多项模式。结合学校发展实际，从学校管理、课程教学、教师发展、德育工作和特色项目等方面，选择两项及以上的项目进行探索建构学校自我督导体系。三是学校自我督导体系单一模式。结合学校发展实际，从学校管理、课程教学、教师发展、德育工作和特色项目等方面，选择1项进行探索建构学校自我督导体系。

在工作原则上，要做到"三个坚持"：一是坚持先行先试。围绕落实中央、上海市关于教育评价改革的总体部署，攻坚克难、先行先试，试点推进学校自我督导体系建设，努力创设教育评价改革的"浦东经验"。二是坚持问题导向。聚焦浦东学校自我督导体系建设的重点、难点问题，尤其是教师发展，着力在评价路径、评价标准、评价方法、评价工具、评价运用等方面取得突破。三是坚持数字驱动。借助浦东教育大数据平台建设，运用大数据、人工智能技术，对学校自我督导体系的组织架构、工作流程、手段工具等进行整体设计，积极营造智能引领、数据驱动的教育评价运用场景。

教育评价事关教育发展方向。我们应抓住建设高质量发展教育体系的有利时机，坚持立德树人，牢记为党育人、为国育才使命，充分发挥教育评价的指挥棒作用，大胆探索、勇于实践，努力从理论与实践的结合上为学校自我督导体系建设创造新经验、贡献新理论，加快构建学校自我督导体系的话语体系。

作者简介：刘朋，浦东教发院教育督导事务部常务副主任，区专职督学，中学高级教师。参编《上海市教育督导条例释义》等，在《上海教育科研》《教学与管理》等杂志发表论文10余篇，主持、参与10余项市、区课题研究。

促进幼儿科学素养养成的表现性评价

上海市浦东新区南门幼儿园 龚卫玲

浦东新区南门幼儿园科学启蒙教育从初步探索到全面建构，再到深化完善，历经26年的长周期科研。1995—2004年，先后立项两项市级课题。由此，"素养养成教育"开启先声，我园成为国内最早开展此类研究的团队之一。2008年，我园依托市级课题"基于儿童经验的幼儿科学启蒙教育"，着手全方位建构幼儿科学启蒙教育课程。2016年，结合前期课程实践中面临的难题，聚焦幼儿的发展性评价，开启市级课题"指向幼儿科学素养的表现性评价研究"。

培养幼儿的科学素养是深化国家课程改革的重要内容，表现性评价则是评估幼儿科学素养的必然选择，评价幼儿的实践能让教师更好地理解和支持幼儿的科学素养发展。"指向幼儿科学素养的表现性评价研究"，旨在以表现性评价研究为杠杆，持续深化和完善幼儿园科学启蒙教育特色园本课程，不断提高幼儿科学素养的发展水平，全面提升教师的专业素养。

一、研究概述

评价的最终目标是看见并促进幼儿的真实发展。为了真实评价幼儿的发展情况，研究团队制定了以《3—6岁儿童学习与发展指南》为基础的评价目标，并建立了评价指标体系。这些目标可以指导教师持续观察幼儿的发展情况，发现问题，反馈和调整教学内容，优化教学方法，从而更好地达到教育目的。

围绕上述研究目标，本项研究聚焦了四大内容：其一，明确幼儿科学素养的构成；其二，从幼儿科学素养的构成出发，确立表现性评价的指标体系；其三，

结合日常科学活动，设计指向幼儿科学素养的表现性评价任务；其四，研制与表现性评价相匹配的观察量表和评分规则。根据课题的研究内容，主要采用了理论研究、行动研究和案例研究的方法。详见图1：

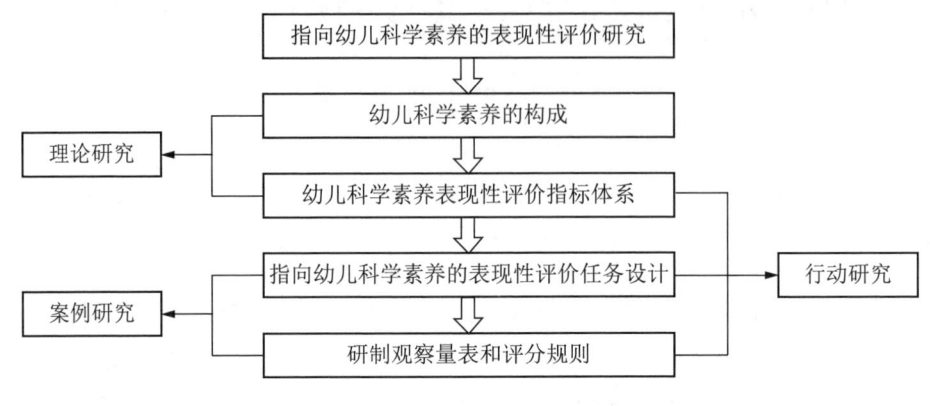

图1 课题研究思路

二、课题研究的过程

（一）明确幼儿科学素养的构成要素

通过相关文献综述，比较各个组织机构和专家对科学素养的定义，我们发现，不管运用几种维度进行划分，各国对于学生科学素养的培养都强调三个方面：一是知识层面，主要是指科学知识、科学方法等；二是过程层面，注重基本技能、过程技能等；三是认识层面，关注科学本质、科学态度。回归《3—6岁儿童学习与发展指南》中科学领域的部分，我们明确了幼儿科学素养的构成（见表1）。

表1 幼儿科学素养构成

科学素养构成（一级）	科学素养构成（二级）	匹配《3—6岁儿童学习与发展指南》
知识层面	科学知识	科学探究过程中认识周围事物和现象
知识层面	科学方法	科学探究过程中认识周围事物和现象
过程层面	基本技能	初步的探究能力
过程层面	过程技能	初步的探究能力
认识层面	科学本质	探究兴趣
认识层面	科学态度	探究兴趣

(二)形成幼儿科学素养表现性评价的指标体系

基于对幼儿科学素养指标体系中每个年龄段幼儿科学素养发展的认识,我们将研究中建构的幼儿科学素养指标体系命名为"幼儿科学素养发展里程碑"指标体系(简称"里程碑")。

首先,我们确立了树状式的"里程碑"结构模型,详见图2:

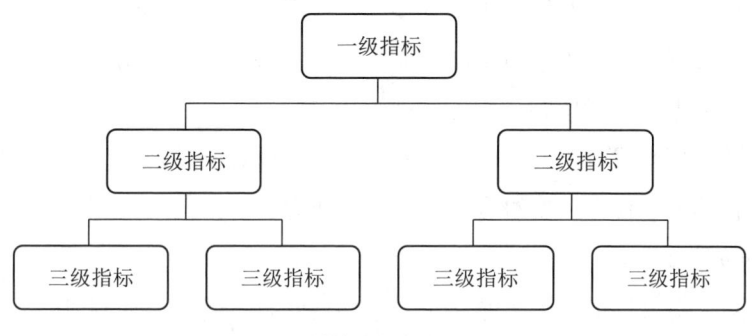

图2 树状式指标体系结构

其次,研究团队根据《3—6岁儿童学习与发展指南》(简称《指南》)指引,对《指南》中的目标进行分解、重组,形成"里程碑"的最初稿,并进行第一次实践验证,在行动中发现问题,并讨论改进。通过多次的专家论证,以及课题组老师的研讨和分析,我们不断寻找各项指标内容更适宜和确切的表达,最终确定从科学认识、探究过程和科学知识三个层面评价幼儿科学素养的真实发展。具体指标包含11条,即:好奇好问、持续专注、观察感知、思考猜测、信息收集和资源利用、动手拼装、问题解决、表达交流、分类排序、共性与差异、相互关系。

(三)设计指向幼儿科学素养表现性评价任务

在任务设计中,我们尤其强调幼儿的主体性。幼儿在评价中,是有能力、有作用、有地位的。他们不是被动地接受测验,而是全面参与真实任务,而这些任务往往没有标准答案。评价是幼儿建构自身经验的过程,也是他们展示自己的机会。

1. 评价任务的趣味性

在设计评价任务时,教师首先要考虑是否能够激发幼儿的探究欲望。只有能够吸引大部分幼儿参与的任务,才是有效评价的保障。因此,教师通常会选择经过多轮研究验证的优质资源来设计任务,以保证幼儿的参与度。

2. 评价任务的匹配性

评价任务基于评价目标，任务难度经过各班教师精确考量，略高于本班幼儿最近的发展水平。幼儿会遇到一定的挑战，但也不至望而却步，迅速放弃，以保证评价任务能够评价和支持幼儿的发展。

（四）研制观察量表和评分规则

高质量的评分规则需要满足如下标准：可观察性、清晰性、一致性。可观察性是指评分规则中，每个测量维度是能被直接观察的，过程或作品都能在被观察时可测量。清晰性是指所阐述的评分规则在语言表达上必须是明确的，要用一些具体可感的语言来代替模糊的词语。一致性是指评分的规则需符合幼儿发展的一般规律，描述的表现水平要符合幼儿的实际能力。

1. 开发步骤

我园对评分规则的开发，是一个自上而下和自下而上相辅相成、共同进行的过程。具体包括：一是对"里程碑"中的指标体系的构建；二是在任务实施中对单个指标的发展层次进行预设，并在实践中进行验证，如表2所示：

表2 评分规则开发步骤

序号	研 究 行 动
步骤1	分析《3—6岁儿童学习与发展指南》，找出与科学素养相关的内容。结合高瞻课程中的关键发展经验等资源，分解、补充和重构《指南》中的目标。
步骤2	结合《3—6岁儿童学习与发展指南》等资源，结合园所以往的研究成果，确立"里程碑"的维度和要素，在研究中表现为将《指南》中的科学探究目标为主的课程目标分解为幼儿科学素养的三级指标系统还是二级指标系统。如果是三级指标系统，每个一级指标下包含哪些二级指标，每个二级指标下的三级指标的表述的科学性、精确性和合理性该如何保证？如果是二级指标系统，各一级指标相对应的二级指标的表述的科学性、精确性和合理性该如何保证？
步骤3	设计指向幼儿科学素养的表现性评价任务。通过投放任务，观察各指标及其子指标不同的表现特征。
步骤4	通过研讨确立了以分析性评分为最主要的评分规则，从而在任务设计单中加入描述和判断部分，形成目前正在使用的幼儿科学素养的表现性评价观察量表。
步骤5	对观察到的幼儿表现，即对观察量表中的描述部分进行分析，从任务在各子指标上的几个程度的完成情况，判断并且归纳出某一子指标几个等级的表现，并且加以描述。
步骤6	通过观察量表的实施及实施后在课题组和教研组内的讨论，不断修正"里程碑""任务设计""观察量表"，以达到完善评分规则的目的。

2. 运用观察量表得出评分规则

通过对任务评价单加以修订,从而得到观察量表;通过对幼儿在某个评价指标上的表现予以评价,最终得出评分规则。

观察量表包括基本信息、评价内容、评价任务、评价结果和进一步建议五个部分。借助优秀评价单,在运用观察量表制定评分规则的过程中,我们重点选择了八个评价任务,其中,每个评价任务指向2—3个幼儿科学素养的评价指标,并由小、中、大三个年龄段的八组教师分别实施。通过对所选取的观察样本30—35名幼儿的表现水平进行描述,最后归纳出三个等级的发展水平,如表3所示:

表3 观察量表运用情况统计

年龄段	任务名	评价指标	观察样本	评分等级
小班	种子发芽	观察感知 思考猜测	32	3
小班	瓶中取物	持续专注 问题解决	33	3
中班	果蔬分类	观察感知 共性和差异	34	3
中班	图形变变变	好奇好问 持续专注	35	3
中班	过独木桥	思考猜测 问题解决 表达交流	30	3
大班	瓷片拼版	动手拼装 分类排序	32	3
大班	魔法小屋	相互关系	34	3
大班	吊娃娃	信息收集与资源利用 问题解决	34	3

综上所述,三年的课题研究,不仅使我园教师从理论层面对幼儿科学素养和表现性评价有了更深的认识,也有效提升了教师观察和评价的能力、任务设计的能力等。另外,我园也通过三个阶段的行动研究,形成了一定的指向幼儿科学素养的表现性评价行动模式,优化了科学启蒙教育课程,推动了园所内涵发展。

三、研究成效与分析

（一）优化园所科学启蒙教育的课程体系

研究不断优化幼儿园科学启蒙教育课程体系，与之前的研究方向一脉相承。从评价的角度丰富和完善了幼儿科学启蒙教育的理论认识和实践模式，明确了幼儿科学素养的内涵和构成、评价的指标体系、评价的任务、评价量表的制定和评分规则的开发等。这为教师对幼儿在科学启蒙教育活动中的发展程度做出评价提供了行动模板和依据。

（二）提升幼儿科学素养的发展水平

首先，不同于纸笔测试，幼儿不是一个简单的被试对象，他们在教师设计的每一个任务中都主动地进行探索，被测试的感觉弱化了，主动学习的氛围得到了强化。幼儿可以充分调动起他们的内驱力，在真实的环境、丰富的材料中进行个性化的选择，运用已有经验去解决问题，其科学素养得到自主发展。

其次，在表现性评价的实践中，教师自然而然地将任务设计、任务实施、观察记录、情况反馈和任务的改进紧密地联系在一起，使得评价真正体现了为改善教学活动服务的功能。一个成功的表现性评价活动能够及时地反映幼儿在某些评价指标上的发展水平，不同发展水平的幼儿在完成任务时的动作和语言也不同。教师可以通过表现性评价来发现不同幼儿已有经验的差异，并改善教学计划，给予脚手架式的帮助，从而关注到群体和个体，促进每个幼儿的真实发展，提升其科学素养发展水平。

（三）形成指向幼儿科学素养表现性评价的行动路径

根据幼儿科学素养目标制定表现性评价指标体系，设计优化评价任务，研制观察量表。教师对幼儿的科学探究进行过程性评价，流程清晰有指引。教师通过持续观察、反馈和调节，了解幼儿的发展程度，及时调整、优化教学内容和方法。同时为区域内其他幼儿园开展表现性评价提供了可参考、可借鉴的行动路径。

在三年的研究中，里程碑的建构过程经历了从无到有，再到改善精进的七次论证；任务的设计和实施经历了三轮，观察量表设计了 100 余份。教师积累了丰富的优质评价任务资源和评价实施经验，更重要的是通过评价活动对于幼儿的发展有了更深刻的理解，专业素养得到了全方位的提升。

作者简介：龚卫玲，上海市特级园长、正高级教师、浦东新区南门幼儿园园长兼党支部书记、南门教育集团理事长。曾获上海市教科研先进个人、全国模范教师等荣誉称号。主编《指向幼儿科学素养的表现性评价研究》等著作，研究成果多次获国家、市、区级奖项。其中，《基于儿童经验的幼儿园科学启蒙教育》获上海市第十一届优秀教科研成果一等奖、全国优秀教科研成果三等奖，《打下科学底色——幼儿科学启蒙26年实践》获2021年上海市优秀教学成果一等奖。

有效评价，促进教师专业化成长

——以教师个人三年规划为依据，开展教师自主性评价

上海市浦东新区高科幼儿园　费丽华

在教师的成长过程中，评价起着至关重要的作用。教师评价既是教师成长中一个带有普遍性影响的因素，又是教师成长和发展的条件。而自主性评价是教师评价体系的重要组成部分，它是教师自我评价的过程，是教师自我提高的过程，更是促进教师专业发展的重要途径。个人发展规划是开展自主性评价的有效依据。在开展自我评价的过程中，教师首先要对自我发展情况进行初步的分析；其次应结合自身的优势和不足制定个人三年发展规划；继而在后续的教育实践中改进不足，发扬长处；最后，对照个人发展规划进行有针对性的自我评价，从而促进自身的专业成长。

一、自主性评价——剖析教师个人发展情况

在教育教学方面，本人喜欢并擅长语言领域的教学活动设计及实践，曾参加《美慧树》全语言教学活动的方案设计及撰写《学前儿童社会学习与发展的核心经验》，多篇活动方案入围并发表。基于此，在制定个人三年发展规划时，我继续发扬自身优势，定期开展语言项目组研讨活动。依托《上海市幼儿园办园质量评价指南》《3—6岁儿童学习与发展指南》，根据幼儿的年龄特点设计教学目标，根据幼儿的兴趣点设计教学环节，根据幼儿生成性内容的适时适当反馈，不断提升自身教育智慧，从而让自己的优势继续优化。

在科研课题方面，本人长期参与我园市级、区级课题，主要负责撰写专题研

究与教学实践。虽然长期参与不同的课题研究，但只是参与式的研讨。虽然个人也主持过专题的研究，但不够系统，比较零散。所以需要通过全程式、跟踪式、系统性的专题研究、课题研究等，提升个人的科研能力。

二、自主性评价——制定个人三年发展规划

在参加民俗文化早期阅读教育学科工作坊期间，本人制定了一份个人三年发展规划，具体分为：总目标、分目标以及达成度，详见表1：

表1 个人三年发展规划表

三年规划总目标	分目标	预期达成度
1. 通过工作坊引领，提升个人的集体活动设计能力	第一年：收集绘本，提高解读绘本的能力。 第二年：围绕目标，提高设计环节的能力。 第三年：多次实践，提升课堂的演绎能力	1. 能较好地解读绘本的核心价值取向。 2. 能紧扣目标，设计多篇原创活动方案。 3. 公开展示教学活动，提升教育教学能力
2. 依托专家指导，申请课题立项，提升个人的科研能力	第一年：参与课题研究，完成子课题的研究任务。 第二年：进行专题研究，确定课题研究方向。 第三年：申请个人课题，开展课题实践	1. 能完成子课题研究任务。 2. 能明确个人课题的研究方向。 3. 申请个人区级课题，并成功立项

三、自主性评价——对照规划进行有效评价

（一）教师教学活动设计能力的自主性评价

1. 自主评价一：能较好地解读绘本的核心价值取向，绘本解读能力有效提升

为提升个人的集体教学活动设计能力，我首先确定了第一年的分目标，即：收集绘本，提高解读绘本的能力。为实现这一目标，我收集了中国原创绘本，如《团圆》《回家》《小英雄王二小》《蓝花坊》《端午粽米香》等具有中华民族文化特色气息的绘本，充分挖掘这些优秀绘本的价值，将其与幼儿园语言教育教学实践相结合。如绘本《团圆》这个故事，我通过认真研读绘本，反复推敲画面，深入挖掘其核心价值——最终以一枚好运硬币拉开了帷幕，也以一枚好运硬币画下了

美好的句号。同时，我也紧紧抓住绘本中的关键画面，围绕故事主角见到爸爸前—见到爸爸时—见到爸爸后—硬币找不到时—硬币找到后—爸爸离开时这一整个过程中的关键情节点，不断推进，挖掘绘本核心价值，感受小女孩对父亲的眷恋与不舍。

2. 自主评价二：能紧扣目标，设计多篇原创活动方案

为提高个人设计活动环节的能力，我确定了第二年的分目标，即：围绕目标，提高设计环节的能力。为实现这一目标，我紧紧围绕教学目标，设计活动环节。如绘本《团圆》活动的设计，我通过解读封面、扉页让幼儿初步感知绘本的情感内涵。幼儿通过解读封面，观察故事角色的表情，感受一家人在一起的快乐，体会原来和自己最爱的人在一起是最幸福，也是最温暖的。这是本次活动所体现的最核心的价值和情感。在活动的第二个环节中，幼儿跟随着毛毛经历了在见到爸爸前、后由期待、激动—害怕、大哭—熟悉、开心—无比幸福的心情变化。在活动的第三个环节中，毛毛经历了从好运硬币失去、得到过程中由伤心、大哭，到惊喜、兴奋的情绪变化，最后在爸爸即将离开将好运硬币送给爸爸时展现出不舍与期盼。在活动的第四环节中，回忆自身经验，进行情感迁移，让幼儿更深入地感受爸爸与自己之间浓浓的爱与亲情。

3. 自主评价三：公开展示教学活动，提升教育教学能力

为了能更好地公开展示教学活动，提升教育教学能力，我确定了第三年的分目标，即：多次实践，提升课堂的演绎能力。为实现这一目标，本人在工作坊内实践活动中，设计了原创绘本活动"团圆"。在一课三研中，我得到了同伴的建议，得到了坊主的精心指导，最终原创绘本活动"团圆"成了坊内的精品课例，也有了区内区外多次公开展示的机会，这样的成功体验使我的内心充满了喜悦。与此同时，在三年规划制定表的驱动下，在自主性评价的助推下，我撰写了"团圆"的教学案例。在这个过程中，围绕分目标三，我的教学活动解读、设计、实施能力得到了跨越式的提高。

（二）教师课题研究能力的自主性评价

1. 自主评价一：能完成子课题研究任务

为实现这一目标，我确定了第一年的规划分目标，即参与课题研究，完成子

课题的研究任务。为了达成这一分目标，我积极参与课题研究，完成了子课题的研究任务。我通过参与幼儿园市级课题"幼儿故事编构能力的表现性评价研究"，开展自主性评价，衡量自身的教科研能力，主动承担了子课题《5—6岁儿童故事编构合作行为的实践研究》，并成功完成研究的各项任务。在这个过程中，围绕分目标一，我勤于钻研，敢于实践，通过规划指引，完成了子课题研究任务。

2. 自主评价二：能明确个人课题的研究方向

为了能完成第二年的规划分目标，即进行专题研究，确定课题研究方向，我科学地衡量自身是否具备开展专题研究的能力。通过自我认可与肯定，我进行了专题研究，确定了课题研究方向。比如：成立语言领域的项目化学习小组，发动园内教师，共同选择符合幼儿年龄特点的中国红色经典绘本素材，并将中国红色经典绘本阅读与主题教育活动、节日大活动、集体教学活动、社会实践活动、家园合作等相结合，开展幼儿爱国主义教育。

3. 自主评价三：申请个人区级课题，并成功立项

在实施第三年的规划分目标中，我申请了个人课题，开展了课题实践。为了能达成此目标，我在工作坊学习期间，每次都很认真地与课题专家互动，并尝试撰写传统文化类的课题。终于本人申请的"让中国红色经典绘本走进校园的思考与策略"成功立项为区级规划课题。正是这份三年规划的制定，让我有了自己的发展目标，过程中有了对照，最后达成了目标，个人区级规划课题成功立项。

四、总结与感悟

通过制定个人三年发展规划，我明确了自身的教育目标，并使之成为自主性评价的风向标。依据个人三年规划，结合总目标与分目标的对照，我能够切实感受到自主性评价对于教师专业发展的重要性，能感受到自主性评价使我获得自我反省和自我成长的机会，真正起到了促进教师专业化发展的作用。

在收集、研读、实践大量的中国原创绘本的过程中，我提高了自身解读绘本的能力；在围绕教学目标设计中国原创绘本活动方案的过程中，我成功在《学前儿童语言学习与发展核心经验》《国韵童风　悦阅养正》《幼儿教育》等刊物发表教学设计方案、案例。在开展教学实践的过程中，活动"团圆"成了工作坊内的

精品课例，并多次在市、区多个层面进行公开交流，也在外省线上平台进行公益学术交流分享。

在尝试申请和撰写个人区级规划课题时，有效的评价促进了自身科研能力的提升。在这个过程中，我收获了课题的立项，经验论文《大班幼儿故事编构合作行为的实践研究》收录于《全国"十二五"教科研成果集》，案例论文《以连环画为载体，提升大班幼儿故事编构能力的思考》发表于《浦东教育》，多篇论文荣获教发院征文活动二等奖。

可见，教育评价是促进教师专业发展的"金箍棒"，我们要学会有效评价，抓住评价的教育契机，结合自身发展，科学合理地评价自身的专业发展。回顾三年学科工作坊的学习，虽已圆满画上句号，但这并不代表结束，而是新征程的开启。它将不断激励我以自主性评价激发自身的专业发展意愿和动力。

作者简介：费丽华，上海市浦东新区高科幼儿园教师兼大教研组组长、幼儿园高级教师、学前骨干教师。曾荣获"上海市金爱心教师""浦东新区园丁奖""优秀党员"等称号。撰写的多篇论文、案例、教学设计荣获国家级、区级一、二等奖并交流发表。

用评价看见每一个孩子

——基于智慧校园平台的"五星五育+"学生综合素质评价探索

上海市浦东新区第二中心小学　陈　洁

2020年，中共中央、国务院印发《深化新时代教育评价改革总体方案》，明确提出了新时代是一个评价改革的时代，要通过评价改革撬动教育改革，引领教育改革。同时，对教育评价改革指明了方向和路线，强调要进一步改进结果评价，强化过程评价，探索增值评价，健全综合评价。评价改革成为新时期教育改革的重点和难点。

上海市教委印发《上海市教育数字化转型实施方案（2021—2023）》中指出，要全力推进教育评估数字化，通过优化教育评价理念、技术和工具，基于数字化重构教育评价机制，开展数据驱动的教育综合评价，推动基于全过程、全要素的学生学习成长数据追踪与综合素质智能评价，在评价若干重点领域和关键环节取得突破。

作为上海市首批信息化应用标杆培育校，浦东新区第二中心小学以智慧校园创建为契机，基于智能硬件及大数据平台，以"学科核心素养"为依据，确立了"基于智慧校园平台的'五星五育+'学生综合素质评价研究"的实践项目，通过整体规划，构建有学校特色的学生综合素质评价体系，让信息化赋能学校评价改革，更好地实现学校教育立德树人的目标。

学校"基于智慧校园平台的'五星五育+'学生综合素质评价"的实践研究，围绕"德、智、体、美、劳、特"六个维度，整体架构学生综合素质评价体系，通过对评价维度、评价指标、评价流程和评价反馈的场景重构，依托技术赋

能，实现跨平台、跨终端的过程性学生成长数据记录，形成学生个性化综合素质报告，从而构建促进学生全面发展的评价新型生态。

一、基于育人理念，重构评价指标，保障评价多维度

学校以"全面发展"为理念，以"核心素养"为导向，全面思考学生综合素质评价的基础框架，从"德、智、体、美、劳、特"六个维度进行整体架构设计。

德（雅行星）——从理想信念、品行修养两大维度关注学生的日常行为规范、品德礼仪和德育活动参与情况，由家长、学校和学生共同完成常态化记录和阶段性自评互评。

智（智多星）——结合《上海市基于课程标准的评价指南》和《上海市学生成长手册》相关评价维度和要求，从学习兴趣、学习习惯和学习成果三方面对学生进行全过程评价，通过高频度课后评价聚焦学生学习兴趣、学习习惯的发展，通过阶段分项评价反馈学生学习成果。

体（健体星）——聚焦学生健康指数、运动习惯，结合校本体育特色关注学生运动技能的培养和发展。借助运动手环记录学生日常运动数据，通过体质健康秤获取学生健康信息，并结合每年的体质监测数据跟踪记录，全面分析评价学生健体情况。

美（创美星）——以审美情趣、创美表现作为评价学生美育素养的重要指标。同时通过学生参与"智慧星球"美育课程的态度和表现、美育实践活动的频次和收获以及个人作品上传情况，综合评价和反馈学生创美表现。

劳（巧手星）——构建"劳动态度、劳动能力、劳动成效"三级指标体系，借助网络终端应用平台，由家庭、学校、社会共同参与评价，记录学生校内外劳动教育指标下的行为表现和成长数据。通过线上线下评价相结合，过程性与终结性评价相结合，实现以评价促进学生劳动素养的提升。

特——记录学生特长发展过程和特长展示的个性化空间，助力每一个孩子优势潜能的多元发展，从而帮助他们更好地审视自我、提升自信。

二、赋能评价过程，创新评价方式，落实评价常态化

以数字化方式记录学生的成长过程，是构建学生综合素质评价的重要前提。以往学校对学生的评价一直存在评价过程难以记录，评价方式单一，难以做到伴随式、常态化评价等堵点难点。针对以上问题，学校借助智慧校园平台和各种智能设备有效解决，呈现出"多、快、简、趣、实"评价的新样态。

（一）多——多元，通过构建共享开放的班级圈，拓宽评价的广度和深度

学校在智慧校园小程序端开发了班级圈功能，将数据汇聚和活动分享有机融合。同时，进一步延展评价主体，让同伴、家长、社会共同参与，为多主体参与评价提供了又一个通道和平台，让评价的广度和深度得到了更生动的诠释，也为家、校、社共育提供了又一个对话空间，延展了全方位育人的时空。（见图1）

图1　手机小程序端班级圈

（二）快——及时，运用电子班牌，发挥评价及时性和导向激励功能

除了学业成果，我们同样关注学生的学习过程。课堂上的学习习惯、学习兴趣、行为规范的养成和表现都与学生成长不可分割。然而，传统评价随意、失真的记录和滞后的反馈让这一评价的效率大大降低。

针对这一情况，学校统整思考了课后评价、行规评价的维度和评价路径，充

分运用每个班级门口的电子班牌，自主开发了班牌评价系统，有效解决了这些问题。每节课后，教师通过人脸识别验证，系统自动对应本班学生和学科评价维度，便可轻松完成课后评价。对于学生的行规评价，则由班主任在平台上设置行规评价指标。通过电子班牌，可以轻松地为表现优异和需要鼓励的学生加星点赞。同时，智慧校园平台还提供了手机小程序端、网页端的同步评价功能，学生随时可见自己的评价实况。（见图2）

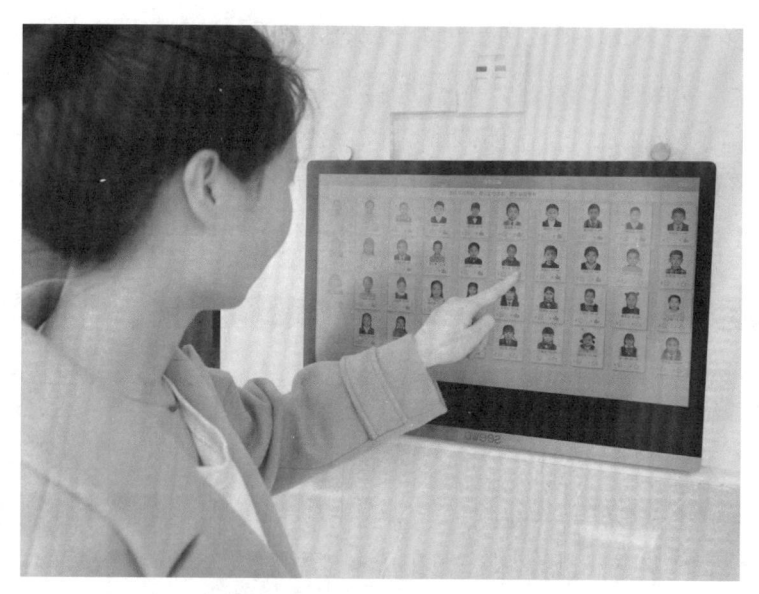

图2　班级电子班牌评价激励

（三）简——简便，借助常用终端设备，实时记录学生课堂作业

在全面推进素质教育的进程中，我们开始更多地关注利用技术赋能课堂作业记录。学校充分考虑教师评价的操作便利，开发了智慧校园小程序端的"美术作品"上传功能。

美术教师在课堂巡视学生绘画作品过程中，即可通过手机端、iPad端将学生作品拍照并通过小程序方便快捷地上传，完成学生美术学科表现性作业的过程数据记录。教师在评价过程中，按预设的作品评价维度进行评价与推优。推优作品实时在班级电子班牌和学校"数字画廊"进行展示。同时学生还可将上传的优秀作品以个人名义进行"空中画展"，拓展了学生特长展示的时空。（见图3）

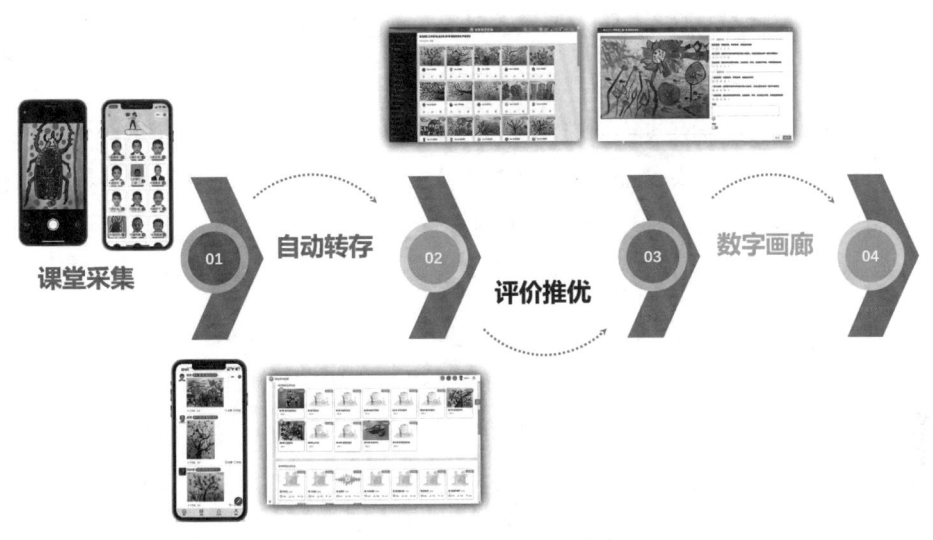

图3　学生美术绘画作业评价流程

此外，作文是学生表达素养体现的重要形式，语文教学中迫切地需要记录学生每次习作的真实情况，用以评价、反馈和指导提升。学校通过技术赋能，自行研发了带有学生专属二维码的作文纸，以此取代传统的作文本。当学生完成习作和自评，教师进行首轮批阅后，通过高速扫描仪将学生作文快速轻松对应入库，成为评价学生表达素养和语文学业成果的真实数据来源，也为教师实施作文精准教学提供了有力的实证依据。（见图4）

图4　技术赋能下作文评价流程

（四）趣——有趣，依托"星星总动员"激励机制，丰富评价的趣味性和激励性

考虑到学生的年龄与认知特点，为了让他们更真切地感受到评价的趣味性和激励性，让评价真正助力健康成长，我们以技术赋能学校原有的"星星激励机制"，让学生喜欢并主动积极地参与到评价中。

围绕"雅行星、智多星、健体星、创美星、巧手星、特长"的评价体系，我们从儿童视角出发，选用吉祥物"星星宝"作为基于终端的评价主角，设计以"争星—存星—评星—用星"为流程的"星星总动员"激励机制，让"星星"成为记录学生个体进步与成长轨迹的评价标识。智慧校园平台将学生成长过程中获得的星星进行自动统计，学生可以通过"校园一卡通"在班牌端实时查看自己的"争星"榜，同时可以用获得的"星星"进行个性化"消费"——在兑换柜换取需要的文化学习用品、和校长共进午餐、参与某项校外实践活动、担任一天的"学生助理"，以及参与每学期的"星星游园会"，体验通过努力带来的快乐。（见图5）

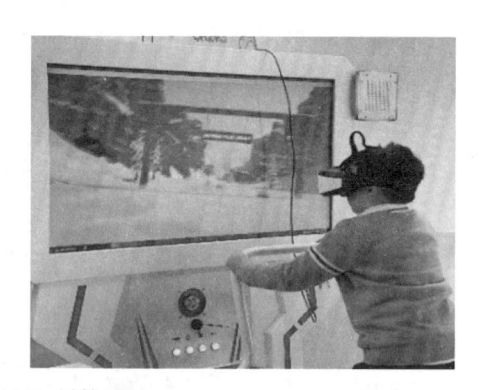

图5 学生"星星"兑换场景

（五）实——真实，生成可视化的成长报告，落实评价的全面性和精准性

为了让每一位学生都能在一定学习阶段后看到自我成长的真实状态，以期更好地总结展望，智慧校园融通各应用平台的学生各类过程性成长数据，在每学期结束时，自动生成一份可视化报告。

该报告基于二中心小学"五星五育+"(即雅行星、智多星、健体星、创美星、巧手星,+特长)评价体系,精准、生动地将学生的综合成长表现和学习成果,通过等第、图表、二维码扫码回看等多种形式,进行多维度、多样态的呈现,并推送发展性温馨提示,助力学生接续成长。(见图6)

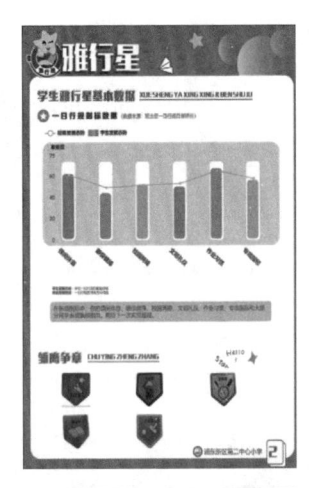

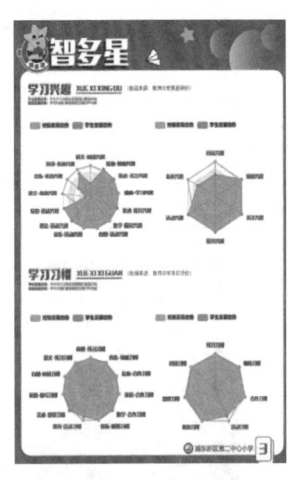

图6 可视化学生"五星五育+"综合素质报告

在每学期为学生生成专属的可视化综合素质成长报告的基础上,随着数据库的不断庞大、汇聚,平台还为学生同步汇聚了一个基于成长全过程、全要素评价的档案袋。

学生成长档案袋同样基于"五星五育+"的各个维度,记录了学生从进入二

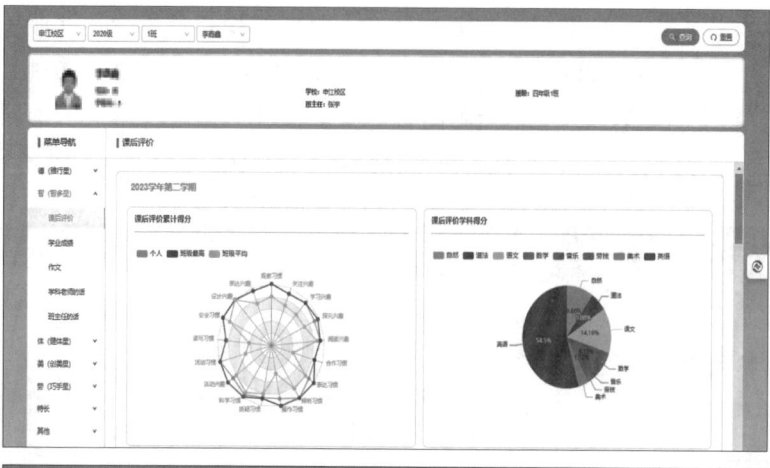

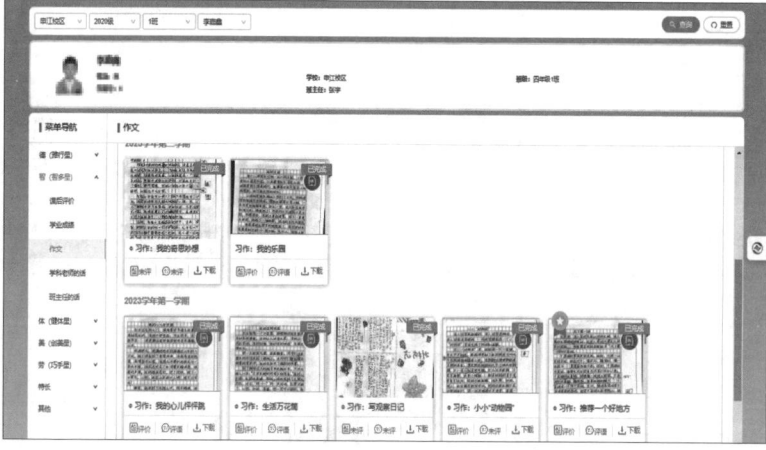

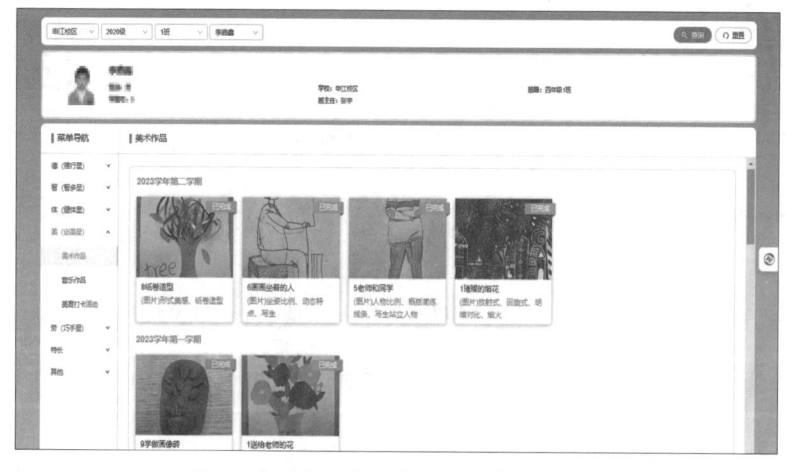

图7 全过程、全要素的学生成长档案袋

中心小学后所有的成长和各类评价数据，生动回顾了学生的成长历程和教育痕迹。（见图7）

智慧校园平台实现了"不同权限下的数据融通、汇聚与呈现"，从一定程度上弥补了传统评价的局限与不足，在完善结果评价、强化过程评价、探索增值评价、健全综合评价的过程中，发挥了"以数为据、用数而评、因数而思"的作用，为技术赋能教育的变革、学生的全面发展提供了有效载体。

教育是一个成就生命的过程，发现学生的成长需求，挖掘学生的潜力优势，促进学生的个性发展，教育数字化转型正成为教育评价变革的重要推动力。学校依托"智慧校园"建设，以评价撬动改革，积极探索基于数据融通的学生综合素质评价，实现发掘学生潜质、激发学生兴趣、指导学生学习、成就学生价值的目标，努力践行用评价看见每一个孩子。

作者简介：陈洁，上海市浦东新区第二中心小学校长、上海市特级校长、上海市第四期"双名工程"攻关计划主持人。先后荣获"上海市园丁奖""上海市教育科研先进个人""上海市五一劳动奖章"等称号。主持的"小学学科教育社会化的探索""小学英语主题式阅读资源库建设""小学生说话能力培养"等课题分别荣获上海市教育成果二、三等奖，先后出版《指向学生发展的现代学校管理实践》《在传承与创新中回归教育本真》著作。

均衡：让每个孩子成为最好的自己

上海戏剧学院附属浦东新世界实验小学　周　怡

尊重每个人个性发展，就是最好的均衡。

——朱永新

《中国教育现代化 2035》提出了 8 个教育现代化基本理念，落实到办学和教育教学实践中，最根本的是：一切从"人"的发展出发，面向每一名学生。现实中，我们经常感受到华丽的教育理念与生硬的教育实践之间的距离，以及不同教育观念的分裂和冲突。面向 2035，首先需要一场学校理念上的深刻转变，回归育人初心，回归教育常识，以凝聚创造未来教育的共识。当今从基础教育的使命来讲，迫切需要的就是面向每一位学生，办好每一所学校，让每位学生都得到激励，让每所学校都找到价值。

一、教育尊重每个学生的个体差异

叶圣陶先生说过："人各有能，始于孩提，因势利导，则其能如木抽条，如水导流，畅然沛然，莫之能御。"教育者应该充分认识到，每个孩子都是禀赋不一、个性各异、学习能力不均衡、家教环境相差较大的活泼生命。直面每个孩子的差异，尊重每个孩子生命发展的需要，为每个孩子的成长提供适合其个性发展的教育，让每个孩子都能各适其性、各逐其生，最终各美其美，成为最好的自己。这才是学校和教育工作者的崇高使命和价值追求。

基于此认识，我们凝炼出办学思想"教育的眼光要落在孩子的未来"，作为我们共同的办学追求。在办学思想的统领下，我们确立了"踮起脚尖看世界"的办学理念，提出了"让每个孩子成为最好的自己"的育人理念，以此作为我们的办学使命和行动指南。

"让每个孩子成为最好的自己"，在我们看来，它包含三方面内涵。首先，教育要尊重每一个人的发展权和差异性，让每个孩子都获得发展的机会。其次，学校要尽可能地为每个孩子提供适合其个性发展的选择机会，让每个孩子都能发现自己成才的可能。再次，学校必须认识到：教育本身不是知识的堆积，而是对每个孩子生命的尊重；教育孩子不是基于学科的技术层面，而是培养孩子的心性。

二、评价关注每个学生的个性成长

教育的目的是让学生成为他自己，而不是成为别人希望成为的人。马克思"人的全面发展"思想中，一个重要的思想就是"自由发展"。学校应该为孩子撑起一方自由、健康、快乐发展的天地，教育者应该呵护生命的尊严，耐心等待孩子成长，点亮孩子内心的火种，帮助他们找到人生方向、实现理想。我们从评价入手，关注学生的个性成长，帮助他们找到引领其成长的北斗导航。

（一）建设四类报告

我们尊重教育规律，激发学生主动性，发现其可塑性，促进学生的个性发展，让学生感受到教育的美好、生活的美好、生命的美好。

（1）关注差异发展——儿童发展评价报告。简称 PCDP 评估报告（见图1）。它是一年级新生刚入学时的前测报告。我们关注一年级新生多元智能的差异，了解一年级新生学习基础素养发展状态，发现学生的兴趣倾向和特长潜能。这一份学习基础素养报告能让教师和家长更早也更准确地走近孩子，可以在以后五年的教育教学中帮助孩子扬长补短，也可以在一些方面做一些提前介入。所以，学生学习基础素养的评估诊断是我们之后所有行为的逻辑起点。

（2）关注动态发展——三份报告。在我们学校，每位学生每学期会陆续收到三份报告。第一份是学生智慧学科评价报告，它记录了学生在一学期内学科的学习情况，用以帮助教师和家长了解学生基于课程标准的学习表现（见图2）。通过学科评价报告，能够精准定位优秀学生、待提高学生、学科短板学生，发现学

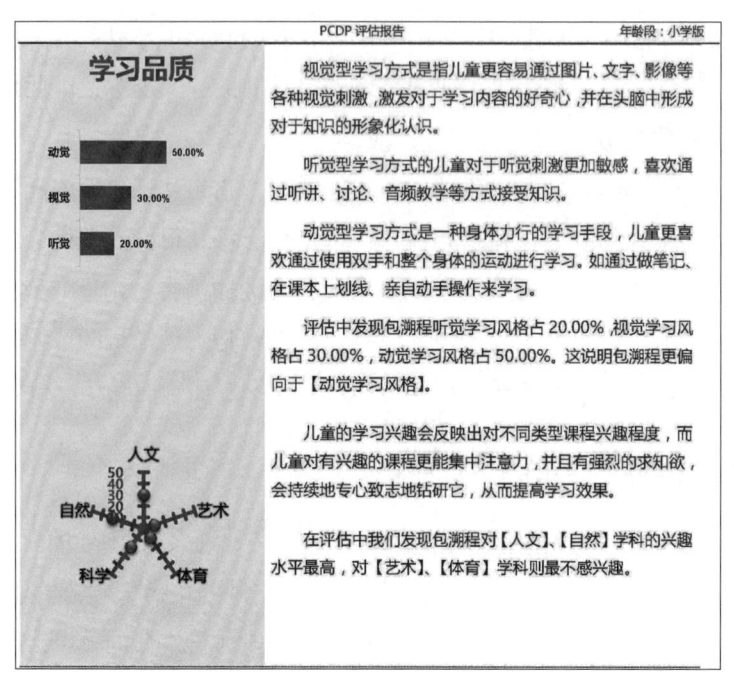

图 1　PCDP 评估报告示例

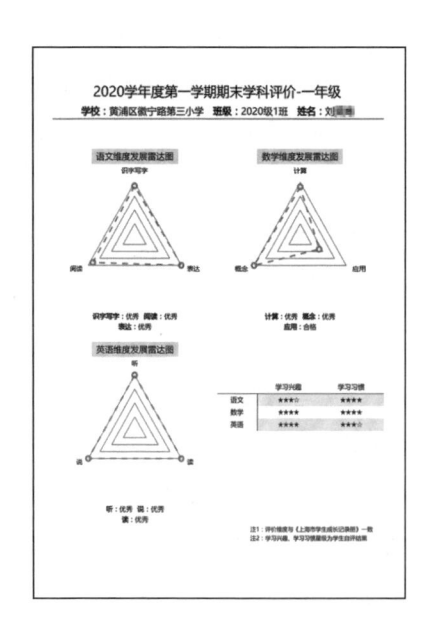

图 2　智慧学科评价报告示例

生的优势和不足，更能帮助教师有针对性地开展后续的个性化指导，推动以学生为中心的精准教学。

第二份是个人综合素养发展报告，它通过世界星在线学习平台记录了学生在一学期里阅读素养、艺术素养和学习品质方面的情况（见图 3）。

图3 个人综合素养发展报告示例

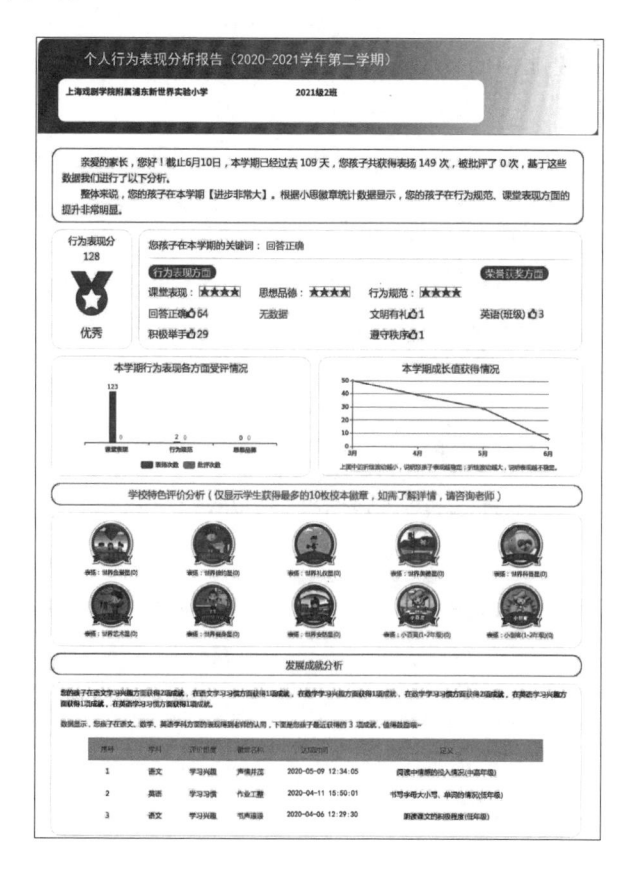

第三份是个人行为表现分析报告，它记录的是学生一学期以来在课堂内外的行为表现（见图4）。

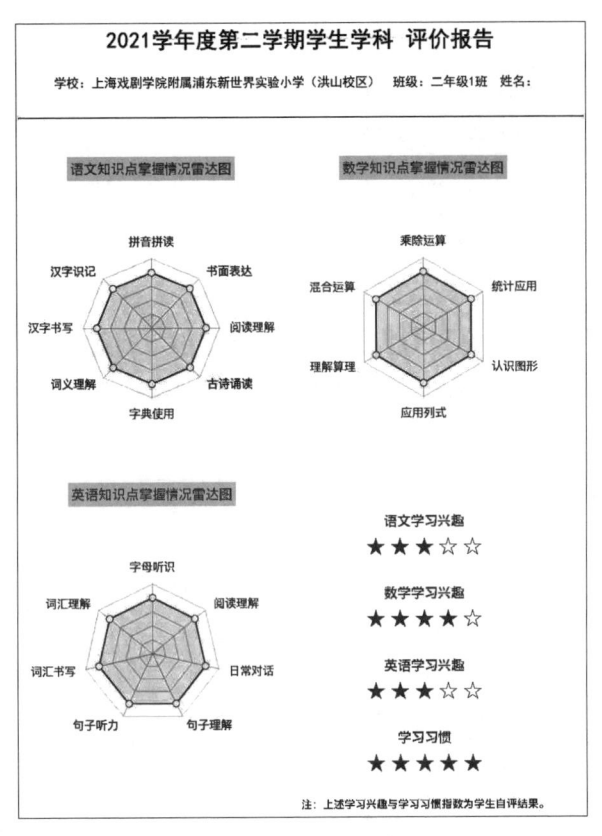

图 4 个人行为表现分析报告示例

（3）最后，我们利用学习分析技术，对学生小学阶段五年来的认知特点、优势潜能和最佳学习模式进行分析，希望为每个学生形成个人画像，以达到对学生今后的发展倾向给予个性化的学习资源和发展建议的目的，促进学生的可持续发展，做最好的自我。

（二）研读报告

我们对学生进行的评测，就如同让学生参加健康"体检"。测出"化验单"是测量，读出"诊断书"是评价，用好"处方"是诊断。评测报告，就是测出来、读出来、好起来。

我们把学生 5 年成长周期中产生的四类报告、一张画像，称为发现独一无二的自己。基于这些评测报告，我们了解孩子不同的特点，发现问题背后的问题，发现教学的关键，发现孩子的最近发展区；我们正确读懂学生，用发现的眼光寻

找他们的长处，用宽容的心态理解并补足他们的短处，找到最适合每个学生的发展路径，让每个孩子成就最好的自己。

（三）开展综合素质评价体系顶层设计

立德树人是我们教育的价值追求，教育者要思考清楚"我们要培养什么人，怎样培养人，为谁培养人"的问题。小学阶段正是孩子扣好第一粒扣子的黄金期，因此，我们的评价指标就指向了孩子终生发展的多维元素。我们从立德树人、五育并举的育人根本任务出发，以评价撬动育人方式的变革，建立与德智体美劳五育发展相对应的思想品德、学业水平、身心健康、艺术素养和社会实践的五大维度综合素质评价体系（见图5）。同时，结合我校特色课程，思考在五育维度基础上，属于每一颗"世界星"的思维品质与实践特质。至此，形成五育并举、特色发展的学生综合素质评价顶层设计。

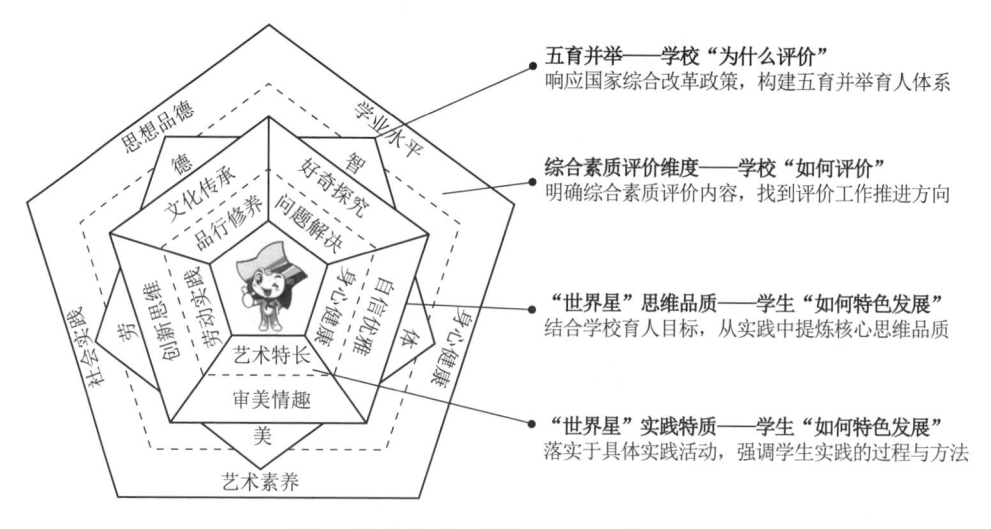

图5 综合素质评价体系顶层设计示例

（四）构建综合素质评价体系

评价的实施路径则主要立足于学校的基础型课程、综合实践活动课程，兼顾五育并举的同时，通过"八十天环游世界"、芭蕾课程等特色育人体系，丰富学生成长体验，发展学生个性特长，使得"世界星"思维品质与实践特质得以彰显（见图6）。

五育评价维度	基础型课程	德 道德与法治	智 语文/数学/英语 自然/信息技术	体 体育与健身	美 音乐/美术	劳 劳动技术
	综合实践活动课程	德育类校本课程 指南星 八十天环游世界	智育类校本课程 聪慧星 八十天环游世界	体育类校本课程 灵动星 八十天环游世界	美育类校本课程 闪亮星 八十天环游世界	劳育类校本课程 未来星 八十天环游世界
	个性发展	德育类活动经历 德育类荣誉获奖	智育类活动经历 智育类荣誉获奖	体育技能 体育类活动经历 体育类荣誉获奖	艺术特长 美育类活动经历 美育类荣誉获奖	劳动技能 劳育类活动经历 劳育类荣誉获奖
思维品质		文化传承	好奇探究	自信优雅	审美情趣	创新思维
实践特质		品行修养	问题解决	身心健康	艺术特长	劳动实践

图 6　综合素质评价体系示例

（五）建立五大评价场景

借助学校信息化标杆校与智慧校园的创建，我校依托信息基础，创设五大评价场景，融合日常过程性徽章评价、学科素养过程性评价、校园成长经历记录、家庭学生个性特长申报、多系统无感采集数据多种场景中的评价数据，形成采集科学、操作便捷的全息评价数据采集方案（见图 7）。

图 7　综合素质评价五大场景示例

（六）实现学生综评采集、展示、汇总、分析闭环

我们借助学校数据大脑打造了评价数据采集、数据归档、自动化报告与学生画像生成、智能推送、智能分析的闭环流程，并最终基于评价数据完善教育教学各环节，引发育人方式变革（见图8）。

图8 学生综评闭环示例

每天孩子们最开心的就是被老师用手机端扫手环上的二维码，及时获得一枚奖章。家长也能及时在手机上收到信息，家校沟通更及时、便捷了。每天的记录会汇成一个数据集，与其他的评价数据相汇集，五年下来就是每个孩子最真实的评价。

（七）生成学生个人数字画像

我们根据每一个学生在小学、家庭、社区中发展的场景，从五育活动参与、日常行为表现、学科核心素养发展、校本育人目标达成、个性特长养成经历、荣誉获奖经历等方面进行了综评体系的系统架构，最终形成了《"世界星"成长护照》（见图9）。将学生学习经历、体质健康、活动经历、荣誉获奖等等数据都进行了整合，让学生德智体美劳全面的发展整合在一起，用一个报告一个画像来呈现，让教师和家长有机会发现每个学生的不同闪光点。

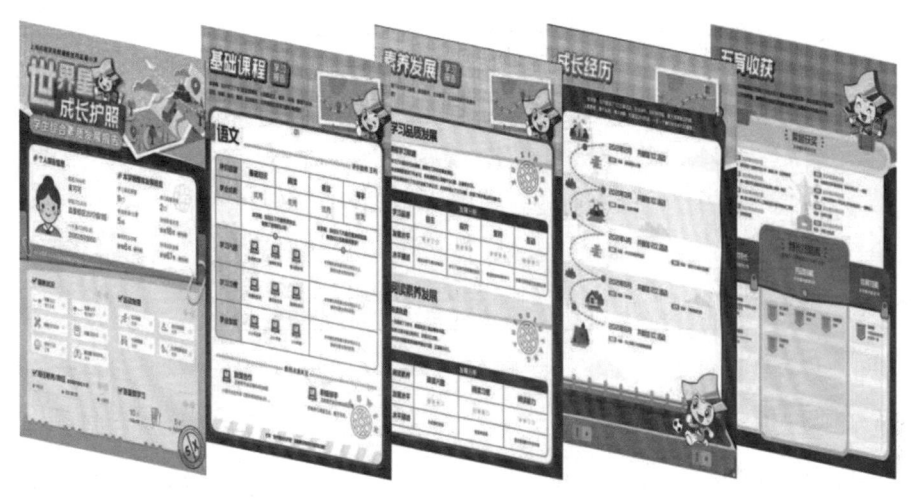

图 9 《"世界星"成长护照》报告示例

三、课程服务每个学生的个性发展

学校的课程应该基于每个孩子的成长。换句话说，创造适合学生个性发展的课程，是打造学校课程特色的本真意义，也是学校课程建设的应然选择。多年的办学实践中，我们始终注意将课程建设聚焦于服务每个孩子的个性发展。我们紧扣学生的年龄、认知和心理特点，提出了课程理念"踮起脚尖，高一点点"，它包含了：学生视野高一点点，教师境界高一点点，课程立意高一点点，学校品位高一点点（见图10）。

我们搭建了国家课程、"五星耀世界"校本课程、"八十天环游世界"主题综合实践活动课程三大板块的"脚印"课程体系。

在"五星耀世界"课程中，我们根据学生的成长需要，整合学校各种教育资源，从"指南星""聪慧星""灵动星""科学""闪亮星""未来星"等五个维度，精心开发出了多样化的课程，以此满足每个孩子的差异发展需要。比如，我们结合学生发展需求及学校资源、社区资源，开发出了花样滑冰、冰球、花样游泳、击剑、跆拳道、橄榄球、篮球、足球、瓷刻、沪剧、音乐剧、古筝、阿卡贝拉、刺绣、机器人编程、未来之城等近80门课程，供不同发展层次、不同发展需求、不同发展方向的孩子进行个性特长学习。

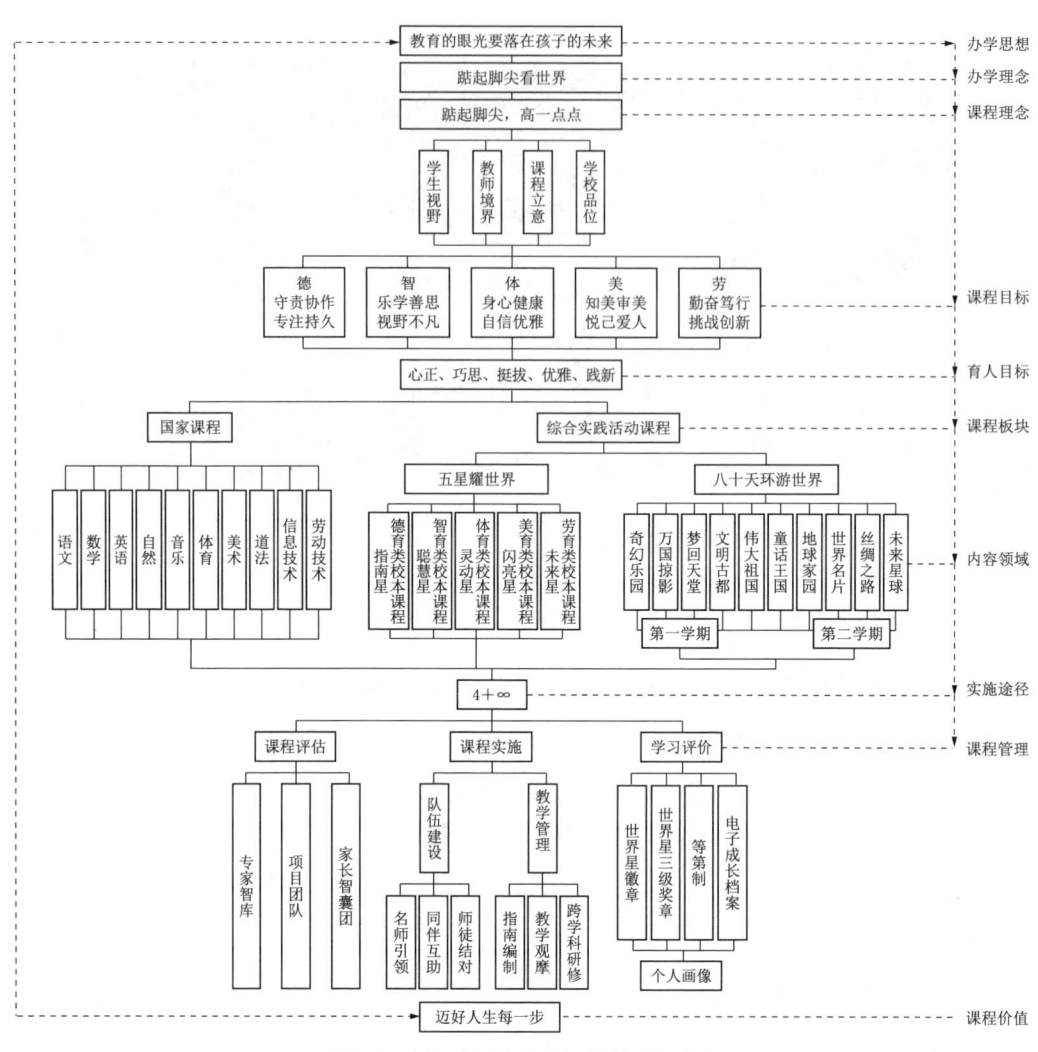

图 10 "脚印"课程体系结构图示例

在综合实践课程中，我们开设了"八十天环游世界"主题综合课程，以中国心为原点，融合多元文化，采用体验丰富、鼓励创造的学习形式，以跨学科、重实践、有评价的主题活动，为每个孩子提供展示其特长和才能的舞台，让每个孩子都能各展其长、绽放精彩，在不同领域获得自己的"成功感"（见图11）。

在"八十天环游世界"这一课程中，我校的每位学生都将从一年级进校开始，在五年10个学期中通过80天逐步探索多地域多领域的主题性内容。课程融合多元文化，组织从中国到世界的多样内容，采用 PBL 学习方式，为学生系统性地呈现了许多与其生活学习中产生的直接经验相关联的内容。

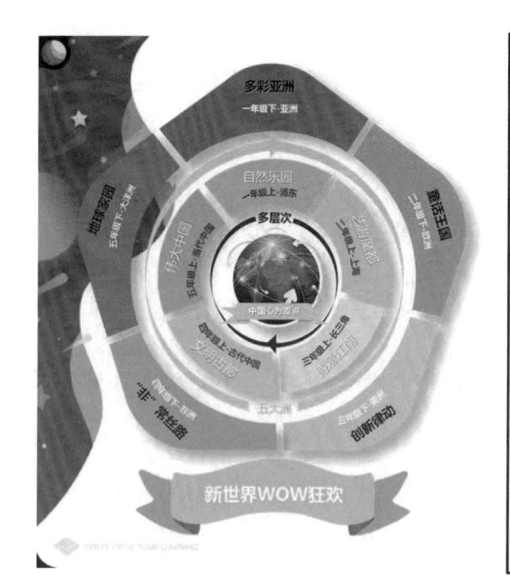

顶层设计阐释

- **中国心**：课程以立德树人为根本任务。
- **多层次，了解中国**：从探索浦东、上海、长三角，到探索古代和当代中国，层层递进。
- **五大洲，畅游世界**：以中国心为原点，遍游五大洲感受中国与世界的联结，以小主人的担当探索世界。
- 上下学期，互相配合，在课程过程中，学生怀揣中国心，在传承中华优秀文化的同时，理解世界多元文化融通中国梦和世界梦。
- 在完成环游世界的十大站点挑战后，参与"**新世界WOW狂欢**"，用环游成果布置学校，把精彩世界装进校园。WOW谐音"我"，狂欢以WO即以学生为主体，呈现一让人惊呼WOW的精彩盛会！

图 11 "八十天环游世界"顶层设计以及阐述示例

具体课程内容安排如图 12 所示：

上学期	主题名称		下学期	主题名称	
一年级上-浦东	自然乐园	发现家乡的美——浦东人与自然和谐共生，海洋公园、野生动物园……一个个自然乐园等着我们去探索！	一年级下-亚洲	多彩亚洲	亚洲是人类文明的重要发祥地。在这站我们将从我们最熟悉的亚洲国家出发，感受多彩文化，开启环球之旅。
二年级上-上海	艺游魔都	海纳百川，古今中外艺术在这里汇聚，一起发现上海这座城市各处跳动的艺术气息。	二年级下-欧洲	童话王国	在阅读、表演经典童话故事的过程中，学生将感受语言文字的美丽，体会快乐童年，汲取真善美。
三年级上-长三角	诗意江南	"上有天堂，下有苏杭"，江南自古至今都有着曼妙的文化、繁荣的经济，是一个值得深度探索的地方。	三年级下-美洲	创新律动	高科技事业云集的美国硅谷是创新的代名词，那里有什么值得学习的创新故事？从中国制造到中国智造是怎样的转变？在这站，我们小朋友作为未来的闪亮之星，将获得创新灵感，尝试让我们的生活变得更加美好。
四年级上-古代中国	文明古都	古都之所以成为古都，有着人文、地理、军事、经济等各方面的因素，在品味古都韵味中传承悠悠文化。	四年级下-非洲	"非常"丝路	"一带一路"援建非洲为非洲朋友们带去了一个个奇迹。大名鼎鼎的"一带一路"是什么？为什么它会有这么神奇的力量？一起从古代丝绸之路开始探索吧！
五年级上-当代中国	伟大中国	当代中国每天都在创造新的奇迹，科技进步、经济发展、文化自信……中国交出的闪亮答卷令每个国人骄傲！	五年级下-大洋洲	地球家园	大洋洲有数不尽的岛屿海湾和金色沙滩，在繁茂的原始森林、幽静的山谷、隐秘的喀斯特溶洞中，一望无际的沙漠里，都跳跃着古老物种的生命音符。从这里出发，感受地球家园的多彩，担起守护的重任。

新世界WOW狂欢：八十天环游世界的旅程承载了学生五年的成长回忆，产生了丰硕的成果。在旅程的最后，学校召开"新世界WOW狂欢"，用环游成果布置学校，让这次趣味盛宴引导学生回顾成长。作为学校特色节日，结合毕业活动，为八十天环游画下华丽的句号，再次开启新的成长之旅。

图 12 "八十天环游世界"课程主题内容示例

在这些课程中，学生们可以自主生成主题，充分融入科技、艺术创想，设计课题，一同学习，充分激发主观能动性。多姿多彩的小学生活不仅影响着他们的五年，更影响着一路生涯。

实践中，我们惊喜地发现，课程的变革让每个孩子在多元选择中更加舒展、快乐地成长，学校也在慢慢成为我们所期待的，亦正如佐藤学教授所说的"个性交响的场所"。

"哈佛最值得夸耀的，不是学校出了几位总统，出了多少诺贝尔奖获得者，而是使进入哈佛的每一颗金子都发光。"这是哈佛大学校长在学校 350 周年校庆时的感慨发言。

对此我们深有同感：一所好的学校，不在于它有多少亮闪闪的牌匾，而在于它能否让校园的每一个时空都充满教育的意义，让教育的每一天都充满生命的活力；它是否能针对不同差异的孩子，提供最适合每个学生个性发展的教育，让每个孩子都成为最好的自己。——这才是我们孜孜不倦地追求教育均衡的目标，任重而道远，我们一直努力在路上。

作者简介：周怡，上海戏剧学院附属浦东新世界实验小学校长、中学高级教师、上海市特级校长、上海市第四期"双名工程"名校长攻关计划成员、第八期长三角名校长高级研修班成员、全国骨干校长高级研修班学员。曾被评为上海市第二期普教系统优秀青年校长后备、上海市园丁奖、上海市优秀校园长。现领衔市级科研项目 5 个、区级科研项目 3 个。

让学生在多元对话中成长
让星星在多元评价中闪耀

上海市建平实验中学 叶 彬

多元化的冲击带给了教育更多元化的影响，教师面对着太多具有不确定性的教育对象，唯分数论的单一评价标准已经越来越无法适应学生个体全方位发展的评价需求。上海浦东教育发展研究院院长、上海市建平实验中学校长李百艳老师所倡导的"对话机制"为多元化评价的探索指引了一条发展之路。或许有人不太理解，对话何以指导多元化评价呢？上海市建平实验中学的"每周一星"则给出了最好的诠释。

"每周一星"是建平实验中学为学子们展现真我风采而打造的微信公众号特色栏目，从2020年10月14日开办以来，每周一篇推文，总共推出了93位"每周一星"。在分数等量化标准大行其道的今天，"每周一星"从选拔到推出都可谓独树一帜。该栏目摈弃了"分数至上"的唯一评价标准，探索以对话为主线，引领评价体系逐步实现多元化，尤其在以下几个方面逐渐摸索并形成突破：

第一，多个体对话，使评价对象多元化。"每周一星"评选过程中倡导学生与本人对话，与同伴对话，与家长对话，与任课教师对话，与班主任对话等等。从身边人不同的视角出发，发现被评价个体在不同的人眼中不同方面的闪光点，体现孩子身上不曾被发现的优势和特质，引导"唯分数论"的简单直接的数量化的评价标准向多元化的人文的质性评价标准转变。

第二，多角度对话，使评价维度多元化。"每周一星"着重与学校学子所学

的各类特长进行对话，与孩子们丰富多彩的课余爱好进行对话。以德、智、体、美、劳为基础视角，"五育并举"全方位入手，向学校、家庭和社会展现出孩子身上更加多姿多彩的一面，以孩子的多面性评价标准取代原有的以分数论高低的单面性评价标准，力求建立多维度的评价体系。

第三，多时点对话，使评价时间多元化。"每周一星"将每个孩子各方面各阶段的经历都视为一笔宝贵的财富，对话的时点从孩子的出生就开始了。与孩子的过去对话，与孩子的现在对话，与孩子的未来对话，记录孩子一路成长的足迹，突显孩子隐而未发、不为人知的"潜力"，将孩子在不同年龄不同学段取得的各方面的成果和作品展现出来，连点成线，以线性和发展性的评价标准取代点状的单一评价标准。

第四，多形式对话，使评价媒介多元化。"每周一星"的对话从不拘泥于某种形式，除了与孩子身边的人进行对话，还与孩子的文字对话，与孩子的手绘对话，与孩子的歌唱对话，与孩子的舞蹈对话，与孩子的演奏对话，与孩子的运动对话，与孩子各种形式的作品进行对话。栏目借由文字、图片、歌曲、乐曲、舞蹈、绘画等多种形式，通过不同载体对孩子进行评价，尝试由简单分数评价到多媒介评价的多元化探索。

"每周一星"以对话引领多元化评价的尝试，呈现了"探索真知、追求真理、学做真人、活出真我"的精髓所在，使建平实验中学四真少年的"真"风采得以充分展现，同时不断延续建实"小苹果"们"真、善、美"的传承与发展。栏目的开办帮助同学们发现身边同伴的"与众不同"之处，并在不断追求活出真我的过程中更好地诠释我校"脚踏实地育真人，千方百计创未来"的办学理念。

作者简介：叶彬，上海市建平实验中学学生发展中心负责人，曾在浦东新区"健康与活力"第二届初中教育论坛作为发言嘉宾作题为"对话在家校共育实践中的探索与思考"的报告，在2021年初中德育主任培训会议上作题为"秉承父母之心，携手智慧家长，成就真善少年"的发言交流。

有效评价，实现见习教师专业成长

上海市浦东新区天虹幼儿园　茅琴美

天虹幼儿园地处高行镇，开办于 2011 年，2014 年通过上海市一级一类幼儿园评审，2019 年成为浦东新区见习教师规范化培训基地，2023 年 3 月成功创成上海市示范幼儿园。在幼儿园飞速发展的同时，也培养了一支师德修养高、业务能力强的见习教师规范化培训导师团队，她们从规范的日常保教工作到优质教育教学的实施等方面都能给予见习教师专业的指导。规培基地管理核心团队以评价为导向，精心设计实施有效的评价方式，激发见习教师自我发展的需求和动力，从而实现自身专业快速成长。

一、基于调查开展问题研究

4 年来，天虹幼儿园见习教师规范化培训基地共培训结业 50 位见习教师，其中仅有 6 人是学前教育专业毕业，44 人非专业毕业，占比 88%。故在摸底调查中，我们发现这些见习教师在专业发展方面普遍存在以下问题：

一是专业认同感低。初入职的见习教师对学前教育专业的认同感普遍较低。特别是非专业毕业的见习教师，她们的专业情感较为淡薄，没有长远的专业规划。

二是专业知识欠缺。见习教师中社会录用的教师对幼儿发展与幼儿教育教学方面的专业知识掌握较为欠缺，主要表现为对幼儿自主学习、幼儿发展的理论知识和艺术领域教学方面的技能技巧掌握不充分。

三是专业能力发展不均衡。主要表现为见习教师的环境创设与利用能力，反思与发展能力，游戏活动观察、解读、支持能力等较欠缺，专业能力发展不均衡。

基于此，天虹幼儿园见习教师基地导师团队借助评价工具，以评价内容为拐杖，通过多元化的评价方式，帮助见习教师规范教育行为，树立正确的教育理念，提升专业技能，从而迅速成长为一名合格的幼儿教师。

二、基于问题开展多元评价

在调查中发现，近4年的见习教师年龄跨度大，经验水平差异多，学识水平显著不均衡……给基地培训工作带来了困惑和挑战。为推进见习教师专业成长，我们采用多元化的评价方式。

（一）开展师德教育活动

围绕见习教师专业认同度低的问题，我们以"为人师表""师德一票否定制"作为见习教师师德评价的核心，开展一系列师德教育活动，如：签订师德协议，将师德规范牢牢地印在新教师心里，让他们时刻对照自己的行为是否规范；开设各类师德讲座，以优秀教师的事迹为榜样，帮助新教师树立正确的儿童观；开展优秀教师访谈活动，追溯其成长的历程，感受其成长的力量；推荐好书、组织师德演讲等活动，让她们逐步形成以"爱"为魂，以"责任"为核心的师德规范，从而对幼儿教师工作有认同感，并能正确对待工作中的得与失、苦与乐。

（二）开设专业技能辅导课程

针对见习教师专业技能技巧薄弱的现状，我们开展专业技能辅导课程，如：美术材料的运用与创作、音乐技能技巧辅导、剪纸艺术在中国传统文化中的运用等。我们组织各种比赛，如硬笔书法比赛、演讲比赛、舞蹈比赛、唱歌比赛、画画比赛、弹钢琴比赛、两人合作表演比赛等，以赛带练，帮助见习教师提高专业技能和素养。通过比赛评价，他们能清晰了解各类专业知识技能的要求标准，了解自身专业发展水平，从而树立起自身专业发展目标和方向。

（三）开发专项培训课程

基于见习教师专业知识薄弱、缺少实践经验，我们设计开发专项培训课程。如：运动中的观察与指导、角色游戏的材料投放、三大指南培训、美术剪纸入门、音乐律动教学……培训课程注重非专业教师的参与和体验，采用案例剖析、实践演练、动手操作、现场观摩、头脑风暴等方式，通过"看、听、行、悟"，让见习教师在培训中有收获、有感悟。同时，我们提供一日活动实施要点和自评表，让见习教师结合要点，比对自身的教育行为，通过自我评价，寻找自身观念教育理念、教育方法中的问题、差距，在实践中借助评价转变观念，形成规范的教育行为、正确的教育理念、有效的实践经验。

（四）搭建展示平台

为了解决见习教师专业能力发展不均衡的问题，我们通过理论学习、实践活动、公开展示、环境创设、案例撰写等活动助力她们成长。我们搭建互助、开放的学习平台，组织各类比赛活动，在比赛前先做专业培训，通过培训在先、比赛在后，让见习教师从理论上了解掌握并通过比赛落实到教育教学实践；在比赛过程中，有导师的专业评价点评，指出见习教师的优点与不足，提出改进意见。同时，还有见习教师之间的互评，见习教师的自我反思，通过自评、互评，帮助他们养成反思、分析、调整的评价习惯，从而不断提升自身的教育行为。

（五）进行团队带教活动

在带教方面，我们请学科导师指导见习教师制定个人三年发展规划，帮助他们明确自己的职业规划；请班主任导师指导见习教师制订班级计划、主题活动计划、半日活动计划等，帮助其树立教育目标，针对目标评价反思教育行为的达成度。除了有带教，我们还安排骨干教师、教研组长、特长教师等导师团队为新教师上示范课，组织教学诊断课、半日活动诊断，组织见习教师互相观摩、研讨、互评，在互学互评中共同提高。针对见习教师一日活动中观察指导能力弱的问题，我们设计运动、生活、学习、游戏等自我评价表，让他们通过比对，反思自己的教育行为，不断调整，慢慢积累经验，从而获得专业成长。

多元化的评价方式目的在于促进见习教师专业发展和教育教学质量提高，通过培训过程中学员的自评、学员之间的互评、导师的点评、过程性的评价，借助多渠道的展示、比赛和交流，激发见习教师自我发展的内在驱动力。

三、基于有效评价开展讨论

在基地培训过程中，我们注重评价的发展性，以动态性视角追踪被评价对

象，以发展的眼光来赏识见习教师，让她们的专业成长始终保持热度。

上海市青年教师比赛一等奖获得者祝晓隽老师认为："亲历我园的见习教师规范化培训基地成立到今天，4年里给我感触最深的就是我园在教师专业发展评价中提出的多元评价，以及因此而尝试运用的各种做法。以人为本的发展性评价赋予了教师对自己成长的正确认识和必要信心。"

见习教师规范化培训基地优秀学员密晨旭认为："我毕业于华东师范大学学前教育专业，入职时我对自己的专业学习是非常认同、自信的。但是进入到基地之后，我才忽然发现，作为一个一线教师，需要成长的部分不仅仅是曾经在大学里得到的理论教育，还有很多我们曾经忽略的技能技巧，如基地各种比赛：硬笔书法比赛、演讲比赛、技能技巧比赛、两人合作表演比赛等。这些比赛让我意识到大学里努力学习的部分只是茫茫成长道路的一小部分。"

见习教师规范化培训基地负责老师金筱隽认为："我们倡导的评价是有温度的，是温暖的，能发挥评价的激励作用，让教师怀揣初心，在教师团队中发挥各自的优势，共同进步，共同成长，获得专业发展。"

园长茅琴美认为："人的发展本身就是一个带有独特性的动态过程，一时一刻的评价其实都只是一个教师成长过程中的一个脚印、一份记录而已，绝不应该是个定性的鉴定报告，让我们用静待花开的心情等待教师变化与成长。"

大家一致认为：有效评价能助推见习教师专业成长，既有利于提升教师自身的专业水平，也有利于促进幼儿园组织的改进和创新，要在实践中提高评价的公正性和客观性，强化评价结果的使用和反馈，促进评价与激励机制的融合。

四、基于有效评价多方获得成长

成立见习教师规范化培训基地四年来，有效的教师评价方式的贯彻实施，促进了多方共成长。

（一）导师团队成长

4年的见习基地导师工作磨炼了天虹教师团队，一批青年教师迅速成长起来。幼儿园现拥有区学科带头人3名、区骨干教师6名、区青年新秀2名、市名师1名、区学科工作坊坊主1名、区兼职教研员1名、区学科中心组成员1名。骨干教师领衔的基地导师团队成了幼儿园的骄傲与自豪：她们受邀开设各类讲座，开发主持区教师继续教育培训课程，参与区级教研和调研活动，承担跨省、跨区以及区级带教任务，参加首届"杏"论坛活动，参与学前中心组织的高校联盟组织，申报领衔市区各级课题研究……见习教师导师团队的成长也带动了整个教师团队积极向上的氛围。

（二）见习教师成长

自2019学年起，先后有50名青年教师加入我园基地培训，她们在基地培训的时候兢兢业业，在离开基地之后工作勤勤恳恳，获得很多成绩：先后有20位青年教师获见习教师考核优秀和良好，1名教师获浦东新区见习教师基本功大赛一等奖，1名教师获浦东新区第二年教龄教师"基本功跟踪考评"二等奖，1名教师撰写的《谢谢你教我爱孩子》入选市教委编撰的《百名青年教师成长案例》，多名新教师担任了幼儿园项目负责人职务。以见习教师为主的青年教师团队成了各所幼儿园发展当仁不让的希望，她们挑起了幼儿园专业发展的"大梁"，她们的成长让我们欣慰。

（三）见习基地园成长

2019年9月，我园成为浦东新区学前教育见习教师规范化培训基地；2020年成为教师专业化发展学校；2020学年被评为区见习教师规范化培训"优秀基地学校"；2022学年成功创成上海市示范幼儿园。

总之，在之后的见习教师评价研究中还需要不断优化教师评价的有效方法，致力于对见习教师表现作出真实的、多元的、全方位的、动态的评价，及时了解他们专业发展中的需求、优势和不足，为专业发展指明方向，促使他们不断自省，树立学习目标，在成为一名合格的新教师的同时向优秀教师迈进。

作者简介：茅琴美，上海市浦东新区天虹幼儿园园长兼党支部书记、区学科带头人、区学科工作坊坊主，主持出版《民俗之韵　阅读之乐》《国韵童风　悦阅养正》《幼儿园国学经典韵律》等书籍，课题研究成果分获浦东新区教科研成果评比一、二、三等奖。

围绕"双新"落实，聚焦核心素养，探索符合素质教育要求的新课程模式、新教材体系、新人才培养路径。

课程之法

学习贯彻党的二十大精神
推进区域教研高品质发展

上海市浦东教育发展研究院　卜文雄

教研转型，这是一个所有的区域教育研发机构所要面临的话题，也是建设高质量教育体系的一个重要抓手。

党的二十大报告中确定，从现在起中国共产党的中心任务就是团结带领全国各族人民全面建成社会主义现代化强国，实现第二个百年奋斗目标，以中国式现代化全面推进中华民族伟大复兴；明确指出：教育、科技、人才是全面建设社会主义现代化国家的基础性、战略性的支撑，我们要坚持优先发展教育，加快建设教育强国，坚持为党育人、为国育才，强调，教育是国家大计、党之大计，培养什么人，怎样培养人，为谁培养人是教育的根本问题。育人的根本在于立德，全面贯彻党的教育方针，落实立德树人的根本任务，培养德智体美劳全面发展的社会主义建设者和接班人，坚持以人民为中心发展教育，加快建设高质量教育体系，发展素质教育，促进教育公平。党的二十大报告为我们党的教育事业、国家的教育事业指明了发展的方向，作出了明确的部署，确定了明确目标，也为我们每一位教育工作者提供了行动指南。贯彻落实好党的二十大精神就是将习近平新时代中国特色社会主义思想，以及党的二十大报告中关于教育强国的相关部署和要求，落实并体现在我们的教育实践中。

三点体会：

一要牢固树立以人民为中心的价值导向，将办好人民满意的教育作为一切工作的出发点；

二要牢固树立立德树人的任务导向，将立德树人的根本任务作为一切工作的着力点；

三要牢固树立高质量教育的目标导向，将高质量的教育作为一切工作的落脚点。

所以在学习贯彻党的二十大精神，推进区域教研高品质发展过程当中，我的理解是区域教研研发机构作为学校的学校，必须要以习近平新时代中国特色社会主义思想为指导，全面贯彻党的教育方针，落实立德树人的根本任务，树立科学的教育质量观，为构建德智体美劳全面培养的教育体系，发展素质教育，培养担当民族复兴大任的时代新人提供强有力的专业支撑。广大教研员作为教师的教师，是具有中国特色的教育者群体，是我国基础教育发展的一股中坚力量。新时代教研员的使命就要为基础教育质量的整体提高提供专业保障，新时代教研员的重点任务就是要为在课程教育中落实立德树人的根本任务提供根本支持。

怎么样进一步优化教研工作和教研员队伍建设，可以从以下六个方面开展：

第一，提高政治站位。深入贯彻党的二十大精神，深刻领悟"两个确立"，树立"四个意识"，坚定"四个自信"，坚决做到"两个维护"，牢记为党育人、为国育才的使命。教研员要做到爱岗敬业，清正廉洁，为人师表，认真履行"四个引路人"职责，争做"四有"好老师，真正成为广大教师专业发展的规划师、领路人和助推器，甘为人梯、乐于奉献，自觉为提高基础教育质量贡献智慧。

第二，提升专业素养。遵循教育规律和学生身心发展规律，坚持德智体美劳全面培养，积极践行发展素质教育。教研员要对本学科具有扎实深入的纵向专业底蕴，对学科外知识领域具有宽广的横向视野，在教研过程中，既要学习相关文件、领会要义、厘清思路、把握方向，执行好国家与地方课程改革政策，又要充分调研、找准问题、精准发力，优化课程、教学、评价及作业设计各环节，做到系统推进、分步实施、及时总结。

第三，增强研究能力。研究应该成为教研工作的常态，要以"问题为导向、以案例为载体、以交流为形式、以任务为驱动、以研究成果可推广示范为最终目的"开展实践性研究，能围绕"课堂、课题、课程、课标"，认真研究学习育人功能，为中小学创新育人模式、提高教师能力素质、融合应用信息技术、深化课堂教学变革、推进考试评价改革，提供专业化的指导与服务，为各学科核心素养的落地和课程标准的落实与实施贡献专业智慧。

第四，优化服务意识。教研工作要有强烈的服务意识，能很好地服务学校教育教学，服务教师专业成长，服务学生全面发展，服务教育管理决策；要参与听取和总结基层经验，勇于探索教育教学改革创新，创新教研活动方式，使教研活动提质增效；要热情指导一线教师特别是郊区和教学实力薄弱学校的教师探寻解决问题的思路与方法，促进教师专业素养提升，努力实现区域教育教学优质均衡发展。

第五，赋能精准教研。数据素养已成为新时代教师的新能力和新要求，要通过教育大数据赋能精准教研，指导教师们充分利用智慧平台和数据信息作出最佳教育决策，探索信息技术与教育教学深度融合之道。教研员要对新的数据技术具有较强的敏锐度和处理能力，深入理解科学数据在教学教研中的重要价值，注重在教学教研的过程中收集、分析、处理数据，通过教育大数据开展精准教学，帮助教师提升备、教、改、辅、研、管的精确性和学生自主学习的有效性，挖掘数据价值，获得精确而真实的反馈信息，从而更好地落实因材施教。

第六，加快教研转型。教研工作要始终以"落实新方案、践行新课标、构建新课堂"为目标，坚持素养导向，强化学科实践，推进综合学习。教研员要明确自身的使命与担当，着力提升个人的学习力、研究力、指导力、示范力、合作力、评价力和创新力，敢于提出问题，勤于思考问题，善于解决问题，准确识变、科学应变、主动求变，为课改注入新时代的活力，加快实现教研转型，充分体现教研员的自身价值。

教研是一门学问，既要脚踏实地，更要仰望星空；教研是一门艺术，热爱是原动力，唤醒是成就感。教中研，研中教，以教促研，以研带教，教研相长，乐在其中。

浦东教发院在推动教研转型过程当中，不断创新培养机制，努力打造教研专业人才队伍。优化配置，培养更高素质干部队伍；多措并举，培养更优人才结构；创设机会，加速教师专业成长；作育良师，打造浦东教发院领军人才。

浦东教发院也勇担教育重任，积极探索教、研、训、评一体化运行，注重建设教育领域综合改革示范区，建设上海市紧密型学区化集团化办学示范区，创建全国义务教育优质均衡发展区，创建上海市义务教育项目化学习实验区，努力创建基于教学改革、融合信息技术的新型教与学的模式实验区，努力推进教育平台改革。

未来浦东教发院必须要站在新的历史方位，对核心功能和定位进行再审视，更好地适应新时代教育改革的新要求，努力以高质量的服务，为浦东教育的高质量发展作出新的贡献。

作者简介：卜文雄，上海市浦东教育发展研究院党委书记。曾获上海市特级教师、上海市园丁奖、上海市优秀思想政治工作者等荣誉称号。扎根中学思政课讲台35年，以思政课真实情境为载体，通过观察、辨析、反思、实践，引导学生主动参与、独立思考、合作探究，真学真信真用马克思主义基本原理。作为思政课教师，以高度的责任心和使命感砥砺前行，全程参加了上海市二期课改中学思想政治学科的项目研究，先后参与制定了《进入21世纪上海市中学思想政治课教育改革行动纲领》《上海市中学思想政治学科课程标准》。参与编写了上海市《高中思想政治》高二、高三试验教材和教参等。另外主持多项市级课题研究并获奖、多篇文章在《思想理论教育》《现代教学》《上海教育》等刊物发表。

以学校课程建设支持教师专业发展

上海市澧溪中学　朱国花

教育部"双减"政策的出台，向学校发出了"全面压减作业总量和时长，减轻学生过重作业负担""大力提升教育教学质量，确保学生在校内学足学好""提升学校课后服务水平，满足学生多样化需求"的动员令。然而，"减法"政策的"按钮"一经按下，随即触动了"加法"改革的"中枢"。"双减"不减"责任"、不减"质量"、不减"成长"的必然使命，对学校课程建设、教育教学和教师发展提出了更高要求。实践过程中，我们清楚地认识到，落地落实落细"双减"政策，做稳做好做强课后服务，压力增加、挑战颇大，但机遇并存、机会难得，它为新时代五育并举、立德树人赋予了新的内涵。为此，上海市澧溪中学坚持发挥学校主阵地作用，在学生作业"题量减少""难易分层""时长管控""总体减负"的基础上，动课后服务"精准布点""特色连线""平稳带面"的"新"脑筋，以学校课程建设支持教师专业发展，确保学生在校内"吃饱""吃好"，努力为学生减压，为教学赋能，为教育增效。

上海市澧溪中学位于"小上海"周浦镇，分设3个校区，拥有1 800多名学生、145名教师。其中，35周岁以下青年教师几近半数。学校在"让每一个生命礼遇美好与未来"的办学思想引领下，以"怀德有礼、遇见美好、奠基未来"为办学理念，培育时代君子。而"授教育者必先受教育"，故育人君子的"师者"必然首先要成为君子，或者率先向君子方向发展，君子育人才能育人君子。为此，学校确立了"以德育人的高手、专业发展的能手、情趣生活的巧手"的教师发展目标，支持和引领教师树德成君子、立业育君子。"双减"政策实施后，更

是以促进课程建设为抓手，支持教师专业发展，为丰富课后服务内容、提高课后服务质量奠基。具体策略是：

一、培育"大课程格局观"

从学校层面上看，推进课程建设必须让教师充分认识到：首先，课程是国家事权，其中国家课程是主体，学校必须规范落实，同时要校本实施；其次，学校根据课程方案开发校本课程，校本课程是国家课程和地方课程的丰富和补充，需要兼顾学生差异需求和学校文化特色；再有，两类课程共同组成完整的学校课程体系，它们不是各自独立的部分，而是有机的整体，虽然它们实现的课程价值不同，承担的任务不同，履行的责任不同，促进学生发展的内涵不同，但拥有共同的培养目标。教师只有形成了如此"大课程格局观"，才能真正融入系统性的课程建设、质量型的教育教学、内涵式的课后服务、特色化的减负行动。

基于"大课程格局观"和三个校区不同的办学实际，我们建设了以下课程体系（见图1），也是我校基于校情的"时代君子"培育目标的文化立校之举。

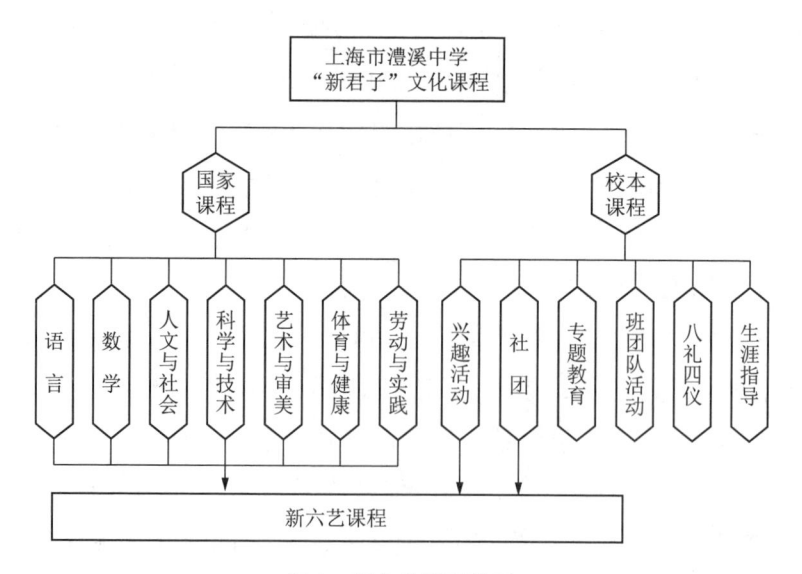

图1 新六艺课程体系

二、开发"学校课程价值"

（一）学校在课程设置时须体现"五育并举"

促进教师在课程实施、学科教学中做到"五育融合"，教师建立正确的课程育人观是其专业发展的首要任务。

澧溪中学在课程理念上明确"时代君子人格"即注重以德为先、全面发展，以面向时代必备品格和关键能力作为"时代君子"内涵，引导教师理解课程目标的核心意涵。

（二）学校课程结构须符合逻辑体系

澧溪中学支持教师参与不同类型课程的建设，在修习要求方面的必修课程与选修课程建设中把握分寸，在培养功能方面的基础型、拓展型、探究型三类课程建设中理解方向，在教学关系方面的学科课程与活动（经验）课程建设中有所感悟，实现课程层面的专业发展。

澧溪中学在不同校区"融创"或"航创"或"文创"主题下多种课程建设中，注意与国家课程各学科有目的地渗透，在跨学科项目化学习为载体的特色课程建设中，引导教师主动参与，并深化对课程结构逻辑下的认识。

（三）学校课程实施须努力推进课堂变革

教师要明确课堂是课程教学改革的"神经末梢"，其核心议题就是实现重心从教下沉到学，只有在课堂这个课程实施的关键空间落实了改革要求，育人目标才能落地。面对这一挑战，教师专业发展需要有担当本领。

澧溪中学结合区级重点课题"旨在培育时代君子人格的学校课程整合研究与实践"，注意通过"单元设计案"和"课程纲要"的编制，学生"活动"环节的加强，学习资料的供给，学习支架与平台的创设等来落实上述变革要求。由此需要教师转换角色，由"教师"变成"导师"，走上专业发展新征途。

以学校"融创"项目"未来银行家"课程为例。教师们通过"单元设计案"和"课程纲要"的编制，注重学生"活动"环节的设计，以财经素养为主线开展一系列专题讲座、主题课程、活动等。通过线上线下结合的形式开展"护好你的钱袋子"中学生金融诈骗防范专题讲座，普及财经素养基本常识；借助职业兴趣评估卡牌游戏开展"职业启蒙第一课"体验式学习课程，引导学生探索职业兴趣；带领学生走进工商银行，通过参访，对行长、综管部总经理、运营主管、后勤经理、综合客户经理、个人客户经理、贷款审批经理、产品经理、大堂经理、客服经理等十大岗位人物访谈等方式了解真实职业世界，以"澧溪职业秀"项目为载体引导学生自主认知职业世界。

嘉年华活动是以财经素养为主题，面向中学生的大型体验活动，内容设计融合职业体验，涵盖经营活动全过程，将个人能力提升与团队合作相结合，激发学生的自主参与性和创新创造潜能，引导学生在体验活动中提升综合素养。

而其中的财经素养嘉年华活动是本课程的亮点活动部分。教师在设计过程中注重关注每个孩子的体验参与，首先以每个班级为单位注册一个模拟公司，同时设置了"澧溪商城""澧溪银行""澧溪人才园""澧溪记者站""澧溪管委会"五大主场景。"澧溪商城"是商品交易集结地，设运营管理处、收银处、服务处三大部门为批发市场、店铺提供服务支持。"澧溪银行"是本次活动指定金融机构，下设运营管理部、前厅接待处、业务部三大部门，为个人提供存款、理财等服务，为企业提供存款、理财、贷款服务。"澧溪人才园"是人才培养及人才价值变现场所，下设澧溪中博大学、澧溪人才市场，学生可在此参与培训，通过才艺展示等赚取澧溪币。"澧溪记者站"是本次活动的新闻、资讯中心，负责新闻采编及现场主持、广宣工作。"澧溪管委会"含市场监督管理局、税务局、人社局。市场监督管理局负责企业成立登记、工商监管等；税务局负责统筹税务工作；人社局负责人力资源相关监管、人才证发放、人才补贴等工作。这些场景的设置让一部分学生在各类岗位参与职业体验，而其余学生则作为"市民"进行消费或投资，学生在此活动中模拟商品交易、金融理财、工商税务等经营活动全过程。这些学生的"活动"环节，为学生学习提供支架与平台创设。

为使模拟场景更具有真实感，教师重视全场景、全岗位操作手册，开公司全流程配套物料单子的资料设计，注重学习资料的供给。（见图2）

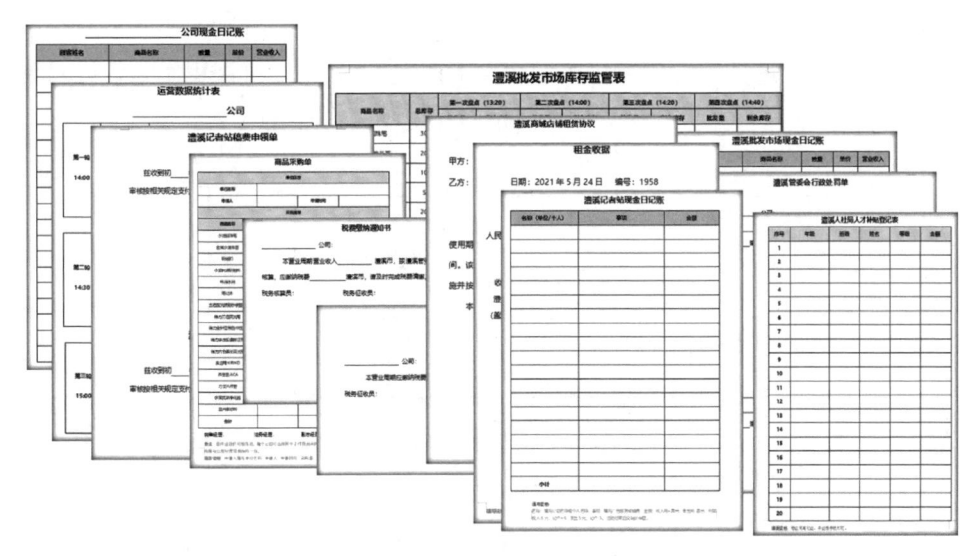

图 2　全流程配套物料

（四）学校课程管理与评价机制须贯穿于课程建设全过程

这个过程需要以规范性引领课程常规化运行，使管理与评价实现增值效应。而这个规范，是对标国家的要求，包括"双新""双减"等文件精神，结合校情由系列相关制度及其执行、定期检查及其分析、扬长补短的迭代改进等全视域组成，系统引导教师专业发展。

澧溪中学在课程建设的管理和评价环节，注重与教师担当和主动发展的密切融合，用高品质课程目标和评价要求倒逼教师的专业回应，通过管理系统的责任和教研机制配合等，将个体教师发展与群体教师发展组合为整体，实现澧溪教师专业水平的整体提升。

三、坚持"师资能力核心"

课程开发和教师专业成长是相互依存、相互作用的。课程开发能力是教师专业能力的核心，同时，教师在课程开发中实现专业成长。因此在整体设计上，学校采用"设计—行动—反思—改进—再行动……"的行动研究样式，在循环中不断积累研究成果，提升教师的研究与实践能力，最终实现课程文化与教师文化的嬗变。对于课程设计的具体内容，学校采用自上而下与自下而上相结合的思路。

所谓"自上而下",是指从课程整合的顶层设计开始,动员教师(团队)对不同实践样态的课程进行整合研究。所谓"自下而上",是指通过课程实施效果对课程开发进行调整,并不断完善课程整合的整体框架。(见图3)

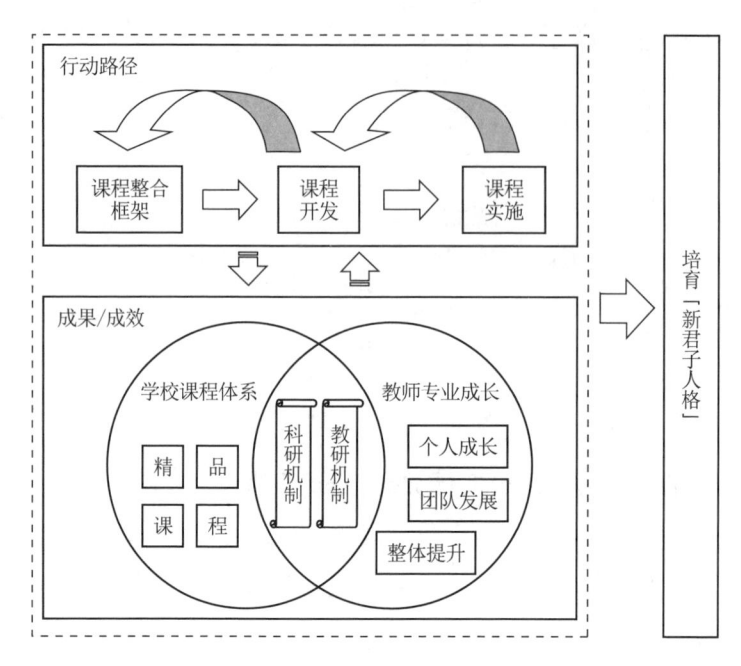

图3 不断完善课程整合

总之,学校根据课程类型的不同,采取不同的设计及实施策略,在提升课程体系化程度的同时促进教师的专业化发展,最终以更为灵活的方式满足学生成长的需要。

作者简介:朱国花,上海市浦东新区青少年活动中心主任、党总支书记,上海市澧溪中学校长,上海市特级校长,正高级教师,周浦学区治理委员会主任。曾被授予全国优秀教育工作者、上海市五一劳动奖章、浦东新区巾帼建功标兵、区十大女杰等荣誉称号。2022年入选为长三角名校长培养项目——教育家型校长培养对象。她先后在农村偏远地区和城郊结合地区的学校担任校长18年,逐步形成"教育:生命与生命的美好礼遇"的办学主张,她使农村偏远的薄弱校成为新优质学校、全国乡村学校少年宫、上海市行为规范示范校;她使城郊结合部的学校获得全国级、市区级荣誉30多项。她主编著书1本，发表论文30多篇，先后主持全国级、市区级课题12个。领衔的周浦学区正在创建上海市示范型学区，支援的强校工程校和大理的帮扶校2023年中考合格率均100%，引领了区域教育的优质均衡发展。兼任浦东新区青少年活动中心主任，服务的范围更广，她将继续"教育：生命与生命的美好礼遇"的办学主张。

乘着课改春风，收获成长硕果

上海市浦东新区东方幼儿园　刘树樑

教师的岗位是平凡的、繁琐的，其中有旁人的不解，更有自己的坚持。道阻且长，行则将至。乘着课改的春风，倾注自己的满腔热情，捧着一颗真心，在幼教的事业中不断发光、发热。

一、初心不忘，砥砺前行

2005年是我踏入工作岗位的第一年，这一年也是上海市第二期课程改革进行的第七个年头。身处时代的洪流中，作为一名学前教育男性教师，入职初期的我并不是一帆风顺的。

旁人的偏见。这要从一件小事说起。有一天，我乘坐出租车，遇到了一位非常健谈的司机，我们愉快地聊了一路，而令我没有想到的是，这一路的畅谈在司机的一个问题后戛然而止了。他说："你是做什么工作的？"我回答道："我是一个幼儿园教师。"司机沉默了，至此之后，他一句话都没有说。直到接近终点时，他突然说："男孩子，做幼儿园教师好像不是很有出息。"这句话着实让我受到了打击，并且在很长一段时间里，我不太愿意和别人提及我的职业。我想，这大概就是当时社会上对幼儿园老师，特别是幼儿园男老师的不理解吧。

其实，即使是在我身边，我的家人、朋友，他们对于我的职业也有一些不一样的看法。当我在华东师范大学学前教育系就读时，有一位关系非常要好的同学，在大学期间，我们甚至以兄弟相称。毕业后，我顺理成章地成了一名人民教师，而他却放弃了教师的行业，成了一名人民警察。毕业后，我们还时常相聚，因为我在工作中时常加班，每每饭局上迟到的总是我。有一次，我又迟到了，我的这位朋友就问我："你们幼儿园教师怎么能那么忙呢？你们不就是带小孩子玩一玩嘛。"我很震惊，这样一句话，从同样就读过学前教育专业的人嘴里问出来。但同时我很惭愧，因为处于职业迷茫期的我，当时是无言以对的。而今，如果再被问同样的问题，我想，如果我的工作仅仅只是简单地陪孩子们玩一玩，那我当初为何会坚定地选择做一名幼儿园教师呢？其中，一定是大有可说的。

所以，不论是社会上的舆论压力，还是亲朋好友们的不理解，在职业初期的我确实受到了不小的影响。但我热爱这个职业，它给我最大的成就感，就是在和孩子们一起玩的过程中我也收获着很多快乐和成长，这也是我一直坚持的最大动力。

二、源于热爱，教育深耕

我是一个玩心很重的青年人，上班的时候和孩子们玩在一起，下班以后我也会约上三五好友一起玩。当时，正是密室逃脱游戏兴起的时候，和朋友在密室逃脱馆体验过几次之后，我就想着要把这种有趣、新奇的体验带回幼儿园，让我的孩子们也体验一下密室逃脱的乐趣。

但是，有想法很容易，真正要把想法落实到教学中就很困难。比如，密室逃脱游戏中有非常繁复的规则，它是否能被孩子们所理解？再比如，密室逃脱所营造的氛围，会不会给孩子们的心理带来一些消极或者恐惧的影响？更重要的是，怎样利用密室逃脱的情境，处理好游戏和学习之间的关系，这对于当时的我来说是最困难的。

经过我和团队无数次的尝试和努力后，我带着"密室逃脱"参与了 2013 年上海市中青年教师教学评选活动。评审当天，我带着自己班级 16 个孩子进入到密室，评选的 4 个评委就落坐在密室的最后。完全出乎我意料的事发生了，刚进入漆黑的密室，平时在班级中表现相当勇敢的一个男孩子立马就哭了起来，并且他表示不愿意参加之后的活动，于是他就一直躲在评委的怀里哭泣。可以想象，当时的我还是一名青年教师，在大赛评选现场碰到这样的情况，我的心理压力有多大。

活动中我们探究的主题是"光",在最后的环节中,孩子们需要两两配合,通过改变镜子的角度,让一束光线通过多次反射达到某一个终点。因为这个男生一直躲在评委的怀里哭,所以在这个环节中就缺少了一个人。我想,这说不定是能让男生回到活动中的好机会。于是,我邀请男生的好朋友去请他回来。那个哭泣的男孩子也挺有意思的,尽管在之前的环节他一直躲在评委的怀里,但他仍然全程观察着我们的活动,甚至当我提问时他还在后面回答。在接受到好朋友的再次邀请后,他终于鼓起了勇气回到了我们当中。最终,在所有孩子们的共同努力下,我们逃出了密室。看着孩子们兴奋、愉快的笑容,尤其是那个哭泣男孩的笑脸,我觉得之前经历的所有艰辛都是值得的。

我很庆幸,能在孩子们的童年里给他们留下一些不一样的回忆和体验。童年里这段特别的经历,对他今后的人生哪怕只有一点点细微的影响,我觉得都是值得的。

于我自己而言,我也很庆幸能够凭借这个活动获得上海市中青年教师教学评选活动的一等奖。现在看来,这个一等奖对于我的整个职业生涯来说是一个关键的转折。

一方面,我觉得自己非常幸运,幸运的是我出生在这样一个时代。当时的课程背景鼓励教师要不断地激发孩子们的学习兴趣,进一步培养孩子们自主学习的习惯,这也是我设计和实施"密室逃脱"活动的出发点。并且,"密室逃脱"以游戏的形式来开展集体教学活动,让我更加坚定了游戏才是我们幼儿园的基本活动这样一个理念。是啊,只有在当时课程改革的背景之下,我的这个活动才有成功的可能。想象一下,如果在若干年前,当我们还处在非常强调知识、经验、技能的传授的课程背景之下,"密室逃脱"活动可能是不会成功的。

另一方面,一等奖的获得对于我来说也是一种莫大的鼓励。让我能够更全身心地投身到课程改革背景下、课程改革理念下的更多教学实践活动之中。在之后的几年里,我和我的团队成员们更是设计和实施了百余节的集体教学活动,这些活动在教学形式、教学内容,甚至教具上都有创新。这为我和我的团队在不同层面上取得了一些成绩,更重要的是,这是我们不断的尝试与思考。

三、匠心致远，勇往直前

在我的教育之路上，除了有自己的坚持和热爱，前辈或客观环境对我的影响也时常让我反思学前教育的发展。

前两年，我和一位教育界的老前辈聊天，他问了我一个问题："你们幼儿园究竟对于孩子的发展起到了什么作用呢？像我，我小时候也没上过幼儿园，我现在不也过得好好的吗？"

是的，"不也过得好好的吗？"这句话对我的触动很大，老前辈没有接受幼儿园的教育是时代的局限。但我心里十分明确，幼儿园的学前教育作为教育启蒙的第一站，它有着不可替代的作用。

拿近的来说，处于学龄前的孩子们，大多生活在高楼大厦里，除了在幼儿园，很少有机会和自己的同龄人进行交往。但是，对于我们的老前辈来说，他的童年可是有大把的时间和机会去和自己的同龄人在弄堂里玩耍、在田野里面奔跑。而这些，是我们这个时代所不能给予孩子们的。因此，幼儿园提供孩子们必要的时间和空间，让他们能够有足够的机会去和自己的同龄人玩耍、交往。这也为他们将来成为一个合格的社会人打下了非常重要的社会经验基础。

从远的来说，3—6岁年龄段的孩子们，很多能力都处于关键的发展期。我们国家正处在"十四五"发展的开端，正面临着更多的挑战和机遇。此时此刻在幼儿园教室的孩子们，在未来的20年后，就将成为这个国家最具有活力、最具有竞争力的建设者和接班人，他们是提升我国综合竞争力的中流砥柱，因此，他们的发展也关系到我们国家未来的发展！教育是育人，也是育才。对于当今时代的幼儿园教师们来说，要在新课程理念的引领之下，不断地去考虑、去发展孩子们的各项能力。比如，创造性思维的提升，批判性思维的发展，合作沟通能力的培养等等，这些能力的启蒙在幼儿园时期都是非常重要的。

正如老前辈所说，错过了这一时期的培养并不代表孩子们今后的能力不会得到发展。我所认为的是，在这一段时间内，他们各项能力发展的效率会更高。作为人民教师，我们生活在这个最好的时代，乘着课改的春风，我们身上的一些枷锁和束缚被打破。它给予我们更多的机会去做符合教育理念的、符合课改精神

的事情，让我们能够静下心来进一步为孩子们更长远的发展做思考、做规划、做贡献。

我一直为自己是一名幼儿园教师而感到自豪，我努力向着我理想中的"大先生"靠近着，我觉得，我们每个教师也都有机会成为自己心目当中的那个大教育家。时代在变，我们又将迎来又一次新的课程改革，但是，教育的初心永远不变。要相信自己！我也相信我自己一定能够在未来的课程改革过程中进一步发光、发热，为教育、为孩子做出更多的贡献。

作者简介：刘树樑，浦东新区东方幼儿园课程部主任、特级教师、中国教育学会理事。曾荣获上海市五一劳动奖章、上海市"四有"好教师（教书育人楷模）、上海市教学能手称号、上海市园丁奖、浦东新区十大杰出青年等荣誉，入选国家特殊人才支持计划、新时代学科领军教师示范性培训等项目。

"双新"背景下的实验教学解读和"微活动"的设计
——以必修1《分子与细胞》为例

上海市建平中学　冯碧薇

　　生物学是研究生命现象和生命活动规律的自然科学，实验探究是学习生物学的重要途径。《普通高中生物学课程标准（2017年版2020年修订）》(简称《课程标准》)确定的生物学学科核心素养4个维度中，与实验探究直接相关的包括科学思维和科学探究。[1]在日常实验教学中，精心设计"微活动"能够更好地帮助学生落实学科核心素养。

　　根据《课程标准》的实施建议，上海科技出版社2021年版《生物学》新教材中的实验教学与上海科技出版社2007年版《生命科学》老教材相比有较大变化。下文以新教材必修1《分子与细胞》[2]为例进行解读，同时提出了实验教学中"微活动"的设计策略。

一、2021年版《生物学》新教材中实验教学的特点

　　2007年版《生命科学》老教材实验教学以定性实验为主，定量实验较少。2021年版新教材在重视定性实验的同时，也重视定量实验，让学生将问题或现象用数量来表示，进而分析、考验和解释。比如："探究·实验2-1检测生物组织中的还原糖和蛋白质""探究·实验4-2探究温度对淀粉酶活性的影响""探究·实验4-3叶绿体色素的提取分离及叶绿素含量的测定"均涉及使用分光光度计定量测定

物质的含量。学生在定性观察之后，进行定量实验，能够逐步学会使用数学模型来解决生物学问题。

此外，2021年版新教材同步配套有《实验与活动部分》，新教材更加重视探究性学习。实验手册非常详细地从提出问题、作出假设、设计实验、实施实验、获取数据、分析数据、得出结论等环节引导学生认识探究实验的基本步骤。比如："探究·实验4-2探究温度对淀粉酶活性的影响"实验中增加了学生半自主的实验设计环节，具体影响酶活性的温度梯度设置由学生各组经过自主实验设计而定。"探究·实验4-4探究影响光合作用强度的环境条件"实验中，则完全由学生自主选择自变量和因变量进行实验设计。这些方式有利于鼓励学生自己观察、思考、提问，并在提出假设的基础上进行探究活动方案设计和实施，培养学生的创新精神和实践能力。

《实验与活动部分》结果部分还设置了表格、示意图、曲线图等多种结果呈现的方式，相比老教材更加重视探究性学习报告的完成。评价方式也非常多样，包括自我评价、学业评价、教师评价、展示与评价、评价量表等多种形式，有利于教师动态地掌握学生学习情况，同时也有助于学生的自我认知和调节。

二、实验教学中"微活动"的设计策略

"微活动"是指在教学中，基于情境，在较短时间内，按照教学要求有计划地组织学生通过完成各类任务，从而形成生命观念、科学思维、科学探究和社会责任。[3]"微活动"促进学生深度学习的发生，是当下课堂教学中将知识转化为素养的有效路径之一。[4]然而，由于常规实验教学一般由教师组织学生在生物学实验开展动手类实践活动，实验教学中的"微活动"设计往往被教师所忽略。

事实上，《课程标准》强调实验教学既可以是动手类实践活动，也可以是观察类实践活动或是以问题解决为特点的探究活动。（如图1）教师通过课前、课堂、课后精心设计多种"微活动"，能够更好地帮助学生在实验教学过程中落实学科核心素养。

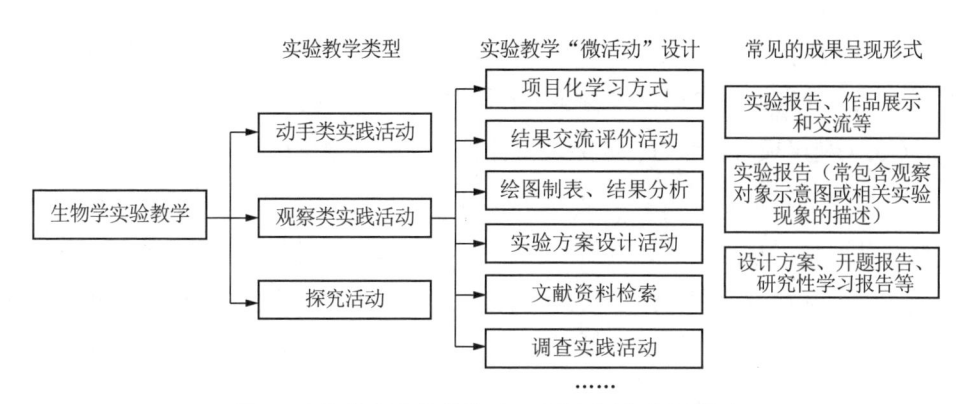

```
                                          项目化学习方式           实验报告、作品展示
                          动手类实践活动                         和交流等
                                          结果交流评价活动
                                                              实验报告（常包含观察
                                          绘图制表、结果分析    对象示意图或相关实验
生物学实验教学     观察类实践活动                                 现象的描述）
                                          实验方案设计活动
                                                              设计方案、开题报告、
                          探究活动         文献资料检索          研究性学习报告等

                                          调查实践活动
                                          ......
```

图 1　生物学实验教学类型及"微活动"设计策略

（一）鼓励开展文献资料检索、调查实践活动，提高信息处理能力

大数据时代背景下，学生应该掌握如何在浩如烟海的数据信息资源中高效率获得有用的文献知识，学生的文献检索和信息处理能力对于生物学课题研究至关重要，也是高中学生步入大学学习前需要掌握的重要技能之一。教师可以以问题解决为导向，鼓励学生在课后结合生物学文献检索方法，自己动手查阅相关文献，进一步撰写课题的开题报告、相关实验方案等，以提高学生学习的自主性和科学研究的能力。（具体案例见表1）

表 1　基于文献检索的生物学实验教学案例

教　材	高中生物学必修1《分子与细胞》第一章第 2 节 "实验探究是学习生物学的重要途径"
实验教学 "微活动"	①课堂实验设计活动；②文献资料检索活动
具体实施 过程	创设情境：农民在盐碱地中种植小麦无法出苗。 关键问题：什么因素影响了小麦的生长？ 实验假设：学生通过情境作出假设——"土壤中的 NaCl 含量高会抑制小麦生长"或"土壤中的 pH 值高会抑制小麦的生长"。 课堂实验设计：教师给定实验材料，学生通过小组合作设计实验方案，随后不同小组通过信息化技术展示实验方案，教师引导小组间相互评价，通过小组方案的比较和评价，学生归纳出实验设计的基本原则（对照原则、单一变量原则、平行重复原则等）。 课后拓展与实践：小组合作，课后通过文献检索，设计实验方案，帮助特定地域的农民找到方法改良盐碱地土质，使得小麦种植成为可能，小组合作完成方案报告
"微活动" 目标	通过实验方案设计归纳出生物学实验设计的基本原则（科学探究水平2，科学思维水平1）；通过课后活动，提高资料检索和信息处理能力，运用跨学科的知识和能力解决生活中的实际问题（社会责任水平1）

此外，除了专业数据库检索外，教师也可以引导学生通过问卷调查、实地考察等形式来获取调研数据，提高学生的科学思维和科学探究能力。

（二）利用项目化学习、结果交流评价等活动，提升问题解决能力

项目化学习是通过让学生开展调研、探究，自主设计方法或方案，解决一个问题，从而在这些真实的经历和体验中习得新知识、获得新技能的教学方法。项目化学习通常从一个驱动性的问题或活动开始，教师通过任务单引导学生从不同要点来尝试解决问题，随后学生以小组为单位自主设计方法或方案，通过探究活动，最终完成作品，并进行成果交流和评价。（如图2）

项目选择 → 计划制订 → 活动探究 → 作品制作 → 成果交流 → 活动评价

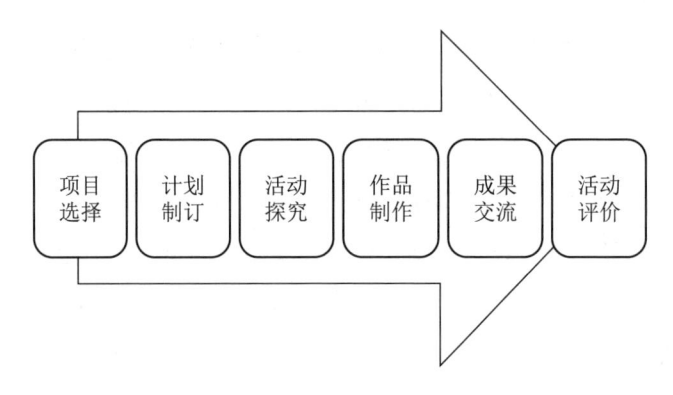

图2　项目化学习的活动环节

核心素养视角下的项目化学习能够帮助学生在一段时间内，通过对真实有挑战性的问题进行持续探究，达到对核心知识的再建构和思维迁移，提升问题解决能力。在实验教学过程中，尤其是一些动手类实践活动中，非常适合采用项目化学习方式，结合教师精心设计的活动环节，以提高学生跨学科知识综合应用能力和问题解决能力。（具体案例见表2）

表2　基于项目化学习的生物学实验教学案例

教　材	高中生物学必修1《分子与细胞》探究·实验3-2 制作真核细胞的结构模型
实验教学"微活动"	①项目化学习方式；②文献资料检索活动；③结果交流评价活动
具体实施过程	课前教师提出驱动性问题：如何把不容易观察的真核细胞结构具体化、形象化地用实物展示出来？

续表

教　材	高中生物学必修1《分子与细胞》探究·实验3-2 制作真核细胞的结构模型
具体实施过程	发放任务单：①引导学生分组、分工；②提示学生课前进行文献资料检索，选定特定真核细胞；③归纳真核细胞内结构种类、特征、大小比例、内含物、所在区域和功能等信息；④制定模型制作方案（比如3D打印作品等）。 活动探究、作品制作：课堂上学生可根据制作方案在教师的指导下完成实物模型的制作。 成果交流、活动评价：可从科学性、美观性、创造性等方面进行交流展示，小组自评和互评
"微活动"目标	通过项目化学习方式，运用结构和功能观或跨学科知识和能力，设计方案，解决特定问题，通过口头或书面形式与他人展开交流（科学探究，水平2—水平3）；通过文献资料检索，基于事实和证据，运用归纳方法概括出规律和特征，并尝试使用模型的方式进行展示（科学思维水平3）

　　在这个项目实施过程中，教师可首先通过介绍1—2个案例，引导学生关注细胞结构和功能相适应的特征。以小肠绒毛上皮细胞为例，建模需突出其结构特点，并尝试将结构与功能相联系（如图3）：细胞是柱状的细胞（细胞形态特征），微绒毛突起（增大膜面积，有利于小肠细胞吸收营养物质），细胞内线粒体较多（有利于物质运输）。

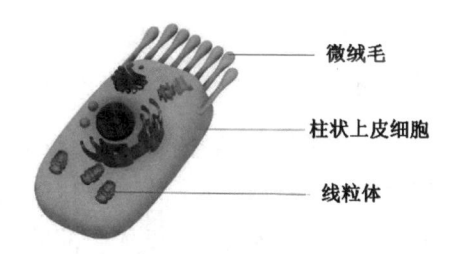

图3　小肠绒毛上皮细胞3D建模示意图

　　此外，评价是日常教学过程中不可或缺的重要环节。在实验教学中，对于结果的交流评价是提高教学质量的重要活动，不但能促进教师调控教的行为，也能帮助学生对自己学业质量形成清楚的认知并进一步进行调整。在本项目中，除了引导学生小组自评互评外，为了提高学生评价的真实性和有效性，教师亦可展现一些往届学生作品，引导学生进行评价。比如：图4为往届学生使用食物为材料搭建的小肠绒毛上皮细胞模型，教师可引导学生说出模型的优缺点，以便更好地了解他们的学习情况。

图 4　往届学生搭建的小肠绒毛上皮细胞模型示意图

（三）开展实验设计、绘图制表等活动，提高科学思维能力

在一些观察类实践活动的教学过程中，由于实验步骤通常较为简单，教师可创设情境，鼓励学生参与实验设计活动。例如："探究·实验2-1 检测生物组织中的还原糖、脂肪和蛋白质"实验中，学生通过选择正确的检测试剂鉴定已知成分后，教师创设与日常生活相关的情境"有些不法分子会在售卖的果汁中添加苏丹类染料增加果汁的色度，长期饮用可致病。请问如何设计实验鉴定这类果汁呢？"，进一步引导学生运用生物学原理进行实验设计和讨论。

生物学绘图是观察类实践活动重要的结果记录方式。生物学科新发现的成果报告、生物学的交流及教学活动一般都依赖生物学绘图来辅助说明。[5]在一些实验教学过程中，教师可设计绘图活动环节，来促进学生对基础知识的学习，锻炼学生的观察能力。比如："探究·实验3-1 观察叶绿体和细胞质流动"的实验中，教师可引导学生绘制黑藻叶片细胞结构简图（标示叶绿体的运动方向），同时结合学生作图情况总结生物学绘图的要点，如：①注重科学性与准确性；②点、线需清晰流畅；③比例合适；④突出主要特征；⑤统一准确地标注结构名称；⑥使用得当的绘图工具等。

三、小结

在新课标、新教材的背景下，实验教学是促成学生达成生物学学科核心素养的重要支撑，需要教师进一步加强和完善。实验教学中精心设计的学生"微活动"，是帮助学生构建学科核心素养的重要路径。无论采取何种"微活动"形式，教师应当注意：依据单元教学目标来设计"微活动"，活动中的教学行为和评价也应当围绕这个目标开展；此外，"微活动"尽量以驱动性问题或真实任务情境引入，以调动学生已有的经验，引发学生的情感[6]；最后，实验教学的同时应当注意实验安全教育，增强学生自我保护意识。

参考文献

[1] 中华人民共和国教育部.普通高中生物学课程标准（2017年版2020年修订）[M].北京：人民教育出版社，2020.
[2] 赵云龙，周忠良.普通高中教科书·生物学·必修1·分子与细胞[M].上海：科学技术出版社，2021.
[3] 郑伟新.菜单式的微活动教学[J].思想政治课教学，2015（7）：51—52.
[4][6] 胡向武."双新"背景下高中生物学单元教学"微活动"设计[J].生物学教学，2021，46（9）：18—20.
[5] 张宜萍.生物学绘图的规范及评价[J].生物学教学，2016，41（01）：76—77.

作者简介：冯碧薇，毕业于复旦大学，上海市建平中学生物教师，中学高级教师，全国青少年科技辅导员专业水平认证高级科技辅导员。曾指导学生获得上海市青少年科技创新大赛一等奖近30项，二、三等奖100余项，市明日科技之星10人。2017年获评"上海市五四青年奖章（个人）"，2018年获得全国科学实验展演汇演一等奖，2019年获得上海市中小学中青年教师教学评选活动生物组一等奖，同年获评"上海市四有好教师（教书育人楷模）"荣誉称号，2022年获评浦东新区教书育人贡献奖、上海市实验技能大赛一等奖。多篇论文发表于《生物学教学》《生物学通报》《中国科技教育》等国家级核心期刊。课题"指向创新素养培育的学校科创活动整体设计"获上海市教育教学成果奖特等奖（第2持有人）。

基于课改背景下的项目化学习

上海市浦东教育发展研究院　陈久华

教研员，顾名思义就是负责教育教学研究的人员，他应该是课程改革的推动者、教育政策的转化者、教学研究的组织者、教学行为的指导者、教师发展的促进者。今天我将从一名教研员的角度谈谈课程改革与项目化学习。

随着《关于全面深化课程改革落实立德树人根本任务的意见》《关于深化教育教学改革全面提高义务教育质量的意见》等文件的出台，"全面深化课程改革""落实以学生为本的教育理念""关注课堂""关注人才培养的模式"成了21世纪教育的高频词。特别是《义务教育课程方案和课程标准（2022年版）》中提出了"素养导向、综合学习、学科实践、因材施教"这16字的指导思想，强调教师的教学行为应从注重学科知识传授转向学科核心素养的培育，课堂要从"教为中心"转向"学为中心"，质量要从教学的结果转向关注教学的过程，教学模式要从统一规格转向个性化的教学，师生关系从教师权威转向师生平等，评价模式从单一化转向多元化等。这就要求教师必须尽快从传统的角色中走出来，成为新课程的实施者和创造者。那么如何把新课程改革的理念转变为教师的一种自觉的教学行为呢？我想转变教与学方式是课程改革的一个重要突破口。

上海市教委基教处发布的《上海市义务教育项目化学习三年行动计划（2020—2022年）》，提出以项目化学习的实践和研究为着力点，促进义务教育教与学的方式变革。项目化学习是以校长为核心的教育教学团队，在学校活动领域、学科领域和跨学科领域，设计真实、富有挑战性的问题，引导和指导学生在一段时间内持续探究，尝试创造性地解决问题，形成相关项目成果。通过项目化学习，培养学生创造性思维、批判性思维、团队沟通与合作等重要的终身学习能力，促进教与学方式变革和教师专业成长，激发学校办学活力。

新课标的核心理念之一是培养学生的综合能力和创新精神，强调学科知识的整合和跨学科学习。项目式学习正是符合这一理念的教学方法，教师转变单向灌输、单一知识学习的原有教学模式，把真实的生活与学习相联结，真实的世界与学习相联结，促使学生在真实的情境中运用所学知识解决问题，从而提升核心素养，促进学习的真实发生。

课堂是学生学习的主阵地，也是促进教与学方式的重要载体。前一阶段，我也尝试通过开展区域性的项目化学习研究与实践来引领教师的专业发展。以小学信息科技第二册"学习电子表格"单元为例，我们选择了学生喜欢的"春季运动会"为探究主题内容。在入项阶段，我们根据学生的年龄特征，用学生喜欢的动画征集令的形式发布驱动性问题："Hi，小朋友们大家好！一年一度的学校春季运动会马上要召开了，大家是不是都很期待！现组委会邀请你参加《班级报名表》征集比赛，你会如何设计一张精美的报名表，并用它快速地整理信息，完成班级运动会报名工作呢？"

有趣、富有挑战性的驱动性问题立刻激发了学生强烈的学习兴趣，同时解决真实校园生活中的问题也点燃了学生持久探究的热情。在探究过程中，教师通过不断提供探究支持和指导提升项目质量：使用资源学习支架，开展小组合作学习和自主探究，让学生掌握制作表格的核心知识和关键技能；搭建元认知支架，拓宽学生不同表格绘制的方法和思路，丰富其原有认知经验，使其形成新的理解，创造性地设计并制作《班级报名表》。在项目反思阶段呈现评价学习工具，为学生形成高质量的项目成果提供标准和参考，帮助学生反思调控问题解决过程中哪里还可以做得更好，促进学生思维真实的生长。特别是学生小组的互相交流，就是一个互相学习、借鉴、反思的过程，此时学生"做"中的困惑得以解答，"做"中的经验得以分享，"学"的成果得以展示，"学"的热情得以激发。由于教师给学生提供了广阔的学习空间，学生学会了举一反三，学会了深度学习。

项目化学习是一种教与学方式的变革，直指教学中知识的传递过程。教师在课堂中的角色、身份也发生了变化。从课堂的讲授者、主导者转变为幕后教学设

计者、课堂教学的观察者、提供学生学习资源的支持者……学生也从课堂的聆听者、接受者转变为解决问题的组织者、执行者。教师的教学理念从"教为中心"转变为"学为中心""以学定教"：从学生的视角去建构学生主动探究、合作学习、创造性表现的项目化学习的设计和实施过程中的高效课堂，达到最终为提升学生学习素养服务。

随着项目化学习的深入开展，许多教师和学校开始认识到项目化学习对于推进教学改革的意义和价值。越来越多的学校开始将项目化学习纳入到教育科研的范畴中。但通过研究发现，项目化学习过程是一个自我构建的过程，大多数学生采用自主探究、合作学习的方法获取知识与技能，这可能会使学生的知识与技能习得比较零散、体系性不强。针对这种情况，在评价环节我们利用了可视化的思维导图和概念图等不同学习工具对学生习得的知识与技能进行梳理、归类和总结，在评价中帮助学生形成系统性的完整知识结构，让学生把所学的知识与技能迁移到不同的新的真实情境中，去解决新问题，用以致学，不断提升灵活运用知识的能力。

进一步深化课程改革、提升义务教育教学质量，给教研工作带来了巨大的冲击与挑战，同时也让我们获得了前所未有的发展机遇和动力。项目化学习是我们寻找教与学方式变革的一个突破口，也是提升教师专业发展的助推器。作为一名教研员，我们要抓住机遇，直面挑战，开拓进取，扎实工作，创新教研，领航学科发展，助力教师成长。

作者简介：陈久华，中学高级教师，上海市首批名师（后备）人选，浦东教育发展研究院教学研究指导部副主任、信息科技学科教研员、浦东新区学科带头人，长期从事小学信息科技学科教学与学校课程建设，曾获上海市教研员评优一等奖，先后主持上海市信息科技学科多个项目和课题研究，主编了多册信息技术及STEM跨学科的教材，在市级以上刊物发表各类论文10多篇。

围绕科研质量水平提升和机制体制创新，探索教师激发科研动力、提升科研能力、释放创新活力的有效路径。

科研之力

引领·培育·创生

——高国忠局长在第三届浦东杏坛开幕式上的发言

上海市浦东新区教育局　高国忠

尊敬的各位嘉宾、各位校园长、各位老师，大家好！

很高兴参加今天的上海普教科研四十周年系列专场活动，也是第三届浦东杏坛活动。我代表浦东新区教育党工委、教育局对参会的各位领导、专家和学者表示衷心的感谢，也向获奖的集体和个人表示祝贺，并向线上线下出席本次论坛的各位校园长、老师，尤其是奋战在教科研战线的老专家、老领导、各位老师表示敬意。

定位与信心

今天我们一起回顾浦东 40 年教育科研的历程，共同展望新时代区域跨越式发展。论坛主题是"引领　培育　创生"，既明确了我们浦东作为社会主义现代化建设引领区、教育综合改革示范区的自我发展定位，也彰显了浦东新区致力于打造教育品牌，建设五育并举、公平、优质开放、共荣、活力创新的高品质浦东教育的信心和决心。

楷模与创生

除了专家学者的引领，本届浦东杏坛也为浦东优秀的科研人才、科研成果搭建了一个展示平台，平行开展两个分论坛：一个论坛请来了全国教书育人楷模周美琴校长，她的讲述将会激发更多老师学习楷模的精神，走上科研兴教、科研

强师的道路；另一个论坛聚焦"创生"这个关键词，围绕"教育科研成果如何形成"主题展开研讨。此外，还有各路教育媒体一起为我们建言献策，一定能够帮助浦东拿出本土化的优质科研成果，助力浦东高质量教育体系的建设。

高质量发展

浦东开发开放以来，教育的规模不断扩展，教育质量和水平也在不断提升，改革创新的成果在持续深化，国际化程度不断提高，这些成绩的取得，凝聚着社会各方面的支持，渗透着几代教育人的汗水。

在刚刚闭幕的党的二十大开幕式上，习近平同志做了重要讲话，全景展示了过去五年的工作和新时代十年的伟大变革，深刻阐述了习近平新时代中国特色社会主义思想的理论创新和实践创造，报告特别指出，要办好人民满意的教育，全面贯彻党的教育方针，落实立德树人的根本任务，培养德智体美劳全面发展的社会主义建设者和接班人，要加快建设高质量教育体系，发展素质教育，促进教育公平。

本次浦东杏坛的举办，就是学习贯彻落实党的二十大精神的主要举措之一。我们研究发布《浦东新区关于进一步加强新时代教育科研工作的实施意见》，坚持一分部署九分落实，对各项目标和任务进行细化，制定了明确的实施方案、时间表、施工图，扎扎实实地向前推进。

希望浦东各位教育同仁在市教科院和普教所的指导下，再接再厉，使命存心头，责任扛在肩，希望广大教师倍加珍惜人民教师这个光荣而神圣的称号，加强师德修养，提升文化底蕴，钻研教育教学研究前沿的问题，努力开创新区教育工作的新局面，为浦东教育引领区和教育综改示范区建设作出积极的贡献，最后也感谢上海教育报刊总社和尚德实验学校的鼎力支持，最后预祝大会圆满成功。

谢谢大家！

作者简介：高国忠，浦东新区教育工作党委书记、教育局局长。

以科研成就有价值的教师

上海师范大学国际与比较教育研究院　王　洁

今天所讲的题目和王丽琴老师商量过,"以科研成就有价值的老师",谈我的一点体会。其实是和各位老师讨教,和各位老师一起来讨论这样一个问题。在各位老师的心目当中,您认为有价值的教师是怎样的?或者请您给有价值的教师下一个定义,说几个关键词的时候,您会想到什么?

我自己也琢磨过,想到的是这样几个关键词:

第一个就是习近平总书记说的"四有"好老师,即有理想信念、有道德情操、有扎实的学识、有仁爱之心。如果是这样的话,您觉得再往下分解下去,有价值的教师还是怎样的?

第二个有价值的教师应该是刚刚于漪老师在讲座上提到的"大先生",即是能塑造学生的品格、品性、品位的大先生。或者有一句话,我相信各位在座的老师一定都非常熟悉,"教师应该是学生成长过程中的什么人?"是的,应该是学生成长过程中的引路人。如果我们能够成为学生成长中的引路人的话,大概就是一个有价值的教师。

接下来在做了一番研究后,当说到有价值的教师时,我们可能还会说到,教师是什么?大家都说教师、医生、律师只是一个职业,教师所从事的教学和医生所从事的医学都是一种专业。那么作为一个有价值的专业工作者,应该是怎样的呢?

做了文献研究后,可以发现,"有价值的专业工作者"后面有四个东西支撑着:

一是知识和技能，或者说知识与技能的基础。这是大家比较熟悉的，或者说当我们说到一个好老师的时候，以前常常会说知识渊博，是学者，有很扎实的功底。有价值的专业工作者还有什么？不仅有扎实的基础和知识，还应该有什么？我想还应该有一个职业的机会，也就是说当我们选择成为教师这个职业的时候，其实我们会有各种各样的机会，这种机会当然也是一种制度性的安排。

二是职业的声望与地位。大家都知道我们国家颁布了很多政策，为教师争取地位、声誉。但是事实上教师的地位和声誉还需要依靠我们每一个在座的老师努力地去争取。

三是合作文化。但在合作文化之前，还有一个同行监管，也就是说教师的行业里，老师们是有共同的操守或者共同的准则的，在共同的准则和操守之下，相互合作、合作研究、合作教学，一起来成为学生的引路人。

四是责任与自主。什么是自主？比如说教师在教室里面，没有一个人天天盯着你，让你必须采用什么样的方式，不能采用什么样的方式进行教学活动。也就是你做出的这些专业的决定、判断都是自主的。但是在自主之下，首先必须有一个责任，这种责任是什么？是教师对于所教导的学生的一种责任，对于从事的工作的一种责任。正是因为有了这样的责任，家长、国家才会把未来交付给我们。因此说，有价值的专业工作者应该有以上四个特点。

要达成这四个特点，有一个特质很重要，就是要成为终身的学习者。相信现在所有的教师都不会认为，只需要大学毕业或进修一下就能够成为从事40年的教学的教师，教师一定是一个终身的学习者。

终身的学习者会是什么样的？按照自己的逻辑继续推理下去，我认为一个教师要成为有价值的专业工作者，成为一个有价值的老师，成为一个终身学习者的话，是需要不断提升的。

教师的提升路径有哪些？以下是我所做的一点梳理：

第一，日常工作中的自然积累。事实上教师、医生都是一个需要经验的行业，随着年资的增长，经验、能力是会增长的。但在"自然积累"的后面需要打一个括号——"无意识"。虽然有的教师蛮有悟性的，有可能其积累成长都是有意识的，但是我们也不否认大多数教师是无意识的。

第二，有计划的业务学习（听和读）。比如今天老师们参加的"浦东杏坛"，就是一种有计划的业务学习。这种有计划的业务学习后面也打了一个括号，里头是"听和读"。今天老师们听了很多报告、讲座，然后我们可能还会产生相应的阅读。比如说去观摩一个学校、观摩一节课，这些其实也是一种阅读。

对于教师来说还有没有其他的成长路径？PPT上我打了很多的问号。一定有的，一个在职的教师还有一条很重要的成长路径，就是探索性的实践。

第三，着眼于教育问题解决的探索性的实践。在实践前面，我加了一个形容词——"探索性的"，也就是说这种实践没有一个固定的路径，是需要去探索的。在探索性的实践之前，我还加了一个定语，叫做着眼于教育问题解决的探索性实践，这是什么呢？我认为的教学研究可能就是一个科研项目，当然要着眼于教育问题的解决。

以上是我的一些推理，对于我们教师来说，这种探索性的实践，这种教育研究、教学研究、这种科研还可能是什么？老师们，您认为所谓的科研是什么？

科研就是现状和目标之间有障碍了，要运用一定的手段与工具去达成这个目标。

研究是什么？科研是什么？我认为应是在知者和待知之物之间，自觉地运用一些方法去获得一些可靠的知识。这就是科研，好像不复杂，但是做起来又不容易。这还是一个什么？我再推理下去，我想说的是，这还是教师的一种学习，一种专业的学习。

老师们在PPT上看到的图形，有矩形、椭圆形、三角形，我想分享的是人类的学习方式，当然不能够完全囊括，大致有这样三种方式：

第一种，独白式的学习。比如说我在这边独白，你也在这边独白，虽然我们有眼神的交流，但是我们其实都是在独白。在独白的时候人有没有学习的产生呢？当然有。设想一下，假如我们每个人的脑袋里面有很多芯片，这个芯片上面有节点、脉络，如果我所讲的和你脑袋里面的某一个芯片是吻合的话，你可能马上接受到这些信息，会觉得王老师讲得还不错，芯片上的节点就会加粗加厚。但是当我讲的东西，你不一定接受时，就会觉得这个人讲得不对。没有关系，你为什么会判断我讲得不对？因为我讲的和你认为的内容，你会有一个比对。在比对

的过程当中，您觉得哪里不对，可能就把这个东西放到一边去了，这个时候的学习就是惰性的。或者又在某一个moment，某一个瞬间，你可能会把它激活起来，我想这就叫做内在的心智活动，这是一种学习。

第二种，"对话式"交往的方式。比如说我们在课堂中有提问，教师培训当中有工作坊、有对话。这种对话方式是能产生学习的。我再打一个不恰当的比方，这种对话就像什么？就像打乒乓或者打羽毛球。如果说您学过打乒乓或羽毛球，想要打得好一点的话，请教练或高手给你指点一下，马上水平可能就会提高一大截。但是，事实上我们并不总能找得到这样的高手或教练。我们当然希望有教练、有高手来指点我们，这是第二种学习方式。事实上人类、成年人或者说我们行动者、实践者，还有一种很重要的学习方式。

第三种，三方会谈式学习。就是你我他的学习，我和你共同做出一个"他"来，"他"是什么？我们大家都听过AI人工智能，A是指artifact，也叫做人工制品；人工智能，就是我和你共同创造出一个人工制品来。我们把人工制品称为一个作品或者一个作业，在制作作品的过程中我们是有期待的，但是因为没有做出来，我们也不知道它最后应该长成什么样，只有一个模糊的印象，也不知道它能够长得多好。那么，在做的过程当中，我向你学习，你向我学习，为了让这个作品做得好一点，还需要学习新的内容。这种创造作品的学习对于教师来说，可能就是做一个研究，可能是做一个有主题的项目，做一节课，但这也是教师的一种学习方式。它是一种专业的学习方式，也是教师们的一种载体学习。

按照上述推理，教师做科研是教师的一种专业学习，是一种载体学习，是一种群体合作的学习，是一种行动的学习。当然，每一个人在这个过程当中有或多或少的长进。我用了两个长进，并不是说要达到同一个高度，因为不同的人的成长速度不一样，但是通过这样的载体学习、群体合作学习、行动学习，都会有长进。

这样的学习是教师的科研，或者说是教师的研究，它是实践反思。不仅是研究教材教法，还要研究教师和学生的行为，更重要的是培育了教师的一种研究状态。这种研究状态是不断琢磨的，不按常规的，不按照既定路线去走的，它是创新的，是个性化的。

通过这样的学习，教师获得了理念的更新、行为的改善、专业的提升。当推演到这儿的时候，我还想对老师们说，我们的研究是什么？是从事实验，我们进行质疑，有问题意识。事实上我们面临的问题有很多，有的问题是看得到的，有的是看得到一半的，另一半还在水面之下。我们要有质疑的精神，有问题意识。有了问题以后，基于数据证据去解释事件，无论是量化的研究还是质性的研究，归根结底是基于证据去解释、解读一些现象；然后去反思我们的教学，进行专业判断。当然也是拓展专长，重建专业知识，提升人类应对新的挑战的能力。

在这个过程中，因为我们是基于群体的合作学习，第一个要点是，每一个人要把自己的隐性知识显性化；第二个要点则是，要有优先或者排序，即在那么多问题中，哪些是最必要的，最需要解决的；第三个要点是当选出优先的、需要去研究的内容时，还需要审视是否符合时代的需要，是否与学生的发展密切契合，是不是我们最需要去做的一块？

最后一点，研究最根本的是什么？研究是清理、优化、分享已有的经验，筛选、提炼能够普适性应用的成果。

以上就是我的一些体会，非常期待和老师们一起交流分享，谢谢！

作者简介：王洁，上海师范大学国际与比较教育研究院研究员，教育部国培专家库成员（第二批），第二届教育部基础教育课程教材专家工作委员会委员（2014—2017），上海市中小学课程教学改革综合专家组成员，上海 TALIS 研究中心成员。曾主持"十二五""十三五"的"上海市基础教育教师队伍建设规划"，担任上海 PISA2012 问题解决领域专家组组长。发表论文 30 多篇，出版专著 5 部。

项目引领　益师强师

华东师范大学附属东昌中学　薛志明

各位领导、同仁，大家好！

在今天教师节"长周期科研与强师路径"论坛上，我交流的主题是"项目引领　益师强师"。

要谈长周期科研与强师路径，必然要谈到我校的特色高中创建。我校金融素养培育特色定位要追溯到2009年，经过10年的实践探索，于2019年3月被评为上海市特色普通高中。在学校特色创建的10年艰辛历程中，长周期科研为特色创建实践增添了科学的力量。

一、特色项目引领，促进教师培养

我校金融特色创建面临的首要问题是特色教师的培养。如何从无到有培养特色教师，如何从有到优提升特色教师金融素养培育水平，如何由特色教师带头人带领更多的特色教师形成特色教师群体，从而更有力地开展金融素养培育，是学校金融特色创建中特色教师培养的三个阶段。

第一阶段是2009—2015年，这是学校特色高中创建从萌芽到初步发展时期。这一时期学校的特色发展以"三个内涵项目"的滚动开展为引领，这三个项目分别是"区域联动建设中学生金融素养校本课程的实践研究""区域联动研发和实施中学生金融素养特色课程的实践""浦东新区高中特色建设深化研究"。在此期间，我们分阶段完成了金融素养培育特色课程的整体架构、特色课程纲要的编制、"东昌金联"组织的筹建、开放性金融实验室的建设、11门金融素养培育读本的编写等任务，在区域发展的平台上不断探索学校特色建设。2015年2月，我校正式成为上海市特色普通高中建设项目首批学校。

在此期间，我校主要聚焦于特色教师从无到有的培养。金融素养培育特色课程的开发和实施，对我校只有学科专业背景的教师提出了较高的要求。学校通过建立"东昌金联"，建设外聘兼职特色教师队伍，为校内教师在特色课程的开发、设计、实施等方面提供宝贵的专业指导、亲身示范和并肩合作。教师从不知课程为何物，不懂金融相关知识，到有部分教师能够在"东昌金联"专家的指导下，尝试开发、开设课程，并初步品尝到开发、实施金融课程的甘苦，也体会到复合型教师成长的收获。

第二阶段是2015—2020年，这是学校特色高中创建的关键时期。学校的特色发展以区级重点课题"基于金融素养培育的特色普通高中建设实践研究"作为学校龙头课题，实践和研究形成并行的两条线，在研究中规划实践，在实践中完善研究，通过研究提升实践。学校厘清了金融素养培育的内涵和目标，建设了具有金融素养培育特色的"诚"文化，对金融素养培育特色育人体系进行总体设计，研制出具有金融素养培育特色的学校课程体系。将学校金融素养培育特色课程系统作为辅系统与现行高中课程主系统融为一体，整体构建富有特色的东昌中学学校课程体系，并且构建了中学生金融素养评估体系，完善了适应金融素养培育的教师自主发展机制，金融素养培育取得了开拓性的成果。2019年3月，我校被评为上海市特色普通高中。

在此期间，我校主要聚焦于特色教师从有到优的培养。2017年，我校成立特色教研组，开展基于学校金融素养培育课程建设和实施的系列研究活动，对学校金融素养培育特色高中的建设以及学校金融创新人才的培养进行专题实验研究。特色教研组队伍不断壮大，每学期开设金融素养培育内圈课程的教师都会充实到特色教研组来。同时，学校的专业发展共同体，如智慧教室团队、微课团队、财经与金融素养测评团队等，在专家引领下进行深入的研究，其研究成果反哺到特色课程教学中去，进一步提升了教师的金融素养培育专业水平。学校系统设计教师金融素养的分层分类培养模式，基于开发金融慕课将青年教师培养成复合型教师，分步组织骨干教师承担特色课程的实施和读本的编写。一批懂课程的

金融素养培育带头人逐步形成。

第三阶段是 2021 年以来，这时，我校特色高中建设进入 2.0 时代。基于"双新"要求，在学校原有金融素养培育特色课程的基础上，需要重构基于五育并举、彰显学校特色的课程体系，进一步优化金融素养培育特色课程与国家三类课程（必修课程、选择性必修课程、选修课程）的有机结合、广泛整合、深度融合，依照普通高中课程方案全面落实国家课程的校本化实施。因此，我校立项了区级重点课题"基于金融素养培育的优质特色高中课程体系再构研究"，通过基于金融素养培育的课程体系再构研究，提升学校办学品质，将学校建设成为优质特色高中。在这一阶段，学校的教师培养目标是，由金融素养培育带头人的辐射效应带动一批特色教师成长，努力打造充满活力的学习型、实践型、研究型教师团队，从而形成"追求卓越"的教师文化。

长周期科研紧密结合学校发展的不同阶段、不同侧重点展开，激发了教师的内生动力，分层分类分步培养了教师，促进了教师的专业发展。

二、项目机制建设，助推专业自觉

基于金融素养培育的长周期科研的实践探索，与学校金融素养培育特色建设的循序渐进紧密对应，科研来源于实践并引领实践。教师在实践和科研中不断修炼内功，获得专业提升。总结起来，项目机制建设助推教师专业自觉。

（一）机制建设的激励导向

学校注重强化机制建设，发挥机制建设的激励导向功能。为推进金融特色普通高中创建，学校制订了《把学校建成学生特色发展的孵化地——东昌中学金融素养特色高中发展规划》《东昌中学金融素养特色校本课程方案》《关于学校开展"金融素养"培育工作的系统梳理和思考》《关于建设东昌中学金融慕课的工作方案》等，为金融特色创建提供顶层支持。学校注重引导教师把教育教学工作与科研有机结合起来，制订并根据教育教学和科研工作实际修订《东昌中学教科研成果奖励条例》，对教师的课题研究、论文撰写进行指导并对成果进行评选、奖励。学校将特色课程的开发和实施纳入年度金融素养培育特色建设工作绩效考核，并通过多种形式的实践交流、成果展示与推广来激发教师开发和实施特色课程。

（二）工作机制的有效推进

学校成立特色创建专项工作组，下设6个项目组。不同部门和成员职责明确，落实到位。学校的组织建设两条线并行：一是校综处、教学处、德育处、发展处等各职能部门在学校总的发展规划之下，带领教师开展教育教学实践；二是对应4个职能部门的6个项目组，针对各职能部门所开展的各类实践，围绕特色普通高中创建开展相应的梳理、研究，并为职能部门的下一步实践提出意见和建议。两条线索互相补充，相得益彰，实为实践与研究的互补。

学校以"5环节6小组"的工作机制来确保特色普通高中建设的全面推进。5环节是指从发起到组建到开展实践研究分为5个环节，即学习研讨、宣传动员、组建团队、明确任务、全员参与；6小组，即学校文化组、课程规划组、课程实施组、教师发展组、学生导航组、资源保障组。每个组有召集人、组长、项目秘书和组员。"5环节6小组"成员职责明确，分工合作，建立研究实践共同体。在学校特色创建顶层设计之下，各项目组基于各自的研究任务，召集研讨、针对性实践和分工合作研究，体现了"自上而下"的系统设计与"自下而上"的基层实践双向互动。在实践中总结经验、提升经验，进行系统架构，完善各种方案，是对教师研究能力的考验。子项目组合作式研讨，交流碰撞，破立结合，不断打磨，研究的过程引发了实践的动力，促进了新一层次实践的开展。各项目组对不同研究领域的研究，使自主发展机制焕发活力。

（三）以老带新的团队发展

为保障特色课程的含金量、特色课程教师队伍的规模和质量、特色课程开发实施的持续性，特色课程的开发和实施遵循教师团队化建设。每门课程开发后，在实施过程中，采用以老带新的方式，根据需要增加再度开发和实施的教师，形成每门课程的开发实施教师团队，便于课程团队内教师之间互相交流碰撞，共同改进完善课程，也保障该门课程能够持续稳定地实施。

三、长周期科研，10年实践见成效

在长周期科研中，教师的教育教学科研水平不断提升。学校财经与金融素养评估项目测评报告获得第六届（2020年）上海市中小学幼儿园运用调查研究方法优秀成果奖一等奖，学校区级重点课题"基于金融素养培育的特色普通高中建设实践研究"成果获得上海市教育科学研究院第七届学校教育科研成果奖三等奖，学校被评为浦东新区第九届教科研先进集体。学校教师主持的课题"数字化实验在高中化学教学中应用研究"获得上海市第六届科研成果评比三等奖，教师撰写的调查研究报告《上海市高中生应对方式、社会支持与心理健康的关系》在2018年上海市中小学幼儿园运用调查研究方法优秀成果评选中获得一等奖，《"基于教材的高中语文群文阅读教学实践研究"情报综述》在上海市2020年中小学幼儿园课题情报综述征文评选中获二等奖。

在长周期科研中，教师的金融素养培育能力不断提升，表现为教师课程开发和实施能力不断增强：近年来开发特色课程群课程10门，改版金融慕课3门，修订课程读本15本，新编课程读本3本。教师编写的《金融与财富》和《Z世代金融通识读本》两本读本正式出版。

在长周期科研中，教师的学科专业能力水平稳步提升。教师相关国家、市、区级课题有17项，其中教师参与的课题获得上海市教学成果一等奖；学校被命名为上海市青少年科技创新实践工作站华东师范大学实践站华东师范大学附属东昌中学实践点，是区化学学科唯一的实践点。5年来，1名教师被评为特级教师，2名教师被评为正高级教师，新增区学科带头人1名、区骨干教师5名，4名教师获得教育硕士学位。教师积极参与"双新"课程改革，2名特级教师参与上海市新教材编写，4名教师参加上海市新教材审读试教，5名教师参加区继续教育课程和骨干团队实践性课程的开发及实施，5名教师参加上海市空中课堂录制。学校每年9—10名教师被区聘为学科中心组成员。1名教师获得第二届上海基础教育青年教师爱岗敬业教学技能竞赛特等奖、上海市教学能手，上海市五一劳动奖章，1名教师在职攻读博士学位，1名教师被评为第二届"上海市教育达人"。物理教研组获"上海市工人先锋号"荣誉称号。

在长周期科研的引领下，学校示范辐射作用日益突出。学校被评为上海市特色普通高中，为上海市唯一一所金融素养培育特色高中，在金融素养培育方面全国领先。2017年以来，学校的品牌活动上海高中生经济论坛累计有87所学校520多名学生现场参与，23306人线上参与；金融素养培育经验在《光明日报》、中央及本市电视台等新闻媒体报道达 30 项。我校与美国、丹麦、荷兰等国友好学校展开文化交流，特色普通高中建设示范辐射作用鲜明。

著名教育家苏霍姆林斯基说，要"引导每一位教师走上从事一些研究这条幸福的道路"。学校的长周期科研促进了教师的课程领导力、理解力和执行力。在长周期科研中，教师参与科研的广度不断发展，实现了全员化；深度也不断发展，贯穿了教育实践的全过程。学校的教师正走上"从事一些研究这条幸福的道路"，虽然道阻且长，但一定会让教育行为本身更加充满力量！

谢谢大家！

（本文根据薛志明校长在"长周期科研与强师路径"论坛上的讲话编辑整理）

作者简介：薛志明，华东师范大学附属东昌中学校长，中学化学高级教师，浦东新区政协委员、常委，上海市教师资格证书考试面试官，浦东新区化学中高级职称评审专家库成员，浦东新区教育学会化学专业学会副理事长。曾荣获"上海市园丁奖""浦东新区园丁奖"等荣誉。长期从事教育教学和管理工作，连续 15 年任教高三毕业班，2016 年 8 月起任华东师范大学附属东昌中学校长。曾主持多项市区级教科研课题，主持编写《中学生百科知识竞赛大全》，在全国各类刊物发表 10 余篇文章。

"桃"不言　下自成蹊

——"桃文化"长效课题研究促教师专业成长

上海市浦东新区大团小学　卫飞明

提到"桃",大家脑海里肯定会浮现出粉红烂漫的桃花,或者甜蜜多汁的水蜜桃,但在大团小学师生的眼里,"桃"不仅仅是家乡的特产,更是一种文化。家乡的"桃"静默不语,却带给学校师生源源不断的教育能量,十几年来,师生们以"桃"为媒,开展研究,品"桃"修身,育人育己。

一、因"桃"结缘——依托地域特色,开发校本课程

(一)地域特色,促生课题

大团小学地处东海之滨大团镇,是上海有名的蜜露桃之乡。阳春三月踏青赏花,盛夏期间摘桃品桃,是都市人向往的桃花源。大团桃农历经20多年的辛勤创业,使大团成为一个集赏花、品桃、农家旅游为一体的新农村休闲小镇,蜜露桃也逐渐成为大团的一张新名片。我校师生生活在"宅前屋后皆蜜露"的桃乡,思维中有着深深的桃文化印记。2008年,学校基于现代教育发展、地区文化积淀、学校师生现状、教学本质要求,立项区级课题"以'桃文化'为背景的校本课程开发与实施",以大团桃园为综合实践基地,利用丰富的本土桃文化资源及其特有的文化底蕴,用课程的形式把"桃文化"引入校园,引入课堂。

(二)校本课程,应运而生

在课题推进过程中,学校通过专家讲座、交流研讨、综合实践等途径对全体教师开展了不同形式、多种内容的培训辅导。从校本课程建设的意义到如何编

写校本课程、如何设计评价标准等进行全面解读。多名教师参与了校本课程的创编，最终完成以"我爱家乡水蜜桃"、《桃之源》、《桃之韵》、《桃之美》为代表的"桃文化"校本课程。"我爱家乡水蜜桃"德育校本课程以四季桃园实践活动为主要内容；英语拓展课程"我爱家乡水蜜桃"侧重于与桃有关的英语单词学习和小学英语常见句型的操练；《桃之美》读本内容涉及桃花花期、桃树的栽培与管理以及桃的生长过程的相关知识，大团水蜜桃的品种、口感以及桃的保鲜等相关知识；《桃之韵》读本内容涉及有关桃的文学作品和音乐作品的欣赏；《桃之源》读本内容涉及大团地区的桃渊源，包括桃农种桃历史，桃农们精心栽培桃树、学习新技术等先进事迹。这是一门以"桃"相关文化为主要内容，集探究、拓展课程为一体的综合性课程，纵向聚焦"桃"一年四季的生长，介绍桃的知识，横向拓宽"桃"的内涵，介绍"桃"的文学作品，"桃"的艺术作品，大团桃园的历史渊源等，丰富"桃"的文化价值。

（三）牵手课题，初见成效

在课题推进过程中，通过课例研讨活动、桃园主题实践活动等形式对校本课程进行不断完善。学生、教师在"桃文化"浸润中得到进步与发展，有多名教师上了区级展示课，多名教师的文章发表在市、区级刊物。课例"家乡的水蜜桃"获得全国优秀课例一等奖，课例"家乡的土地家乡的人"品社课教学获得全国第四届电视公开课一等奖。学校入选区首批校本课程联盟学校。

二、活"桃"生香——家校整合资源，形成教育合力

（一）信息技术，助力课题

随着"微时代"的到来，我们发现，可以把微视频作为一种新的教学资源引入校本课程的开发与实施中，改变教学模式，增添课堂活力，打破学习时间与空间的限制。2014年顺利立项区级课题"农村小学微视频教学资源采集与应用的研究——以具地方特色的桃文化校本课程为例"，找准新的研究点，继续深化"桃文化"课题研究。

在这个课题中，我们从信息化教学和课程教学的相关理论出发，以学校"桃文化"校本课程学习资源建设为例，通过摄像、DV以及常用录像软件等各种

方式采集相关微视频教学资源并上传至学校网络平台，供教师和学生使用学习，让基于微视频教学资源的校本课程学习深化学生知识建构层次，提高学生综合素养。

（二）凝聚智慧，"微"趣横生

在推进过程中，将教育发展要求、信息技术、学校师生发展等学校内涵建设核心工作紧紧攥在一起。通过邀请专家，成立团队，凝聚智慧，根据学校"桃文化"校本课程内容体例，建立微视频教学资源网站和校本课程微视频学习交流互动平台，按照"桃的科教微片""桃娃成长故事""桃娃作品展示""校本课程建设与实施的宣传片"板块分类整理，让学生可以随时随地点击学习，打破学习的时间与空间限制。

（三）研究课题，感受成长

新的研究点带来新的理念。全体教师参与微视频教学资源的采集与运用，青年教师建立微课制作团队，积极参与基于微视频的校本课程教学展示与研讨。课题组教师不仅学会微视频教学资源的制作，还带动家长、学生一起，组成团队，共同录制微视频，充实学校教学资源库，为课程实施积累了丰厚的素材。子课题"基于'桃文化'社区下的探究型课程开发研究"顺利立项区级课题，并获得区科研成果三等奖；经验总结论文《"微"趣横生 活"桃"生香》获得长三角"黄浦杯"征文二等奖，浦东新区一等奖，课题结题报告获区教科研成果奖三等奖。

三、乐在"桃"中——践行生本教育，培养智慧学生

（一）聚焦学生，回归原点

通过上述课题研究，开发实施了具有地方特色的"桃文化"校本课程，建立了微视频教学资源库，但不断探索，就会不断发现问题。我们研究了校本课程，研究了教学资源，但对学习的真正主体——学生的研究却少了。当下，学生核心素养培育已经成为中国教育界的热门话题，而小学阶段是学生核心素养形成的重要时期，只有抓住了这个启蒙"科学精神和实践创新"素养的黄金时期，将来学生更高级的思维能力和创新能力才能更好地养成。因此，我们把目光聚焦到学

生身上，2017年的区重点课题——"农村小学'桃文化'校本课程实施中学生科学素养培育的实践研究"应运而生了，该课题探索利用本土具有地域特色的文化，因地制宜，培养学生的科学素养。

（二）项目推进，多方合作

这个课题研究中，我们以具地方特色的"桃文化"校本课程为载体，通过"探秘桃园""探寻桃乡文化""微视频教学资源采集"三大板块研究，着力开辟一条具有文化传承与可持续发展的农村学生科学素养培育之路，改善学生的学习方式，丰富学生的学习经历与体验。在本课题研究中，最大的亮点是，我们通过课题研究推行了以项目化活动为抓手培育学生科学素养的有效途径，教师、家长、学生之间，相互合作，组成团队，开展有主题的系列化活动，通过"桃娃探究所""桃蹊文学社""桃园小讲堂"等平台展示学习成果。

（三）浸润课题，体验幸福

全体教师参与课题研究，骨干教师、青年教师作为项目化活动的领衔人，带领着学生们一起选主题，定方案，做研究，写报告，实现家、校合作的同时，还和镇文化中心、镇传媒办、各村居建立了合作共育的关系，完善了学生科学素养培育的有效途径。子课题"依托地域资源，推进'桃蹊园'少先队活动的实施研究"被立项于市德育课题，并顺利结题；课题组编写了《行走桃乡——非遗文化主题项目活动方案集》《桃园小课堂教案集》《桃蹊文集》等成果集；师生合作录制了几十堂微课，其中15堂微课被学习强国平台录用；研究案例《"趣"桃园 寻找芬芳——桃园小课堂诞生记》《品一方水土之五味 书万缕墨香在心田》均获"黄浦杯"长三角市三等奖，浦东新区二等奖。其他教师分别在市、区刊物发表多篇有质量的文章，以"感受非遗魅力"为主题的学生暑期活动项目获得区一等奖。

四、"桃"尽其华——坚持五育并举 落实全面育人

随着研究不断深入，我们意识到，"五育并举"应是学校教育所追求的总目标和根本任务。学校应当全面贯彻党的教育方针，落实立德树人的根本任务，培养德、智、体、美、劳全面发展的社会主义建设者和接班人。因此，学校于

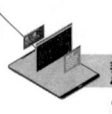

2021年立项了新的区重点课题"依托'桃文化'地域特色资源推进'五育并举'育人模式的实践研究",旨在研究如何以"桃文化"地域特色资源的系列实践体验,实现真正的"五育融合",为学生的终身发展和人生幸福奠定基础。

在本课题中有两大亮点。其一,通过前面几轮课题的积淀,我们对"桃文化"地域特色资源做了新的内涵界定,本课题中的"桃文化"地域特色资源指的是大团地区独具特色,传承至今仍发挥作用的桃乡文化资源,分为人文文化和自然文化两大板块,主要包括:桃园农耕文化、大团地区八大非遗文化、大团古镇文化、新农村建设乡村文化等。其二,我们探索的育人模式立足于学生现有的生活环境,通过"桃文化"特色课程建设,以"桃文化"地域特色资源为抓手,积极构建符合学生成长规律的教育体系和实践体系,以任务、项目为统领,让学生运用不同的科学知识审视、感知、体味,不断探索"五育融合"的功能,促进德智体美劳全面发展。

五、品"桃"修身——长效课题研究 促教师专业成长

回望学校"桃文化"课题的十年光阴,大团师生可谓是收获良多。教师们逐渐从教书型向科研型转变,开展研究,撰写案例和报告,执教公开课,不断接受新的教育理念,收获成长。

(一)多读书,保有源头活水

要给学生一杯水,自己得先有一桶水。长效的课题研究能让教师们通过大量的阅读,及时了解当前先进的教育理念,并在课题研究中让先进的科学理论指导自己的教育教学行为。学校教师在一轮又一轮的课题研究中,紧跟时代步伐,不断学习,与时俱进,了解到许多前沿的教育理念,并在课题实践中感悟到一线教师也可以在教学实践中开展科研——大课题集体攻关,齐头并进;小课题自主结合,解决问题。

(二)真做"题",增强科研能力

有了龙头课题,各课题组将研究落到实处,以研促教,以点带面,带动各个层面的教师参与到课题研究,形成积极向上的科研氛围。在我校十年课题研究中,全校教师参与课题研究,每次定点、定主题、定内容组织研讨,在实践中发

现问题，分析问题，并在实践中解决问题。一次次研究，一次次磨炼，促使教师的科研能力、专业素养不断得到提升。在这十年中，有3位教师顺利晋升为高级教师，有7位青年教师顺利晋升为一级教师，此外，区骨干教师3人，区学科中心组成员3人。他们在各级各类的教学评比、论文撰写、科研成果评选中获奖，对于一所农村学校，实属难能可贵，这与学校重视课题研究是密不可分的。

（三）常反思，生成实践智慧

长期的课题研究培养了教师的科研敏锐性，"桃文化"课题之所以能够常做常新不断深入，就是因为教师们能在课题研究中不断发现新的研究点，在教育教学实践中寻找自己的研究问题，变问题为课题，做到越做越深。我们围绕着地域特色资源，从课程到教学资源，再回归学习的主体——学生，一步步在研究中探索教育之路，一次次在研究成果与反思中感悟教育真谛，这就是课题研究带给我们教育者的快乐。

我们追求"向阳　向上　向学"的学校精神，在学校长效的课题研究中，教师能把学习变成一件好玩的事，能把孩子成长视作最美的事，能开发独一无二的"桃文化"课程。用地域资源开展课题研究，是一种回归教育本源的本真之美、个性之美、和谐之美。

作者简介：卫飞明，浦东新区大团小学党支部书记、校长，中学高级教师。曾获上海市园丁奖、区优秀共产党员、区先进生产（工作）者、区教育系统优秀党务工作者等荣誉。扎根农村教育40载，致力于生本课堂，着力培养智慧学生，多项课题被列为市、区重点课题，撰写的10多篇教育教学论文在市、区多家刊物发表。此文曾发表于《浦东教育》2022年第3辑（上）。

当 AI 和教师的教育写作相遇

——人工智能教育案例撰写例谈

上海市浦东教育发展研究院　王丽琴

"当 AI 与教师的教育写作相遇"是本次杏坛的一个命题作文。说老实话,作为讲者,我感到难度很大,因为对于人工智能教育,我是一个门外汉,只能从教师教育写作这个角度切入。所以我选择首先给大家展示自己多年研究的一个教师常写的文体谱系(见图 1)。

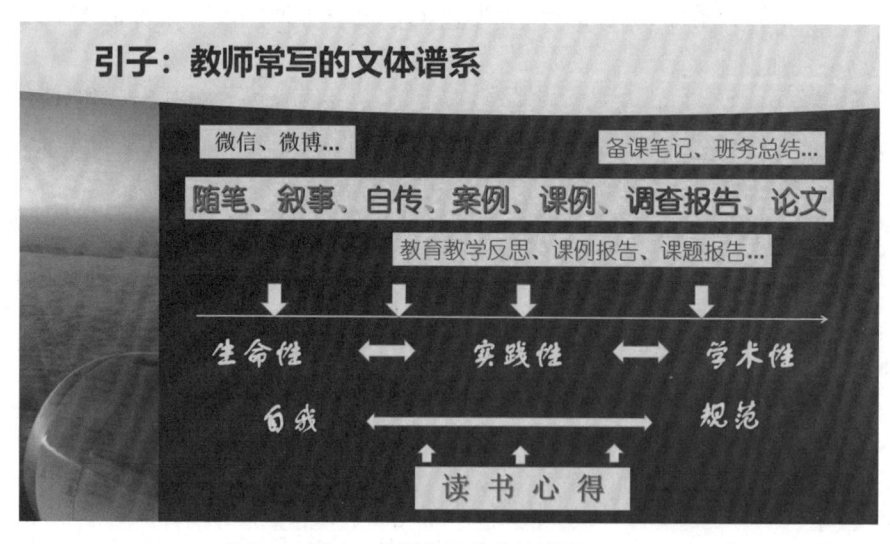

图 1　教师常写的文体谱系

我认为,教师的教育写作大概有这样一个主轴,呈现了 7 种常见的写作文体。图 1 左侧的这些文体都比较讲究生命性,要写出教师自己的情绪情感体验，往往都是用第一人称来介入；右边的这些文体，像调查报告、论文、课题报告则更讲究学术性。处于中间的是教师比较常写的案例、课例，突出的是实践性。

不同的文体，规则或者说品质的标准是不一样的。比如说，生命性的这些文体要写进去自我，可能在规范性上就不能太严谨、刻板；而反过来，调查报告、论文、课题报告由于要规范，所以往往不能放入太多的个人的体验。

不管写什么，我认为教师的写作要有文体的意识，需要分类的指导。我撰写出版的《让教师不再害怕写作》一书，前言里解释了为什么要提出这样一个命题。当教师明确了自己要写的是案例文体，然后针对案例的特点进行具体的特征把握，那么哪怕是面临人工智能教育这样一个新话题，也不至于那么害怕。

一、案例在"教育写作"文体谱系中的位置

我首先跟大家分享案例在整个教育写作的文体谱系的位置这个话题。通过比较分析，才能写对文体，写好案例。

首先，案例是浓缩的教育随笔。也就是说它是教师平常写的点点滴滴的文字的精华版，希望你选出其中最有代表性、最有启发性的课堂或者教育的故事。

其次，案例是工具化的教育叙事。如果说案例经常用教育叙事的方式来写，那么它跟教育叙事最大的区别在哪里呢？我觉得它是一种工具化的教育叙事，这里的"工具化"是一个很正向的定语，即案例被写出来，是要为某一种观点而服务，可以用来说明，可以用来佐证，也可以用来反驳。当然不是所有的案例都用叙事的方式，也可以偏向于调查论文等风格。

另外，案例和论文、研究报告也有非常重要的内在关系。案例往往是构成论文和研究报告的主要部分，尤其是中小学教师的论文往往从案例中来。论文当中的论据使用和论证过程，往往会高度依靠案例，就是常说的例证。

案例往往是中小学教师最容易上手、也最愿意效仿的一种文体，我今天的辅导重点就是给大家提供一些关于人工智能跟教育写作碰撞到一起的案例，你会体会到，这个选题原来并不难，可以效仿，也完全可以上手。

二、人工智能教育 & 教育案例写作

（一）中小学人工智能教育作为教育案例写作的内容

1. 信息技术学科的案例分享与点评

把人工智能教育本身作为教育案例写作的内容，最有发言权的肯定是信息技术学科。

【案例1】《基于建构主义学习环境（CLEs）模型的人工智能单元教学设计个案分析》作者：建平中学许娉婷

作为高中阶段已经开展了人工智能单元教学的许老师，其在实践基础上写成了教学设计的个案，已经很有论文的味道，从标题可以看出，是以一个模型作为设计的基础。这一点，很值得其他老师学习。

文章的第一部分，作者对高中人工智能单元教学做了现状分析，深度梳理了三方面存在的问题，带有教师个人非常真切的体验。

第一个问题，即教学课时分配的问题，因为作为整个高中阶段必修模块，人工智能就只有1个单元约6个课时，涉及3节内容。每一个板块都跟现在非常前沿的人工智能领域的产业门类对接，作者认为实践的难度超出了高中生知识储备和操作水平。

第二个问题是学习资源开发的困难，我相信未来浦东的人工智能教育大课题会给这些高中信息技术教师以有力的支撑。

第三个问题是学习模式。毕竟目前常见的信息技术的教学模式还是课堂讲授和上机练习为主，怎样才能创新出更适合未来社会要求的学习模式，这为后文的展开奠定了很好的基础。

作者在正式展开教学设计和实施过程前，加了一个第二部分，即介绍了文章标题里出现的基于建构主义学习环境的设计模型，简称CLEs。主要包括6个基本要素，都凸显了问题，因为问题是整个学习环境设计的焦点与核心，其他要素在后面的设计当中有的充分展开了，有的相对简略。

文章的主体是人工智能的单元教学设计，展现得非常具体，也体现了案例和论文等与其他文体不一样的地方，就是非常详实，其他老师可以直接参照。比如

第四部分介绍了对话协作工具，人工智能的学习需要协作，作者设计的学生自评互评的评价量表，我觉得也可以给同行以直接参考。

案例的最后一部分是反思与小结，反思了自己从六大基本要素入手怎么进行设计，也介绍了最后的效果，即从课堂互动和课后练习反馈看，学生参与度较高。

请大家思考：这个案例，作为信息科技学科教师的征文，如何进一步优化？

这个案例很完整，只要是信息技术教师都会感觉到，"我"也可以把自己真实的设计和实施过程写出来。案例有两个亮点：首先，加入了很多实证性的科研元素，比如说现状梳理和前测调研；其次，设计有理论基础，实现了理论与实践的打通。但这个案例也有一些改进的空间，作者认识到，由于遇上疫情，采取线上教学，非常匆忙，没有办法搭建一个真实的完整的人工智能教育环境，学生小组互动等活动没能充分展开。这就给后面继续开展行动研究、循证研究提供了空间。

2. 其他学科的案例浅析

【案例2】《AI助学，打造智慧高效课——"平均数"教学案例及反思》（见图2）

图2 从知网下载的论文

这是我从知网下载的一篇公开发表论文。扫读下来，你会发现这个老师在小学数学平均数的教学中，引用了一些人工智能的元素。第一个环节比较传统，我们不展开，重点看第二个环节：引进了人工智能的音箱，就是大家平时也在用的小爱同学。怎么样才能把小爱同学用到教学当中？这位数学老师动了不少脑筋。教学片段3和教学片段4中想了很多办法，比如说利用腾讯文档和苹果会议盒子收集数据。

最后一个阶段，数学课的回顾总结，老师也是请小爱同学来总结的。我相信其他学科的老师可以从这位老师的做法上得到启发，AI其实离我们的课堂教学并不遥远，关键是尝试起来。

作为公开发表的案例，我们可以再关注一下作者怎么进行这节课的反思。

首先是自我反思部分，这位老师对自己的设计是很满意的。反思中说，AI成为老师的助手、学生的学伴，使得课堂非常的高效、轻松而有趣。也有一些他认为值得反思和改进的地方，比如说小爱同学回答问题，先要对互联网的信息进行搜索，反应的时间比较长，节奏有点拖沓；他还提出，在将人工智能引进到课堂教学的时候，怎样用、何时用、怎样用得巧、用得合适，是应该思考的地方。

整篇文章最有趣的是这个杂志为什么发表这篇文章。后面有一个编者语（见图3，节选），大家可以品一品这位编者对人工智能引进到小学数学课堂的态度。

编者语：打造智慧高效课堂是好事，在小学数学课堂上要将关于"人的智慧"的打造放在首位，将培养目标聚焦于"人的智慧"。另外，"人的健康"也非常重要，例如学生的视力，要得到充分的呵护，尽量减少（在低年级应该禁止）屏幕凝视时间，防止"蓝光之害"。再有，利用数字信息技术搜集整理信息的能力的发展日益加速，越是这样，越要防止数据信息泄漏，这方面情况的泛滥已成社会公害，我们的教学课堂要助力堵住漏洞。有时只不过是对应年龄的一些体重身高的信息，但汇总起来经过处理，可能就是一座大数据金库，更有可能加工成令人难以预料的基础性数据且事关国家、社会、公民的根本利益。在对数据属性未搞清楚的情况下，要慎用或不用。搜集信息的能力是人的基本能力，要从小培养，在启蒙教育阶段，尽量不用其他手段来替代人的作用。

图3　编者语（节选）

这段话可以作为第三方的反思，因为这篇文章的主标题强调的是智慧，所以编者认为，课堂上要将关于人的智慧的打造放在首位，这里面有老师的智慧，也有人工智能的智慧，有各种关于新时代要培养学生的一些素养，值得肯定。编者也提出了一些可能值得商榷的地方，比如他认为，要尽量避免无关概念或动作对数学本身的认知方法和规律的干扰。也就是说这位编者可能对人工智能引进小学数学有一定的保留。第三方的反思，可以让我们案例的最后一部分显得更加的丰满。如果这位老师把编者的这些反思也写进自己的文章当中，这篇案例的深度就不一样了。

（二）人工智能作为中小学教育教学变革的工具

以上都是关于 AI 和教育案例写作相遇的第一个角度，就是把人工智能教育作为中小学教育案例写作的内容。第二个角度是可以把人工智能作为中小学教育教学变革的工具，换这个角度来寻找案例撰写的素材，你会发现除了课堂上可以使用人工智能，学校的方方面面工作其实都可以用这样的方式呈现。

这些具体的案例，时间关系就不一一展开了，我们主要看标题，这些案例都是从知网上搜集到的，大家可以自己下载。

1. 德育、体育、美育等角度

【案例 3】《"AI+ 体育"：基于人工智能的小学体育家庭作业模式实践研究——以"天天跳绳"App 为例》

【案例 4】《小学美术课堂中的"智绘"探究》

2. 评价、管理等角度

【案例 5】《回归学生，改进评价——基于人工智能的教学评价》（论文体）

【案例 6】《谁动了我的讲台——人工智能时代背景下教师角色的转变》（论文体）

三、案例写作的框架与要点

（一）案例写作的框架

案例和论文叙事相比，写作的框架与要点还是有所不同的。

首先，案例重"个案"，需详实、完整。写作框架一般为：

（1）开门见山的开头（时间、对象、主题等）；

（2）波澜起伏的进程（叙事性、策略性）；

（3）一针见血的反思（点题性思考+延展性思考）。

主体部分要尽量讲故事。而在故事的穿插过程中，要呈现教师的策略、方法，让别人可以模仿。最后一定要有反思，反思可以分成两层，点题性的思考、延展性的思考。不管有没有这两层，我们都希望反思是一针见血的，能给人启发。

（二）案例写作的要点（以课堂教学案例为例）

（1）课堂的片段本身是否精彩、人工智能使用是否恰当；

（2）教师的设计与引导是否得当、反思是否精准；

（3）学科教学及 AI 技巧与课堂背后的思想、文化立场相比，后者更关键。

在这个案例当中可能要呈现你学科教学的技巧，甚至呈现 AI 的一些技巧，看起来非常的高大上。但是一个案例背后的思想文化立场可能更为关键。

【案例分享】彼得·斯科特·摩根——全球首个半机器人去世的消息

他 2022 年的 6 月 15 日去世，作为一个渐冻人患者，本人也是机器人专家，他用人工智能来帮助自己不断挑战、努力的过程是特别了不起的。网上还有一个纪录片，就是关于他怎么突破自己的能力局限，彼得 2.0、彼得 3.0，全是靠 AR 技术来实现。现在他去世之后，家人给他设置了一个基金会，将来会用 AI 机器人等其他高科技系统改变渐冻人以及其他的一些受年龄健康残疾等控制的人的生活品质。

某种程度我觉得这些素材也可以成为思政课、班会课的资源。所以说，我们并不是一定要学会很多 AI 的技巧。人工智能的背后，其实是人不断挑战人的局限性，是乐观、坚强等等更值得我们去给孩子们呈现的文化元素、精神品质。

四、AI+ 教育案例写作的几点建议

最后再给大家提几点关于案例写作的建议。

（1）案例事件的精心选择；

（2）写作主题的合理提炼；

（3）叙事与评论相结合；

（4）注意细节的挖掘与解释；

（5）讲究研究与写作的伦理性；

（6）尽可能保持价值中立；

（7）适当讲究文采。

建议高度重视标题，一定要打动人心。写作的过程当中，倡导以叙事为主要方式。一定要注意发掘细节，比如 AI 加持的课堂有哪些值得进一步解释的细节。

另外，人工智能教育非常强调伦理方面的内容，写作同样也要讲究伦理性，评论环节尽可能保持价值中立。不要简单地说人工智能教育多么好，也可以从中找出人工智能教育存在的问题或者面临的巨大挑战等等。

一般意义上，教育案例写作常常存在一些误区，人工智能教育可能也不例外。

（1）教育案例不是文学创作，不能凭借自己的想象去杜撰，去编造。

（2）教育案例不是通讯报道，不要等同于叙说自己的"先进事迹"，也不是写检讨，不要写成"悔过书"。

（3）教育案例不必"高结构"，"事例+理论""实录+反思"的生硬构成有待打破。

特别发表一个个人性的观点：人工智能教育不是优质教育的专利，从推进的角度，区域会选出一些实验校，往往是一些优秀的学校先做起来。浦东新区现在有 100 家学校在推进了，希望未来人工智能教育能够服务于更多的甚至是教学实力薄弱的学校。

【案例】人工智能助力教育均衡发展——以个性化在线教学系统对随迁子女的有效辅导为例

这是我在知网上搜集到的一篇硕士论文，把个性化的在线教学系统服务于随迁子女的有效辅导。关于人工智能教育助力乡村教育的一些已有研究见图 4，虽然它们大多不是案例体，但是我觉得对老师们撰写人工智能教育案例应该会有一定的启发作用。

	篇名	作者	刊名	发表时间
1	新农科背景下5G+人工智能助力的"一村一"农民大学生开放教育新模式探索	李苹芳；于华平；赵鹏	安徽农业科学	2022-03-08
2	人工智能，教师教育创新发展路径	王超超	河南教育（教师教育）	2021-09-10
3	人工智能与课堂教学深度融合的新路向——以"AI全科教师主讲课堂开发"为例	曾文婕；周子仪；黄甫全	教师教育学报	2021-07-15
4	创新创业教育融入"人工智能+新农科"的实现路径研究	蔡晓卫；邹良影	中国农业教育	2020-12-20
5	人工智能视域下农村基础教育发展困境及突破策略研究	舒旭；胡超	教育导刊	2020-06-10
6	基于人工智能视域下乡村中学语文图书智库教育教学研究	王辉	计算机产品与流通	2020-05-19

图4 人工智能教育助力乡村教育

最后祝愿大家在人工智能教育案例征文中写出好文章。当然，首先是要实践起来，就是让我们真的跟AI相遇，我们会发现，当AI与教师相遇，我们需要学习的东西非常多。谢谢大家。

作者简介：王丽琴，南京师范大学课程与教学论博士，华东师范大学教育学原理博士后。现任上海市浦东教育发展研究院教育科研指导部主任。出版专著《教学秩序初探》(高等教育出版社，2008年)，主编《被遗忘的烛光——"城中村"教师生存实录》(上海三联书店，2016年)《让教师不再害怕写作——八种常见教育文体撰写"地图"》(上海三联书店，2019年)等，在《教育发展研究》《上海教育科研》等刊物发表论文60余篇。

跬步千里　向美而行

——以金囡幼儿园长周期龙头课题为例

上海市浦东新区金囡幼儿园　曹莉萍

开展长周期课题研究并不是研究者的初心，但为了比较系统地解决问题，使课题研究更具过程性、探索性、创新性和延展性，长周期慢慢成为研究的必然成长路径。长周期课题研究也是幼儿欣赏性活动课程的定位与目标所要求的，基于杜威的经验美学，运用布莱克"改进的科学"理念，需要历经长周期的观察设计，实施多样化的活动形式，研究幼儿的学习特点，调整课程的评价方式，螺旋递进式地推进研究。对此，我们聚焦了两个问题。一是如何由问题到课题再到课程，二是如何从理念走向思维再走向行为。

一、基于问题开展长周期课题研究，深化课程设计内涵

2007年以来，三个现实存在的问题促使我们踏上课题研究之路：一是幼儿美育依然存在"三重三轻"现象，即重接受学习，轻欣赏学习；重认知经验获得，轻美感、情感体验；重单向欣赏，轻综合欣赏。二是评价方式传统，无法支持儿童独特的个性体验和表达，不能满足教师获得细致地观察幼儿行为和发展差异的方法的需要。三是尚无基于整合理念开展幼儿综合审美教育与心智发展的实践手册。教育文献中鲜有关于欣赏教学或学习的原则和方法研究，即便有也是固有领域分割的、单一的美术作品欣赏或音乐作品欣赏。杜威的经验美学强调从"生活经验"到"一个经验"再到"审美经验"的关联。十多年来，我们以杜威的经验美学为理论基础，围绕三个现实问题，以"幼儿欣赏性学习"为主

题先后开展了三项市级课题研究，以整合的观点对幼儿欣赏教育进行系统的长周期研究，积极探索幼儿美育的另一种可能，并形成与之相吻合的综合审美教育的范例。

2007—2012年，围绕市级课题"幼儿欣赏性学习活动设计与实施的研究"，课题组初步构建了"幼儿欣赏性学习活动"的设计方案与实施方法，明确了幼儿欣赏性学习活动的要素及目标定位，揭示了幼儿欣赏性学习活动的特点，设计了幼儿欣赏性学习活动的样式，制定了欣赏性学习活动的实施策略及要点，初步构建了欣赏性学习活动的评价体系，致力于从目标确立到内容选择，从教学展开到学习评价的每一个环节，达成杜威所称的"一个经验"的步骤，唤起幼儿的审美体验并积累经验。

2013—2018年，第二轮市级课题"幼儿欣赏性学习活动表现性评价的实践研究"聚焦了幼儿欣赏性学习活动表现性评价指标架构及实施方法的研制，集中探讨指标框架、指标水平和实施运作三项内容。这是在"幼儿欣赏性学习活动设计与实施的研究"基础上针对评价部分的重构。

始于2019年的第三轮市级课题"指向体验与表达的幼儿欣赏性课程的实践研究"，基于前两项课题的研究成果，从理论指导、实践操作以及创新亮点等方面进行全面、系统的梳理与完善，努力形成一套可供参考、可以复制的"课程范本"。已经开展的研究主要关注了8个方面：（1）幼儿欣赏性学习活动的目标，有总体目标、领域和年龄段目标三个层次；（2）幼儿欣赏性学习活动的设计，采用异质同构的内容整合，寻求各艺术作品间相通、相同的部分加以统合，从而产生整体审美效应；（3）在教学内容的具体展开方面，采取渐进三步走的教学模型，由感知与叙述到分析与解释再到评价与创作；（4）在课程内容的串联方面，采取主题探究式的资源统整；（5）坚持多元合作式的活动方式，充分挖掘课程资源；（6）加强实体环境创设，丰富与增强审美体验；（7）运用对话互动、游戏等四种方法融入幼儿欣赏性学习活动；（8）采用幼儿欣赏性学习活动表现性评价，更好地尊重与呵护孩子的独特性。

2019年至今"指向体验与表达的幼儿欣赏性课程的实践研究"使"小金囡"欣赏性课程越来越厚实。研究成果《美是最好的教育——幼儿欣赏性学习活动的实践研究》获 2014—2020 年上海市教育科学研究优秀成果二等奖、上海市教育科学研究院第七届学校教育科研成果一等奖。

二、推动落实长周期课题研究，促教师从理念到思维到行为的转变

　　由问题到课题，再到课程的长周期研究路径，其落地需要教师从理念到思维再到行为上的转变。课题组沿着美的体验是复合的、指向人格完善和推动教师发展的思维路径，运用布莱克"改进的科学"，立足现场，通过计划、实施、研究、改进四个阶段，不断反复循环，开展理论在实践中的应用研究。

　　幼儿园教、研、训联动，再次研读和梳理幼儿园同频共振的"向着美好灿烂生长""让每一个孩子金子般灿烂"办园理念和课程理念。明确欣赏每一位幼儿，尊重幼儿的独特性；让幼儿学会欣赏，欣赏文学、音乐、美术，欣赏生活中所有真善美；尊重、顺应幼儿的天性、个性和需要，支持幼儿的经历，向美和灿烂成长。紧接着，通过不断优化"小金囡"课程实施方案，在课程设计、构建与实施的过程中通过各项任务和挑战，帮助教师将"理念"落于"行为"。

　　主要措施有以下 8 项：(1)撰写"小能手"等四个分册的课程实践手册。(2)基于儿童视角和教科研成效创新课程环境，如"哇时刻""百变四季""红""哈林的涂鸦世界"等走廊与公共空间，让幼儿的体验与表达看得见、摸得着。(3)创建全新的专用活动室，如"水母教室"(沉浸式室)、科学实验室、"囡宝厨房"，予以幼儿充分体验与表达的支持。(4)充分挖掘欣赏性学习活动的价值，关注多通道整体感知，凸显欣赏材料的"语言"特质，支持百人百解，倡导跨界表达等，再次调整班级计划、周计划的书写要求，变分析内容为整体幼儿发展态势且关注幼儿个体的成长与变化，有描述、有数据、有分析和对策。(5)为提高研修活动的质量，首先，提升教研组长设计计划、教研预案和组织实施的能力以及撰写文本水平，做到有观点、有分析、有实践、有说服力；其次，教师积极开展"一教三研"，创新"联合教研"新模式，坚持同课异构、螺旋式上升的教学和课题研究，以思维导图为工具，进行强有力的思维训练，以"六顶反思帽""头脑风暴""换位试教"为手段，拓展思维方式，以经验丰富的"点"类教师带领教研组开展教学研究，以点带面、点面结合提高整体教师团队对特色课程的了解

和把握，增长教师实践智慧；再次，站位"新环境"，创新三部横向联合的"粒粒堡"等三个"学步—合伙人项目"，关注幼儿的需要和乐趣、体验与表达。如：孩子们自己命名新创建的专用活动室，"水母教室"4D沉浸体验的软件开发和修整，并及时动态调整创意材料。（6）改良幼儿成长档案，不断调整教师行为，完善课程评价体系。在"老师来加油"基础上增加"爸爸妈妈来加油"和"囡囡来加油"。（7）重视家长和专业人士的参与，请专业沙盘游戏师等观察支持孩子们轻松地游戏。（8）重日常指导与管理，建立校本研修日以及一日活动巡查等制度与管理举措；重骨干作用发挥，党政与骨干教师等组队，进行师德演讲和开设精品课程等；重专家指导与各级骨干培养，借助市、区科研基地等各级各类平台输送所有教师全方位地参加培训；园长、部主任定期与不定期地深入一线，开展双周周二、单周周三的"校本研修日"活动、推门听课、新教师考评和骨干教师示范课以及半日活动、三部交流指导等。

在"理念—思维—行为"的循环改进中，教师们一日活动皆课程的意识得到不断增强与提升，更注重观察幼儿的需要和行为表现，具体体现在：（1）接纳孩子的想法，不做过多的干预和自以为是的评价。（2）提供多元丰富的材料，支持幼儿跨界表达。（3）更多关注孩子的"当时刻"，鼓励幼儿勇于尝试、大胆表达，如当孩子在材料库寻寻觅觅时，也许一种想法、一个尝试即将开始，你需要关注；当孩子的主动性言词减少时，一定有失望发生了，那个事件你需要了解，然后才能帮助孩子回到自信而喜悦的艺术欣赏中来。教师们特别在意孩子眼神关注之处，由此跟进材料，或给予鼓励肯定，抑或发起挑战讨论……如此这般，一个被接纳、愉悦、自信、有成就感的孩子一定不会差。

历经14年三轮课题持续地对"幼儿欣赏性学习活动"开展长周期研究，让教师们突破了固有思维，深化并实践了杜威的经验美学及布莱克的"改进的科学"理论，观察、理解和支持孩子的行为得到明显的优化，创新能力和专业素养也得到了综合提升，实现了园正高级教师教育硕士的零突破，多位教师成为市、区级名师，近一半教师成为姐妹园带教导师，在区域中起到了显著的辐射作用。

人生百年，立于幼学。正如杜威所言：没有审美欣赏，我们会错过最有个性的，同时也是现实世界中最值得珍惜的事物。一路走来，我们坚持以幼儿欣赏性学习活动帮助孩子们获得美的体验，让每一个孩子金子般灿烂成长，使每一个生命保有温暖的爱、不灭的光和前行的力量，满怀无限可能和期待快乐地生活。跬步千里，引领与成就师生、幼儿园共同向美而行，灿烂生长。

作者简介：曹莉萍，上海市浦东新区金图幼儿园党支部书记、园长。金图教育集团理事长。正高级教师，特级园长，中国教育学会学前教育专委会理事。曾荣获上海市优秀共产党员、上海市五一劳动奖章、2021年上海市优秀校园长等奖项。持续十余年的"美是最好的教育——幼儿欣赏性学习活动的实践研究"成果荣获2014—2020年上海市教育科学研究优秀成果二等奖、上海市教育科学研究院第七届学校教育科研成果一等奖，并出版专著《美是最好的教育》。

课例研究：14年本土化区域变式探索

上海市浦东教育发展研究院　郑新华

上海市民办尚德实验学校　郁强波

早期课例研究（lesson study）究其实质很接近于国内的教研活动，其实施流程是：设计、实施、观察、反思、改进、再次反思。主要具有三个特征：群体性合作、过程性反思、持续性改进。这样的方式很像我们日常所看到的听评课、磨课等教研活动。

经过国际交流与实践，当今课例研究更多趋向于从"教"到"学"，更多关注的是课堂中的学生及其学习过程的研究：如收集学生学习和教学的数据共同分析，改善学生学习；"培养教师看学生的眼睛"（develop the eyes to see students）；评课阶段基于学生学习的观察依据讨论研究目标的实现和掌握。

一、浦东的探索历程

课例研究在浦东的实践经历了四个阶段。因为我们发现，要实现校本教研的高质量，需应对三个关键挑战：找准理论的支撑；实践成效的检测；兼顾本土创新与"讲好中国故事"。而一路的探索和实践，既是团队成长的过程，也是解决三个关键问题的过程。

（一）引入与模仿

2008年，通过与华东师范大学安桂清博士合作开展研究，进行区域范围的多学科课例研究推广活动，形成了一批校本、区本的师训课程，即"课例研修课程"。在探索课例研究的课程化路径中我们发现，可供区域教师选修的课例研修课程优势在于"零门槛"，可以反复循环实施。但由于选修学员来自区域的不同学校、不同学段，与教学内容联系紧密的交流较难深入，而且在学习成效的跟踪研究中发现，学员很难把课程中学到的经验和做法带到校内推广。

（二）成团与自研

2014年9月，正式成立"课例研究课程化工坊"团队，标志着从志愿组织变为专业化项目组织。下沉2个学校现场（尚德实验学校与华林幼儿园），借助课例研究反思和提升校本教研品质，提炼本土化经验，初步建构工作坊实践的两种样态（单组和精修）和策略。同步加入"中式课例研究"共同体，并与国际课例研究组织建立交流机制。

（三）变式与深化

2015年，邀请上海师范大学王洁博士为团队开设"数学课例研究工作坊"，采用"精修工作坊"的模式进行课例实践。由此，浦东的变式探索进入崭新的阶段。为了更好响应更多校本需求和丰富本土实践，逐步开始在浦东19所中小学、幼儿园、职教转化。团队通过引进课例研究的关键元素，努力将教研的重心从"教"转向"学"：（1）课例目标应尊重学生已有经验；（2）课的设计应细化学习任务；（3）上课现场观察和收集学生学习的数据；（4）小组分享反思观察数据、循环改善，提高学生学习效果。

经过不断的迭代实践和验证反思，团队构建了"区域课例研修运作模式"模型。该模式包括6个步骤：共读交流、理论引领、三轮教学暨观察和改进、反思、汇报（含撰写报告）。通过以观课议课为中心环节的研修过程，教师的学习行为体现为三个关键动作——观察、复盘、写作，教师的学习方式则表现为读中学、做中学和思中学。

（四）国际与辐射

2019年，团队进一步与上海市教科研杨玉东博士的"中式课例研究"合作，在国际学界讲述"浦东故事"的进程。团队与香港地区展开了平行课的比较研究，同时，核心成员与香港教育大学、新加坡南洋理工大学等国际课例研究权威专家、组织保持交流，形成立体交叉合作网络。

2020年新冠肺炎疫情期间，通过网络问卷调查，并结合国际文献解读分析，最终提炼出3维度10指标的成效评价框架。其中，部分研究成果以个案的形式在 *International Journal for Lesson & Learning Studies*（2020）发表，成员应邀在2022WALS年会上进一步分享成果。

二、校本课例研修的内涵

"校本课例研修工作坊"可分为精修、简修和单组课例研究三类，其中"精修工作坊"作为课例研究的一种变式，更为完整地体现了校本课例研修的核心要素。（见图1）

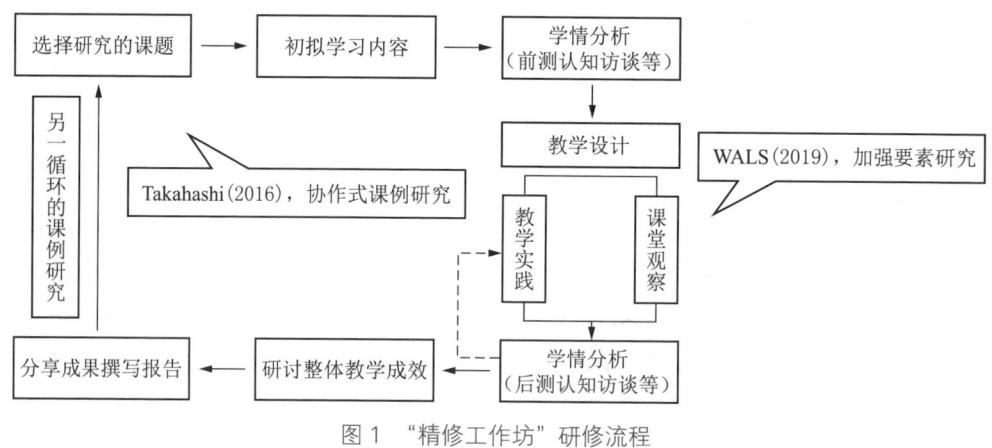

图1 "精修工作坊"研修流程

从整体看，研修流程聚焦了核心要素的突破，延伸到前端，有学情分析中的工具以及逻辑表达方式的开发，进而延伸到理论文献与教学设计的融合。向下延伸，到课后研讨的焦点确立和证据分析，同时在成果多样化与多次性表达中进行知识管理的探索。在研修流程的实践探索中，也达成了关于校本课例研修的内涵共识：

（一）研修主题源于校本实践问题

研修主题由教师和学校基于自身的实践需求决定。首先，开发者们会做这次"课"例所属领域或学科的基本分析，包括涉及的学科知识或教学知识。其次，要和教研负责人一起对参与教师的学情进行分析，通过问卷星等手段了解需求与困惑，并与其他同主题工作坊的背景、主题进行对比分析。再次，会一起挑选授课教室，也就是实践课的环境考察，了解情境创设的要素构成。

（二）研修目标指向教师知识的发展和创生

团队在工作坊的实施中适当增加"主题阅读"环节，并在课后研讨中有意识地引导"教学内容知识"的梳理。随着实践的深入，更聚焦发展教师的"学生知识"，借助多样化"学情分析"手段，规模化地收集学习数据。团队也高度关注教师知识中的策略性知识，特别是元认知教学策略。研修活动中适当增加元认知教学策略的微讲座，并通过学生元认知水平的前后变化，来验证教学策略的有效性。

（三）研修过程以追求实证的课堂观察为支撑

完整的课堂观察有基本假设，有操作方法，有数据收集，有验证与反思。观察的重点不再围绕教师教学水平的高低，而是指向学生的学习，包括学习过程和结果的质量，也包括诸如同伴关系、学习投入等非智力影响因素。工作坊过程中，首先会安排课堂观察的微讲座，然后进行模拟观察，在教师自行设计并反复磨砺观察表的基础上，再进入现场开展追求实证的观察。议课环节则倡导使用观察数据来分析和提出改进建议。

（四）研修实效以基于证据的教学改进为导向

即使是单组的课例研究，也必须达成尝试课和改进课之间的循证式教学改进，"精修工作坊"的五次连续活动设计，更是以看得见的教学改进为导向。参与的所有教师，不仅借助课上观察数据，也注重在课前与课后的微访谈，来拓展质性证据的多重论证，为同伴提出有价值的改进建议。不少学科的工作坊均在前后测上增加分量，从查阅学生作业发展到编制测试题和问卷，力求使改进过程有证可据，且实现效果的循环上升。

（五）研修成果追求教师个人知识显性化

工作坊将撰写观课报告和课例研究报告作为课例研修的作业，并作为结业评价的重要内容，鼓励通过成果表达促进教师个人知识的显性化。为了保障其质量，团队采取分层写作指导策略，磨稿件和搭平台双管齐下，给予教师更有效的助力。

三、尚德小学语文学科跨时 6 年的研修之旅

课例研究在区域的推进过程中，不仅仅是做了一次性的工作坊，也在进行着长周期的、基于一个学校追踪式的、三次到多次的课例研究工作坊。其中，就有聚焦教师在专业发展方面的变化及其轨迹，对民办尚德实验学校五年间同一学科三轮课例研修（含两场"精修工作坊"）的连续追踪。这样的研修其目的是什么？价值又何在？

尚德实验学校小学部有 80 个教学班，语文学科内，中青年教师（35 周岁以下）占 50%，经验型教师（35 周岁以上）占 50%。大多数青年教师在日常工作中，对于提升教学和科研能力、职称晋升等都有着比较强烈的意愿。因此，校本研修的质量对于教师的成长起着至关重要的作用。

传统的校本研修通常会采用专家讲座、师徒带教和教研活动的方式，这些研修方式或偏向于理论形态，或局限于经验传授，关注于打磨一节流畅精致的公开课。如何能将教师畏惧的理论知识与个人急需的实践智慧融于一体，通过教研活动的形式，使每一个教师的专业学习真正发生呢？从 2014 年开始，小语学科与浦东教育发展研究院的"课例研究课程化工坊"合作，引进课例研究作为载体。到 2019 年，学科共进行了三次课例研究。在历时六年的三次课例研究中，我们不断探索和完善，从而也促使每一个参与其中的教师真正发生专业学习。

（一）课例研究初体验：聚焦教学技能的习得

2014 年第一次引进，其时正是浦东课例研究团队的"成团与自研"期，研修样态是单组，其实就是两次集中性的活动，从尝试课到改进课。（见图 2）

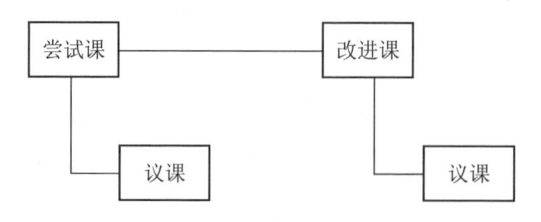

图 2 课例研究初体验研修流程

从研修流程来看，和日常的教研活动没有任何区别。但基于观察的观课议课，让听课教师的名字变成了"观察员"。以往的教研活动，听课教师是带着审

视的眼光去判断执教者的课堂。而现在，所有教师都是备课者，所有教师也是执教者的"眼睛"，他们参与备课过程，见证学生的学习现状，在议课时给予教学调整的建言，参与再次备课和上课的过程。也就是说，虽然他们是"观课者"，但他们同样和执教者一起，在论证教学环节调整的有效性。

（二）课例研究再体验：磨砺课堂观察能力

2016年，尚德小语学科再次进行课例研究，也是浦东课例团队的"变式和深化"期。这一次，双方合作用五个半天的研修时间，进行"精修工作坊"的实践。研修主题聚焦于课堂观察。更准确地说，我们是希望通过观察了解学生，增进教师的"学生知识"。研修过程中，团队成员进行研修目标和方案的解读、课堂观察方法的学习、现场教学研讨、研修展示。其中有两项要素有别于第一次课例研究：（1）每晚撰写300字以上的研修日志（即复盘）；（2）每人进行8分钟结业汇报。（见图3）

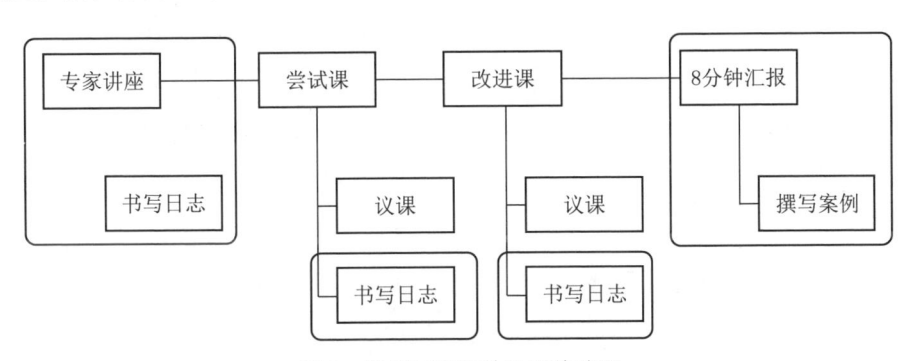

图3 课例研究再体验研修流程

事实证明，这样的教研训一体化的研修课程设计，对教师们深度学习的发生起到了重要的作用。专家讲座、前行者分享、三次实操练习，以及最后的反思与交流，使得教师的学习历程得以充分展开，不仅有头有尾，更使教师深刻理解了研修的主题。尤其是每次活动结束后的"书写日志"和最后一次活动的"8分钟汇报"，使得参与者在活动当日及时复盘，并不断构建个人对于研修主题的理解。

（三）课例研究三体验：走向教师学习的"深水区"

2019年，尚德小语学科第三次进行课例研究。在前两次的研修基础上，本次在"自营"模式下，让每个教师都能承担其中的一部分工作，清楚自己"在学

习"的状态。

而在研修流程中，又增加了教师通过领读和共读的方式进行文献的研究，这就将学习从被动转化为主动，凸显了教师的自主学习。同时在每一次研讨课的课前增加前测，在课后增加访谈，以此增加了更多"微实证"的研究元素，为观察员的观察提供更量化的依据。（见图4）

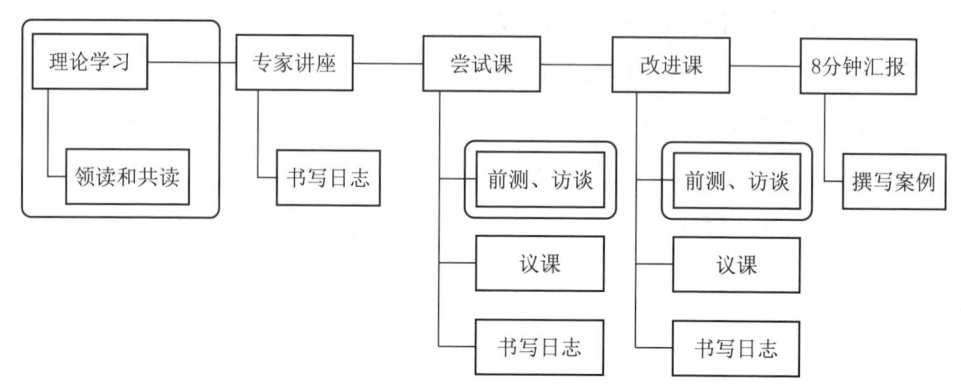

图4 课例研究三体验研修流程

至此，教师经历观察、复盘、写作，达成基于"读、做、思"的深度学习。在这个过程中，教师清楚地知道自己要去干什么，在过程中不断地去复盘和反思自己的行为，并且在最后以写作的方式完成了个体理论的重构。

历经三次课例研究，尚德小语学科内教师熟悉了"基于观察的课例研究"模式。有超过半数的教师参与到历次研修活动中，就"教师理答策略""如何做课堂观察""学生元认知能力的培养策略"这几个主题进行实践研究，有10多篇课例报告、观课报告发表于各类杂志。邬强波《导向教师深度学习的小学语文课例研修之旅》全文发表于《上海教师》第6辑（上海教育出版社），全面介绍本校小学语文学科三期不断深入的课例研修活动，反思其成效。

综合历次课例研究活动，我们发现无论是什么主题的研讨，具备较丰富"学生知识"的教师都能更为准确地观察到学生的学习状态，也更能对教学设计提出建设性意见。因此，2022年，尚德小语团队再次邀请浦东"课例研究课程化工坊"团队，以青年教师为研修对象，以课堂观察为工具，以"小学语文阅读教学中的学生知识"为研修主题，开展课例研究。"指向青年教师'学生知识'提升的小语阅读教学课例的实施"成功立项"第四期上海市民办中小学中青年优秀教师团队发展计划"。再次出发，既是基于以往校本研修的有效复制，同时也是在"学生知识"的内涵界定、教师培训有效性的实测检验等方面的再探索、再行进。

四、课例研究变式探索的成效

（一）促进了参与教师的知识增值

问卷调查结果显示，343 位中小幼教师发现其实践性知识中教学知识、学生知识、教育信念三领域发生显著变化。通过个案跟踪性观察，发现教师在实践中后两者知识明显改观。

（二）促进了参与学生的素养发展

通过每次工作坊前后测与访问，绝大多数学生都有积极变化，其中大团中学个别"学困生"发现英语学习兴趣和合作能力也有提升，学习开始良性循环。绝大多数幼儿的学习品质，获得了不同程度的增长与发展。此外在个案中，初中生不仅元认知能力得到提升，而且明显提升了阅读理解水平，该成果发表在 SSCI 期刊。

（三）坚持成果共享，工作坊运作模式等发挥了良好的辐射示范作用

本成果以多种共享形态（选修课程、工作坊、系列讲座等）已开展广泛的辐射示范，在上海闵行、嘉定、宝山、青浦等区，新疆塔城、山东青岛、浙江杭州、河南郑州、广东深圳、江苏南通、常州、兴化、盐城等多地共享。常态的辐射通过公微"课例研修小磨坊"进行，10 657 名用户订阅（含英文用户 66 人，繁体中文用户 29 人），国内分布于 33 个省、自治区、直辖市（不含台湾），推送论文、课例研究报告、工作坊深度报道 600 余篇。《上海教师》学术期刊以长篇论文形式发表了团队的工作坊模型（见图 1），引起较大反响。

（四）分层写作指导，助推中小幼教师把论文"写"在教研现场

若干中小幼教师的专题论文、课例报告经团队的精心辅导得到正式刊物采用。《当代教育家》（理论版）从 2017 年 11 月起设"学习观察""良师课例与反思"专栏，刊发团队推荐的 11 组课例报告、近 40 篇观察报告。《当代教育家·浦东教育》2013—2021 年间共有 11 组专题研究，发表团队辅导的课例、论文 44 篇。

2020 年以来，《学习报》（教师专业发展版）、《教育》（教学科研版）和《上海师资培训》邀请团队开设"课例研究"专栏或专题。经指导，一线教师参与工作坊、及时总结的热情高涨，写作能力明显提升。

（五）多方科研合作，促进团队成果的总结和转化，拓展学术影响力

团队先后邀请国际课例研究权威——香港教育大学郑志强、新加坡南洋理工大学方燕萍等教授来访浦东，开展学术探讨。继 2019 年 11 月承办首届中式课例研究学术研讨会，团队 2021 年 9 月起与于漪教育思想研究中心（筹备）合作开展"跨国比较视野下'老带新'校本专业发展模式探究——以于漪老师为个案"（暂定）项目。作为首批团队发展计划优秀者，我们与上海市师资培训中心长期合作，助力民办学校教师中青年团队发展计划、外省市幼教骨干培训等项目实施。

核心成员聚焦教师"学生知识"与"部编本教学策略优化"做深化研究，立项 2021 和 2022 年度市级课题。近年来，团队发表 CSSCI、SSCI 学术论文 10 余篇，一本专著出版，另一本已提交出版社。2019 年首届中式课例研究大会（浦东）与 2019 年 WALS 年会（荷兰）等学术平台上，团队均有成员发表主旨报告，受到同行好评。

迈克·扬（Michaël Youn）曾经提过，"一种理论的失败就在于没能使人们意识到和改变自己的世界"，"校本课例研修工作坊"模式的"探险"意义也在于让我们更宽阔同时更深度地去重新意识和改变我们自己的世界，而这可以通过对即时教研现场的再理解来实现。

参考文献

[1] 舒尔曼.实践智慧：论教学、学习与学会教学［M］.王艳玲等译.上海：华东师范大学出版社，2014.

[2] 安桂清.课例研究［M］.上海：华东师范大学出版社，2019.

[3] 顾泠沅，王洁.教师在教育行动中成长：以课例为载体的教师教育模式研究［J］.全球教育展望，2003，32（1）：44—49.

[4] 王丽琴，课堂观察：课例研修课程的基石与亮色［J］.教育研究与评论，2019（2）：4—12.

[5] 霍海洪.课例研究在美国：挑战、对策与启示［J］.全球教育展望，2009，38（3）：29—34.

作者简介：郑新华，上海市浦东教育发展研究院教育科研指导部副主任，教育学博士，教育科研学科带头人。从事课例研究10余年，出版专著1本，获得上海市教学成果奖3次。

邬强波，上海市民办尚德实验学校小学部副校长，浦东新区骨干教师，上海市"园丁奖"获得者，尚德小学语文学科课例研究主持人，"指向青年教师'学生知识'提升的小语阅读教学课例的实施"项目领衔人。

教科研引领未来教育的形态

上海市民办尚德实验学校 姜晓勇

40年的教育实践，让我这名教育工作者把教育科研植入了心田。我1981年从教，我对待教科书不是一般的阅读，而是能熟背下来；我用习题集，每一题必亲自做并静思还有什么好的解题思路和方法；我的上课流程、课堂设计必写非常详细的教案；上课导语和拓展举例，我必定会用心寻找学生熟悉的实例；上课涉及的成语典故，我必定将出处和感悟告诉学生；设计作业和习题时必须考虑学生是否有足够的时间和精力去完成；让学生记忆东西，我尽可能告诉记忆的技巧和方法……就是这样，我用教育的本真收获了学生的爱戴。站稳了三尺讲台，内心有一种冲动时时促动我：我要尽快成为名师，成为优秀教师。教师的职业不是重复，教师也不是靠直接经验就能站立起来的。用科学的视角去反思每堂课，老教师可以超越，专家权威可以对话，教科书可以质疑，但理想和信念要一定坚持，反思一定要彻底。我1992年从黑龙江来到上海，当时我最不能接受的一句话就是"外地教师对上海教材不熟悉，要有一个适应过程"。德国著名哲学家黑格尔说："人是靠思想站立起来的。"教材对于一个教师来讲就是一个教学工具，一个课堂载体，教师成功的关键是他的思想内涵和知识体系，是他不懈的追求。靠思想站立，靠追求立身，靠梦想立命，就是这样日复一日精研课堂，让我在28岁时走上了校长的岗位。

1992—1999年，我分别在建平中学和建平中学西校工作。1999—2002年，我在建平实验学校工作。2003年至今，我在上海民办尚德实验学校工作。我认为一个校长如果不注重教育科研，不注重怎样在课堂中让每一个教师真正地站立起来，让每一个学生真正地成为学习的主人，他是办不好一所学校的。我可能就是在这样的思考中，不知不觉与教育分析数字化结下了不解之缘。

1999年在建平实验学校做校长，我进行了超常教育的研究。我们对三年级、四年级、五年级同时招生，也就是说三年级我们缩短了两年的学制，四年级我们缩短了一年。我们把数学、语文、物理、化学以及体育都进行了一个整合，探索德智体美劳五育融合过程中的科研引领。我们组织学生开展课题研究，为学生设计个性化课表，带领学生去崇明岛骑行……虽然缩短了学制，但各项数据表明他们学业表现依然非常优秀。在这个实验的数据跟踪过程中，看到了五育融合的重要性，看到了体育的重要性，看到了阅读的重要性。因此教育科研对我们太重要了，尤其是对一个校长办学谋篇布局太重要了。2002年我辞去了建平实验学校校长的职务，来到了这片土地创办尚德，但我依然关注着这些学生，他们大多进入了上海交大、复旦和同济等一流学府，其中有一位学生还在海外大学毕业后进入了尚德，担任融合课程的协调员工作。

大数据给我们带来的规律性和启示性，以及大数据背后我们怎样关注每一个生命个体，才是真正的未来教育。我一直认为中国的私塾教育有值得借鉴的地方，18世纪夸美纽斯发明了班级授课式，今天我们的教育形态中传统的因材施教已经荡然无存，未来教育必须得着重研究，因材施教与课程设置的优化的教育亟待教科研的支持。

相较于百年医学，百年教育在研究上是严重滞后的。我和医学有一个不解之缘，2004年，我的妻子脑出血，我十几年和她一同在全国各地各家的医院中奔走，结识了不少的医生，我看到了百年医学的进步。我同时在思考一个问题，医生是研究病人的，教师是研究正常的孩子的，但是我们之间的差距是非常明显的。我看到了脑瘫的康复研究中心，看到了肢体瘫痪的康复中心，看到了这些医生、矫正师的那种责任、那种爱心，持之以恒，那种看到病人微小进步时脸上的笑容。我想在校园里我们的教师对待差异的学生有没有这份责任，有没有这份爱心，有没有这样科学地循序渐进？脊柱侧弯会引起颈椎的变化，而颈椎的变化会压迫交感神经，压迫交感神经就会影响学生的情绪，这就会引起抑郁，但是今天在教育上有多少人能够形成这样的共识呢？骨盆的变形和前倾就会

导致青春期的女学生月经不调，而这样就会给她带来许许多多的烦恼，而这个烦恼就会造成情绪的变化。过度肥胖的孩子，特体的孩子也会引起内分泌的变化，这些都会引起青春期教育上的许许多多的问题。睡眠不足会引起焦虑与情绪不稳定，如果孩子没有充足的睡眠，没有良好的精神状态，他的情绪我们想过没有？

我们今天的教育依然是围绕着单回路的学习，围绕着概念、围绕着公式、围绕着记忆。然而我们没有深入思考学生在学习的过程中为什么出错，为什么在质疑的过程中没有去好好思考呢？早在1972年联合国教科文组织的一份报告《学会生存》中提出："人们越来越要把所有人类意识的一切潜能都解放出来。"教育即解放，然而"解放"这两个字有多少人会明白，在很大程度上是释放学生最大的潜力，给学生自由发展的空间。我们依然在禁锢，我们没有好好地去思考，当数据采集越来越多地进入教学，如何用好这些大数据，我们的未来教育该怎么办？是否可以进一步研究双回路的学习给我们的学习方式变革的启发。来过尚德的都对尚德的办学条件加以赞赏。我做了这么多年的校长，我每天看到每一个地方，都在想怎样才能够增加更多的教育的实效性，让教育的空间效益最大化。尚德的人工智能馆、科创实验中心、芃园生态基地、钢琴艺术中心、体育运动中心，都承载着我对未来教育范式的探索，民办教育要考虑守正创新，要体现自身的价值追求，履行为国家和民族培养未来的教育使命。

课程改革是一项关系到几代人、几亿人的生命质量的宏大工程，新课程、新课标重点之一是如何促进学生的学习方式变革。而学习方式的转变意味着个人与世界关系的转变，意味着存在方式的转变，它关系到教育质量，关系到师生的校园生活质量，关系到年轻一代能拥有一个什么样的未来，关系到民族素质的提高，关系到综合国力的强弱。没有教育科研的引领、培育、创生就不会有深度学习的体验，就不会有五育并举，更不会有高水平的教育。在未来的教育中引领培育创生非常关键，因为教育要牢牢地守正与创新才能走进第二个百年奋斗目标。让我们共同守住中国智慧和文化自信，全面贯彻党的教育方针，坚持立德树人的价值引领，大胆创新，加快办出高质量的教育。

作者简介：姜晓勇，上海市民办尚德实验学校校长，曾先后担任上海建平西校和建平实验学校的校长。管理经验丰富，善于借鉴、融合、反思、创新，具有终身学习的理念，获得工商管理博士学位。曾先后荣获全国生态文明教育创新人物、市劳动模范、模范校长、先进工作者等荣誉称号。在教育管理、教育生态、德育研究等领域经验丰富，成绩突出。主持完成多项生态育人课题，《参与·体验·感悟德育模式》系列研究获浦东新区科研成果奖；10余篇学术论文及个人专访发表；在国际文凭组织中国年会等重要教育论坛担任主旨演讲嘉宾；出版个人著作《是为心声》。

围绕深化数字化转型、技术引领高质量发展,探讨技术如何赋能教育,教师如何适应智能技术变革的方法、路径,持续提升教师信息素养。

技术之能

融合共生　智向未来

——浦东教育数字化转型的探索与设计

上海市浦东教育发展研究院　李百艳

一、引言

随着大数据、人工智能、云计算等新一代数字技术的发展，以数字化驱动教育创新与变革成为世界性主题。2020年9月，联合国教科文组织等机构联合发布《教育数字化转型：学校联通，学生赋能》，提出要关注教育的数字化连通。[1] 2022年2月，教育部发布《教育部2022年工作要点》，提出实施教育数字化战略行动，加快教育数字化转型和智能升级。

教育数字化转型是一个综合的、系统的、全方位的创新与变革过程。[2] 2021年8月，教育部批复同意上海成为教育数字化转型试点区。浦东新区作为上海市的教育大区，也是上海市首个区域教育综合改革创新示范区，如何以教育数字化转型推动浦东向教育强区发展，助力浦东实现更高水平、更高质量的教育现代化？浦东基于教育信息化先期基础和教育现代化发展目标，以及上海市教育数字化转型目标和要求，进行了"融合共生，智向未来"的浦东教育数字化转型探索与设计。

二、浦东教育信息化的先期基础与现存问题

近年来，浦东通过教育信息化基础设施建设与云网融合、智慧校园建设与应用、教育信息化治理、教育大数据构建与应用等，为区域教育现代化发展和教育

强区建设奠定了坚实基础。与此同时，浦东教育信息化建设与应用尚存在"三多三少"的不足。

（一）先期基础

1. 初步实现教育云网融合

经过数次升级改造，浦东教育专网已全区覆盖，全区师生通过统一认证账号登录教育无线网络，实现一站式跨校漫游。基于浦东教育云为区域和学校提供云资源服务，依托云管平台，初步实现了教育网与教育云的融合。依托教育网络安全监管平台，形成浦东教育"云—网—端—管"全面安全监测检测防护体系。

2. 初步建成浦东教育大数据中心

2021年，浦东初步建成教育大数据中心。目前，浦东教育大数据中心已汇聚市、区两级18个业务系统数据，实现对管理和教学两类应用数据的自动化分析，并输出学校、教师、学生三大主题数据，初步形成区域教育概览、舆情监测、健康码等大数据应用服务，探索教育大数据如何赋能教育治理变革。

3. 持续打造具有浦东特色的智慧校园

2019年起，浦东基于"区域统筹规划主导＋学校按需自主选择"的区校联动建设模式，打造智能感知与管控的新型教育教学空间。通过数据融通的区校两级数据基座，实现管理、教学、教研和评价的流程再造和系统重构，形成"可感知、可诊断、可分析、可预警"的智慧校园生态。

4. 初步实现浦东教育治理的数字化

依托浦东智慧教育督导平台，初步建立督导对象全覆盖、督导过程全纪录、督导数据全贯通的浦东教育督导体系。依托浦东教育局工作监管平台，初步实现对中小学校、幼儿园、托育机构和教育培训机构的全对象、全要素监管。依托德育大数据平台，形成准确的区域德育基础数据库，实现对区域德育数据的全面统计和科学系统分析。

（二）现存问题

1. 应用场景维度：教育治理多，教育服务少

浦东现有的教育信息化应用多用于区域教育治理，面向学校、教师、学生、家长的教育服务类应用还比较有限。教育的本质是实现人的发展，因此，浦东要坚持构建以人为中心的教育生态，增强信息技术与教育服务的融合创新，提高教育用户的获得感。

2. 机制方法维度：自下而上多，自上而下少

浦东教育信息化多以"自下而上"的工作机制和思路进行建设与应用，区域层面的统筹规划管理和区校联动的教育信息化应用还比较薄弱。因此，浦东要提升管理层级，加强区域教育数字化发展架构，重视信息技术与教育教学深度融合的区校联动应用推进。

3. 内涵发展维度：技术层面多，业务层面少

近年来，浦东教育信息化发展多聚焦在教育云网、网络与信息安全、区域教育软件等技术性比较强的内容，对于信息技术与区域和学校教育教学管理服务的融合应用还比较薄弱。教育数字化转型旨在推动教育信息化从"简单应用"走向"深度融合"，因此，浦东要加强信息技术与教育教学业务的联动，推动信息技术与教育教学的深度融合。

三、浦东教育数字化转型的目标与总体框架

（一）教育数字化转型的内涵理解

近年来，"数字化转型"这一概念备受关注，但目前并未达成统一的概念共识。[3]祝智庭等人认为，数字化转型的内核是技术推动，教育数字化转型是将数字技术整合到教育领域的各个层面，推动教学范式、组织架构、教学过程、评价方式等全方位的创新与变革，形成良好教育生态。顾小清认为，数字化转型的关键是数据，教育数字化转型要促进数字技术与教育的深度融合，充分发挥数据驱动效能，以数据驱动教育的"整体性转变、全方位赋能、革命性重塑"。[4]

（二）浦东教育数字化转型的目标

浦东以"融合共生，智向未来"为导向，以"基础领先、内容领先、手段领先"为目标，充分发挥数字技术赋能和数据驱动效能，促进信息技术与教育的深度融合，着力构建快转型、更智慧、高质量的浦东教育数字化建设与应用新生态，让每一个教师和学生实现全面而有个性的成长，让每一所学校实现优质而有特色的发展，以教育数字化驱动浦东教育现代化建设和高质量发展。

(三)浦东教育数字化转型"1134"体系

在教育数字化转型发展新理念和新目标的指引下,浦东对既有的教育信息化"1134"体系进行迭代式规划和设计,构建浦东教育数字化转型的"1134"体系。如图1所示,通过1张教育基础云网、1个教育数字基座、3种智能化应用场景,为4类教育对象提供适切服务,形成浦东教育数字化建设与应用的新生态。

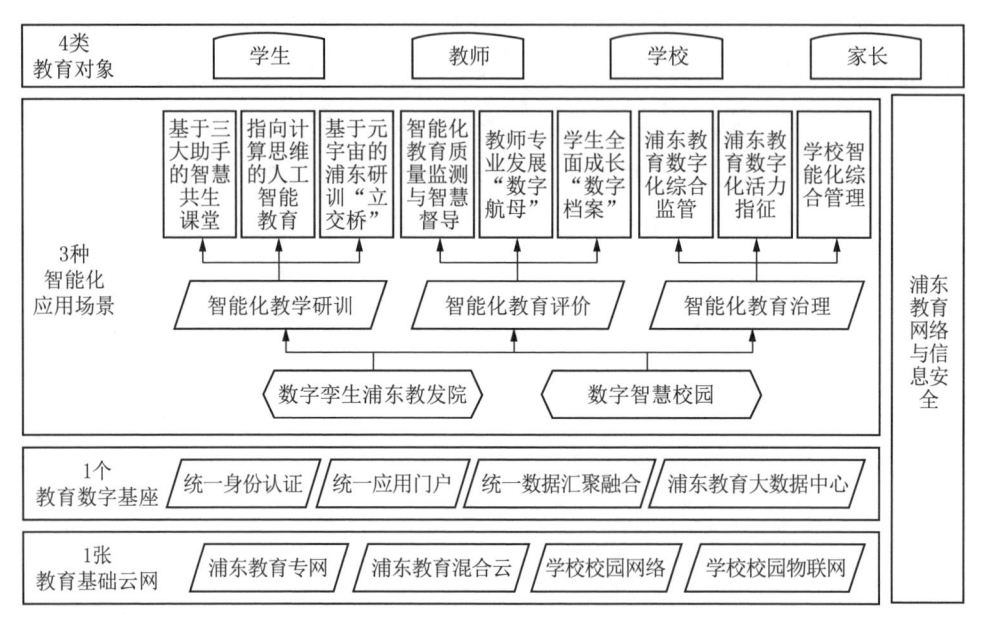

图1 浦东教育数字化转型"1134"体系

四、浦东教育数字化转型的内容设计

(一)夯实1张教育基础云网和1个教育数字基座,实现浦东教育数字化基础领先

1. 持续推进教育云网融合建设,建立更领先的数字云网基础

实施浦东教育专网升级,构建更高速、低时延、大连接、低风险的信息通道。对浦东教育云扩容增能,强化教育网的实时监测与管理,健全云网安全体系,实现云资源、网络接入、互联网出口一体化管理。开展浦东幼儿园校园网络建设,并选择条件成熟的幼儿园开展基于5G技术的应用场景试点。依托智慧校园,推进校园物联网建设,实现数据采集、设备连接、设备的综合态势感知,赋

能校园的精细化管理。

2. 打造1个通用的教育数字基座，孕育教育数字化应用新动能

基于"应用插件化、基座即服务"的原则，完善区域教育统一认证，构建统一的教育应用门户（教育应用子基座），整合区域已建和新建的各类教育应用，实现区校应用的互融共通，形成规范标准、多元参与的应用开发生态环境。扩展"1+N"区域统一数据融合平台（教育数据子基座），深化浦东教育大数据中心应用，打造统一、开放、可灵活扩展的教育数据子基座，实现智慧校园校内数据互联互通以及区校数据互联互通，孕育数据驱动新动能。

（二）推进3种智能化应用场景，实现浦东教育数字化内容和手段领先

1. 第一种智能化应用场景：智能化教学与研训

（1）基于三大助手的智慧共生课堂。打造时空和教学深度融合、线下和线上虚实融合的智能学习空间，推进场景式、互动式、沉浸式教学。开展一站式智囊团服务，利用智囊团评价数据和学生学习伴随式数据双向驱动教师全面提升课堂教学质量。利用国家、市级教学资源，开发区本资源，帮助师生开展素养导向的跨学科、项目化、合作式探究学习；利用数字孪生教师辅助课堂教学，博采众长深度讲解知识点，帮助教师增效减负。

（2）指向计算思维的人工智能教育。浦东将基于统一的人工智能与编程教育平台，在100所中小学开展指向学生计算思维培养的人工智能教育，发展学生的计算思维，提升学生的人工智能素养。

（3）基于元宇宙的浦东研训"立交桥"。聚焦"大区全覆盖和精准化相结合的研训转型"，基于教育元宇宙搭建虚实融合、更加逼真、智能的教师研训"立交桥"，推动区域、学段、集团、学区多层次研训流程再造和模式重构，实现研训计划精准设计和研训课程精准推送，促进教师的个性化专业发展。

2. 第二种智能化应用场景：智能化教育评价

（1）智能化教育质量监测与智慧督导。建设区域教育质量监测平台，完善基于大数据的区域质量监测科学评价体系，构建"监测依靠技术、结论源自证据、分析产生转变"的区域质量监测模式。完善浦东智慧教育督导体系，形成督学管理全覆盖、督导过程全纪录、督导数据全贯通的区域教育督导体系。

（2）教师专业发展"数字航母"。持续推进教师专业发展支持系统的应用，推动教师专业发展评价的过程化、数字化，加强评价结果的深度应用，打造浦东教师专业发展"数字航母"，助推教师的可持续和个性化专业发展。

（3）学生全面成长"数字档案"。开展学生学习过程各种数据全面采集的试点，建设"德智体美劳"综合评估指数平台，建立浦东学生全面成长"数字档案"，开展学生全面成长全过程的评价研究与实践。

3. 第三种智能化应用场景：智能化教育治理

（1）教育数字化综合监管。深化浦东教育局综合监管平台的建设与应用，推进"数字哨兵"实现学校等重点场所进出人员的快速核验，形成行业覆盖、数据共享、智能预警、闭环管理的教育行业数字化综合监管新形态。

（2）浦东教育数字化活力指征。依托浦东教育智能化管理新门户，开展集约数字化管理流程再造和模式变革。基于浦东教育安全管理平台，实现校园安全的统一管理与指挥，实现系统分级管理和设备统一运维。聚焦学生发展核心素养，依托大数据平台，分学段、分学科、分课程建设教育评估指数资源库。

（3）学校智能化综合管理。推进大数据、人工智能等技术与学校管理业务的深度融合，开展基于大数据的校情可视化分析、趋势预测、精准决策等，实现学校智能化综合管理。

（三）重塑智能化校园环境，实现更厚实的智能化应用场景支撑

1. 第一个智能化应用场景支撑：数字孪生浦东教发院

以人为中心，探索并建设数字孪生浦东教发院，打造"万源互通、万物互联、万数共融、万业智能"的无边界教发院新样态，以教发院管理和服务的精准化、个性化、智能化变革引领区域教育数字化转型。利用数字孪生技术，推动区域教育资源的共享辐射，探索"线上+线下""现实+虚拟"的区域教研新模式，助力区域教育优质均衡发展。

2. 第二个智能化应用场景支撑：数字智慧校园

基于浦东教育数字基座，遵循"区域统筹规划主导+学校按需自主选择"的区校联动建设模式，持续推进智慧校园建设与应用。立足于智能感知与管控的校园环境和新型教育教学空间，实现管理、教学、教研和评价的流程再造和模式重

构，形成"可感知、可诊断、可分析、可预警"的学校数字化发展新形态。

五、结语

  教育数字化转型是一项长期且艰巨的系统工程。目前，浦东的教育数字化转型还处于探索期，距离教育现代化的基础领先、内容领先和方法领先发展目标还有一定的差距。浦东将扎实推进教育数字化转型"1134"体系的应用与实践落地，充分发挥数字技术赋能和数据驱动效能，促进信息技术与教育的深度融合。在实现教育数字化转型的同时，实现师生思想观念的更新与现代品质的提升，构建"快转型、更智慧、高质量"的浦东教育数字化建设与应用新生态，以教育数字化转型推动浦东向教育强区发展，助力实现浦东更高水平、更高质量的教育现代化。

参考文献

[1] SEPULVEDA A. The digital transformation of education：connecting schools，empowering learners [DB/OL].[2021-11-01]. https://unesdoc.unesco.org/ark:/48223/pf0000374309.
[2] 祝智庭，胡姣. 教育数字化转型的实践逻辑与发展机遇 [J]. 电化教育研究，2022，43（01）：5—15.
[3] 祝智庭，胡姣. 教育数字化转型的理论框架 [J]. 中国教育学刊，2022（04）：41—49.
[4] 顾小清. 教育信息化步入数字化转型时代 [J]. 中小学信息技术教育，2022（04）：5—9.

区域推进面向计算思维的人工智能与编程教育的若干问题思考[①]

上海市浦东教育发展研究院　谢忠新　李晓晓　李　盈

我国在各项发展规划及行动计划文件中屡次提到将开展人工智能编程教育，区域推进面向计算思维的人工智能与编程教育是浦东作为教育部"基于教学改革、融合信息技术的新型教与学模式"实验区的实验内容之一。我们一直在探索如何系统、有效地推进中小学人工智能与编程教育的落地实施，包括思考人工智能与编程教育的价值定位、调查浦东人工智能与编程教育现状需求、制定人工智能与编程教育区域推进策略等，本文将围绕这些问题进行剖析。

一、人工智能与编程教育价值定位的思考

随着云计算、大数据、人工智能技术的发展，人工智能时代已经来临，人工智能时代对未来人才素养提出了更高的要求。一方面，能力全面、技术先进的创新型人才成为未来国际竞争的焦点，另一方面，适应技术普适性大众化的智能时代，需要对人工智能等现代信息技术有正确的认识和基本的理解。世界各国都对人工智能给予高度关注，人工智能教育成为人才培养的必要内容，联合国教科文组织 2022 年发布了《基础教育阶段人工智能课程：官方认可的人工智能课程指

[①] 本文系上海市教育科学研究一般项目"面向计算思维的初中人工智能教育的实践研究"（项目批准号：C20078）、"区域中小学人工智能教育生态构建研究"（项目批准号：C2021093）的研究成果。

南》[1]，基于全球调查报告结果，强烈呼吁各成员国加快基础教育阶段人工智能课程的开发，人工智能教育势在必行。

（一）我国人工智能与编程教育融入中小学段课程

2017年国务院发布《新一代人工智能发展规划》，人工智能上升为国家发展战略，并明确提出"在中小学阶段设置人工智能相关课程，逐步推广编程教育"。[2] 2018年教育部印发的《教育信息化2.0行动计划》中要求落实"充实适应信息时代、智能时代发展需要，开展人工智能和编程课程内容"。[3]为推动政策落地见效，国家信息技术/信息科技课程标准要求中明确了高中和义务教育学段人工智能教学内容模块及要求，《普通高中信息技术课程标准（2017年版2020年修订）》[4]中在必修模块1及选择性必修中均涉及了人工智能学习内容。《义务教育信息科技课程标准（2022年版）》[5]在7—9年级设立"人工智能与智慧社会"内容模块及"人工智能预测出行、未来智能场景畅想"等跨学科主题。各相关团体组织也在致力研究如何更好地开展人工智能教育，2021年中国教育学会中小学信息技术教育专业委员会发布了《中小学人工智能课程开发的标准（试行）》[6]。

（二）人工智能与编程教育强调培养学生计算思维

国际上联合国教科文组织相关专家认为，人工智能需要编码，在人工智能教育中，需要帮助孩子们掌握必要的编码技巧，而更重要的要教会孩子计算思维。因为未来这些孩子长大以后，可能不用编程，但是很可能成为应用人工智能的专家用户，他们必须知道对于机器的决策何时该信任，何时不该信任。高中和义务教育课程改革强调学生核心素养的培养。在信息意识、计算思维、数字化学习与创新、信息社会责任四个学科核心素养中，计算思维是其中的关键要素，会影响其他三个核心素养发展的质和量，在一定程度上决定了学科核心素养的优劣。因此，人工智能和编程教育需要把人工智能和计算思维结合起来，不仅仅要让学生学习人工智能的相关知识、人工智能工具的操作技能，更重要的是让学生学会利用人工智能解决问题的思路与方法，发展计算思维。

二、人工智能与编程教育现状需求的思考

为了系统掌握浦东新区人工智能与编程教育的现状和需求，研究团队通过问

卷调研、会议研讨、入校走访等形式开展摸排调查，并对调查结果进行汇总分析。通过分析发现区域人工智能与编程教育现状需求主要集中在教学平台、课程资源、教学工具、教学人员四大方面。

（一）教学平台需求

学校缺乏一个亲和、简单、易学习的，能够为学生提供体验、理解、实践的一体化的人工智能教学平台。学生学习人工智能的相关数据碎片化、难以采集，人工智能教学与学习情况很难量化反馈。

（二）课程资源需求

中小学人工智能体系化的课程和教材比较少，并且现有的人工智能课程及教材难度不一，可用性和科学性还需思忖，缺少适合中小学各个学段开展人工智能教学所需的体系化课程及资源。

（三）教学工具需求

浦东部分中小学已经开展人工智能教育，但是在开展过程中，知识学习仍为主要方式，由于提供给学生的人工智能动手实践的设施与工具不足，使得学生缺少动手体验与实践的机会。

（四）教学人员需求

学校教师无法满足开展人工智能教育的师资需求，在岗信息技术教师专业很少涉及人工智能，需要自身进一步去学习人工智能相关知识，对教师而言有较大难度。为了进一步了解教师在人工智能课程教学方面的储备现状，研究团队借助专家力量，设计并论证了教师人工智能教学胜任力模型，包括人工智能知识与能力、人工智能伦理与道德、人工智能自我概念三个维度共计 35 项胜任指标，据此开发教师人工智能课程教学胜任力的调研问卷，对浦东各中小学一线教师进行一轮深入的调研。调研发现：

1. 教师人工智能知识与能力有待提升

93% 以上的中小学教师熟悉人工智能的基本概念、特征和技术应用，但中小学教师对于常见人工智能技术实现原理的理解存在一定问题。13% 左右的教师对如何利用项目化学习开展人工智能与编程教学的认识存在误区，对于引导学生运用人工智能技术解决实际问题、开展人工智能作品创作的教学理念与教学方法的理解与运用有待提升。

2. 教师人工智能伦理与道德较为敏锐

大部分中小学教师自身具有较强的人工智能伦理意识与行为自觉，能够负责任地进行人工智能研发与应用活动。95%以上的中小学教师能够通过有效的教学手段和多元的教学策略，在人工智能教学中引导学生遵守人工智能伦理与道德。

3. 教师人工智能自我概念需要重点提升

仅六成左右的教师对人工智能技术及应用探索研究具有积极意愿，愿意进行人工智能的教学实践，愿意在AI教学中渗透计算思维培养，愿意以项目化学习的方式开展AI教学。仅有20%的教师认为自己目前已能完全胜任人工智能课程教学，绝大部分教师认为自身胜任人工智能课程教学的能力一般。

综上，一线教师胜任人工智能课程教学还有或多或少的欠缺和提升空间，师资问题在人工智能与编程教育推进中值得关注。

三、人工智能与编程教育区域推进策略的思考

结合现状调查中反映出来的人工智能与编程教育需求，浦东新区通过两个课题、一个项目知行并进的方式，综合影响课程教学的诸多要素，对区域推进人工智能与编程教育进行整体设计与思考。

（一）浦东推进人工智能与编程教育的总体思路

浦东推进人工智能与编程教育的总体思路如图1所示，通过"课题引领＋项

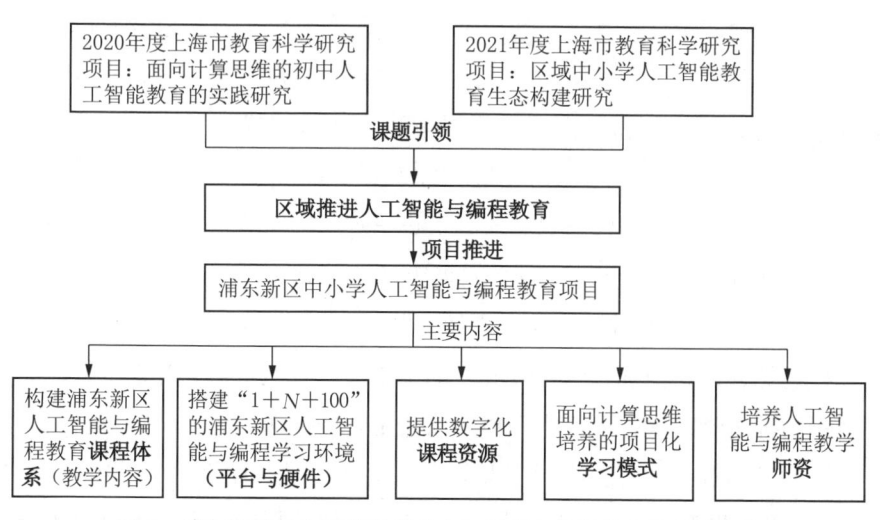

图1 浦东推进面向计算思维的人工智能与编程教育的总体思路

目建设"的方式,系统解决人工智能与编程教育学什么(课程内容和要求)、用什么学(学习环境与资源)、如何学(学习模式)、谁来教(教学师资)多个问题,推动中小学人工智能课程教学实践。

2020年和2021年浦东连续申报了两个上海市教育科学研究项目"面向计算思维的初中人工智能教育的实践研究""区域中小学人工智能教育生态构建研究",聚焦人工智能与编程教育实施涉及的课程内容、软硬件设备及平台、数字资源、教学模式、师资培养等要素及要素间的生态协同展开研究,从理论层面引领区域人工智能与编程教育推进。2021年申报2022年成功立项的信息化建设项目"浦东新区中小学人工智能与编程教育",从实践层面落实区域人工智能与编程教育推进,主要项目内容包括构建区域人工智能与编程教育课程体系及内容,搭建"1+N+100"的人工智能与编程学习环境("1"是指一个区域人工智能与编程教育大平台,"N"是指N个浦东特色的人工智能实验中心,"100"是指百所学校人工智能与编程教育教学环境),提供数字化课程资源,创新人工智能与编程教育学习模式,培养人工智能与编程教学师资。

(二)人工智能与编程教育课程内容和要求的思考

开展人工智能与编程教育首先要明确"要让学生学习什么",即明确课程内容和要求。浦东构建了覆盖小学到高中"贯通式"的人工智能与编程教育课程体系,通过体系化的课程帮助学生系统地、科学地认识人工智能,并在课程中培养学生的人工智能伦理。其中小学阶段侧重对人工智能的感悟以及简单的作品创作,初中阶段侧重人工智能体验以及进行初步的创造创新,高中阶段侧重运用人工智能技术进行创造创新。[7]各个学段课程内容从易到难设计为基础内容、进阶内容、竞赛内容三个内容阶段,如图2所示。

基础内容是对百所学校的统一要求,包括理解和实验、理解与实践两大块内容,通过"体验—理解—实验/训练"的方式,让学生理解大数据、机器学习等人工智能思想原理。通过"体验—理解—设计与编程实践"的方式,让学生学习计算机视觉、语音识别、语音合成、知识图谱、智能机器人等人工智能相关技术。进阶内容由学校进行个性化选择,以人工智能主题化综合实践项目的方式开展。基础内容和进阶内容阶段不深入学习算法和底层技术层面的东西,更注重对AI基本原理的理解和对AI技术的应用,核心价值是帮助学生具备对人工智能的

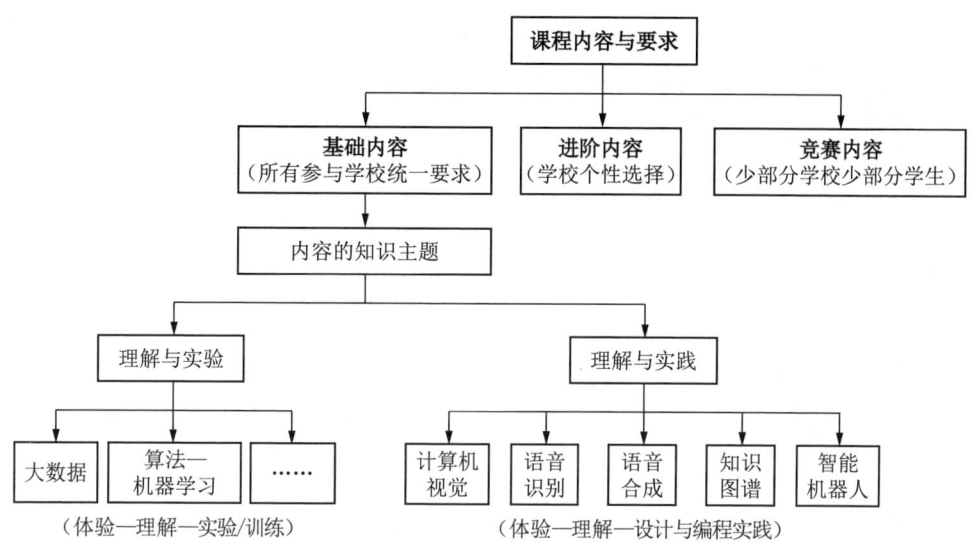

```
                       ┌──────────────────┐
                       │  课程内容与要求   │
                       └──────────────────┘
              ┌───────────────┼───────────────┐
    ┌─────────────────┐ ┌─────────────┐ ┌─────────────────┐
    │     基础内容     │ │  进阶内容    │ │    竞赛内容      │
    │(所有参与学校统一要求)│ │(学校个性选择)│ │(少部分学校少部分学生)│
    └─────────────────┘ └─────────────┘ └─────────────────┘
              │
    ┌──────────────────┐
    │   内容的知识主题   │
    └──────────────────┘
       ┌──────┴──────────────────────┐
  ┌──────────┐                  ┌──────────┐
  │ 理解与实验 │                  │ 理解与实践 │
  └──────────┘                  └──────────┘
   ┌───┼───┐              ┌────┬────┬────┬────┐
 ┌────┐┌──────┐┌────┐ ┌────┐┌────┐┌────┐┌────┐┌────┐
 │大数据││算法— ││…… │ │计算机││语音││语音││知识││智能│
 │    ││机器学习│└────┘ │视觉 ││识别││合成││图谱││机器人│
 └────┘└──────┘        └────┘└────┘└────┘└────┘└────┘
 (体验—理解—实验/训练)      (体验—理解—设计与编程实践)
```

图 2 浦东人工智能与编程教育课程内容与要求

鉴赏能力、理解能力、应用能力和创新能力，为未来做好准备。对人工智能有深入学习兴趣的同学可以选择更进一步的竞赛内容进行深入学习。

（三）人工智能与编程教育平台与硬件的思考

基于学校反馈的缺少人工智能教学平台的共性需求，浦东在人工智能与编程教育项目中设计了服务于浦东新区中小学的人工智能编程教育大平台。平台提供两大系统功能，一是教与学系统，二是编程系统。其中教与学系统需要满足教师、学生常态化课前、课中、课后的教学闭环，保障人工智能线上线下教学的顺利实施。包括教师教学子系统、学生学习子系统，以及起到辅助管理功能的数字资源管理子系统、学生学习数据分析子系统等等。支持教师完成基于资源的备课、个性化教学活动设计，支持学生按照体验、理解、实验/实践的学习流程，并能在课后完成自主学习和拓展探索。系统能够真实记录学生在平台上的过程性和结果性的行为数据、成果数据，这些数据经过数据建模和聚合查询，能为教师更好地开展人工智能与编程教学提供数据支撑。编程系统则为学生提供差异化的多种编程工具，例如适合小学低年级学生使用的图形化编程工具以及适合初中高年级以及高中学生使用的 Python 编程工具，通过计算机指令解决生活中的一些实际问题，在问题解决过程中培养学生的计算思维和创新思维。

同时，区域统一为学校提供人工智能教学硬件。基础阶段的课程，为学生配

套集成度高的教学硬件，学生可以直接给硬件编写指令，硬件按照指令实现人工智能功能。进阶阶段的课程，为学生提供可以自己动手搭建的硬件，由学生自主组装作品，并运用人工智能选高管技术为作品赋能，使得作品能够动起来，解决生活当中的问题。对于少部分学生选择的竞赛阶段课程，区域将设计 N 个人工智能实验中心，不同实验中心有不同的实验主题，如人工智能语音实验室、人工智能视觉实验室、人工智能的 VR 实验室、智能机器人竞赛实验室等等，为对人工智能特别有兴趣的学生进一步学习人工智能提供硬件设施。

（四）人工智能与编程教育课程资源的思考

人工智能与编程教育的实施，离不开丰富多元的数字化课程资源。浦东通过项目实施，借助人工智能企业力量为实验学校提供丰富的数字资源，从而帮助学校更好地开展人工智能与编程教育。这些数字资源包括但不限于支撑学生对人工智能的理解、体验和实践，例如用于知识原理与教学思想理解的动画／微视频、操作讲解的微视频等，用于开展交互体验的交互实验、模拟、仿真的软件等，以及用于开展项目实践活动的相关资料等等。初中人工智能"机器学习初始课"[8]的活动设计和课堂教学，利用了微视频、人工智能体验平台等多种人工智能课程资源，组织学生通过类比、交互体验、训练手势分类模型，体验和理解机器学习的技术原理。

（五）人工智能与编程教育学习模式的思考

浦东人工智能与编程教学通过面向真实问题的解决，让学生通过体验、理解、实践、初步应用的途径进行学习。项目化学习与计算思维培养都与问题解决息息相关，面向计算思维培养的人工智能与编程教育可以尝试采用融合项目化的学习方式。[9]浦东从 2021 年开始已经尝试探索面向计算思维的人工智能项目化学习模式，如图 3 所示。人工智能的教学不同于传统课堂讲授"人工智能专业知识"，通过项目学习的方式，可以将抽象、复杂的原理形象化、简单化，使学生深刻理解人工智能工作的基本原理，揭示被用于设计人工智能系统的多角度思路和技术，把问题化繁为简，激发学生学习和创新的兴趣。

面向计算思维培养的人工智能项目化学习模式基于人工智能项目真实问题需求，借助线上平台支撑，在教师及同伴的协作下，经历项目需求分析、新知学

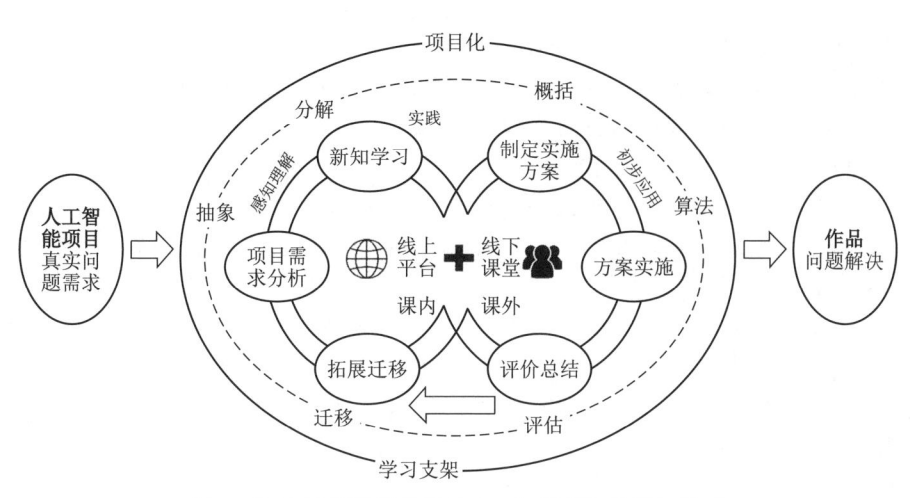

图 3 面向计算思维培养的人工智能项目化学习模式

习、制定实施方案、方案实施、评价总结的问题解决过程，最终完成项目作品。在项目实践的过程中内化人工智能相关知识与技能的学习，发展计算思维，达到人工智能课程教学目标。

（六）人工智能与编程教育教学师资的思考

浦东推进人工智能与编程教育，其教学人员既有学校人工智能课程教学教师，又有人工智能企业技术人员的技术指导教师，还有教学平台提供的有关虚拟教师人工智能教学视频。调研发现学校教师对人工智能相关知识、技能、自我概念有较大需求，为此浦东分三批组织开展了中小学教师的人工智能普及知识培训，帮助教师完善修正自身关于人工智能主题的知识建构，更加从容地设计和开展人工智能课程教学。后续随着课题研究及项目实施的逐步推进，将会对人工智能与编程教育教学师资投入更多的关注。

参考文献

[1] 杜光强. 全球首份基础教育人工智能课程报告发布［N］. 中国教师报, 2022-6-8（3）.
[2] 国务院. 国务院关于印发《新一代人工智能发展规划》的通知［EB/OL］. 2017-7-8. http://www.gov.cn/zhengce/content/2017-07/20/content_5211996.htm.
[3] 中华人民共和国教育部. 教育部关于印发《教育信息化2.0行动计划》的通知［EB/OL］. 2018-4-13.http://www.moe.gov.cn/srcsite/A16/s3342/201804/t20180425_334188.html.
[4] 中华人民共和国教育部. 普通高中信息技术课程标准（2017年版2020年修订）［M］. 2020

年 5 月第 2 版 . 北京：人民教育出版社，2020.
［5］中华人民共和国教育部 . 义务教育信息科技课程标准（2022 年修订）［EB/OL］. http://www.gov.cn/zhengce/zhengceku/2022-04/21/content_5686535.htm.
［6］中国教育学会中小学信息技术教育专业委员会 . 中小学人工智能课程开发标准［EB/OL］.［2022-7-1］. http://www.ttbz.org.cn/StandardManage/Detail/51978/.
［7］谢忠新，曹杨璐，李盈 . 中小学人工智能课程内容设计探究［J］. 中国电化教育，2019（04）：17—22.
［8］李晓晓，谢忠新 . 初中人工智能课程逆向教学设计与实践——以"机器学习"初始课为例［J］. 中小学信息技术教育，2022（05）：66—70.
［9］曹杨璐，谢忠新 . 面向计算思维培养的人工智能教学模式构建与实践［J］. 中小学信息技术教育，2020（11）：64—67.

作者简介：谢忠新，上海市浦东教育发展研究院教育信息技术部主任，教育技术专业博士，上海市中小学信息技术学科特级教师、正高级教师，第四期上海市普教系统双名工程"攻关计划"基地主持人，浦东新区中小学信息技术教师培训基地主持人。长期研究中小学信息技术课程教学与基础教育信息化，在期刊上发表了 70 多篇有关中小学信息技术课程教学与基础教育信息化的学术论文。

李晓晓，上海市浦东教育发展研究院一级教师，研究方向为教育信息化、信息科技课程教学研究。

李盈，上海市浦东教育发展研究院教育信息技术部教师，中学一级教师，研究方向为中小学信息技术课程教学、教育信息化、中小学人工智能教育。

运用现代技术　撬动课堂转型

上海市浦东教育发展研究院　章健文

21世纪以来正处于信息飞速发展的时代，数字技术的运用已经深入到各行各业，包括教育事业。随着《上海市全面推进城市数字化转型"十四五"规划》的推出，"高质量"将成为未来城市发展的总目标。

《上海市教育数字化转型实施方案（2021—2023）》明确5项原则、8项任务、10个场景，架构了教育数字化转型的宏伟蓝图。根据教育改革的总体部署，浦东通过"基于教学改革、融合信息技术的新型教与学模式"教育部实验区项目，深入到课堂教学全过程，探索基于教学改革、融合信息技术的新型教与学新变革，探索浦东教育数字化转型的新路径。

浦东小学课堂教学数字化转型紧紧依托上海市教委教研室三个助手项目，在小学数学和英语学科先行先试。努力寻找课堂教学转型的突破口，关注教学全过程，力求通过课堂教学改革实现课堂精准教学，更大程度地开展因材施教，更好地落实减负增效。

一、思考：找准课堂转型的突破口

传统教学班级授课制的课堂教学基本形态从16世纪至今已有长达四百多年的历史了，虽然在教学的规模化、规范性上有着不可替代的作用和价值，但是全班统一的教学目标、统一的教学过程，甚至统一的教学评价使得教学固定化和形式化，在一定程度上阻碍了学生的学习，限制了学生的发展。对于这样的教学样态，如果要从教育内部使其发生质的转变有着极大的惯性困难。

在数字技术普遍运用的今天，随着整个社会大环境的转型，教育也将会发生必然的转型。

浦东小学学段跟随上海市教委的步伐，开展三个助手的数字化转型研究，主要想从三个方面实现对课堂教学的突破。

（一）由经验向数据的教学转型

一个优秀的教师最重要的品质就是经常、主动对自己的课堂进行教学反思。以往教师反思是凭借他从课堂教学中获得的部分学生现场表现，形成自己对教学质量评判的直接经验，在这种经验的作用下，调整教学过程和教学方法。这种反思下的教学质量的提升也能看到成效，但是这种成效是非常有限的，有时候还很不稳定，更无法实现教学质量大规模的提升和质的飞越。由于课堂教学中无法及时准确地获悉全班学生的学习行为和效果，因此教师往往会把个案经验当做群体经验，间歇性零碎经验当作连续性整体经验，并用这样的经验去改进自己的教学，所以教学改进以及教学质量提升的效果不很明显。

利用信息化手段特别是数字化手段以后，教师可以在教学过程中通过每一位学生中端课堂即时数据的上传，及时了解每个学习者的各种学习轨迹和阶段结果，通过平台提供的数据分析，提炼全班学生的整体性一般性学习特征，以及每一位学生的学习趋势，找到共性和个性的真问题，再进行具有针对性的教学反思和改进，并且开展集体分层教学，开展较大程度的精准教学，提高教学质量。

（二）由群体到个体的教学转型

教育现代化的一个重要标志就是教育的个性化。因为每一位学生在学习过程中遇到的困难不同，比如对新知识的接受速度、思考问题深刻与全面、形成策略的有序逻辑等，学生需要得到教师针对自己学习的具体帮助和指导。通过信息化手段，教师可以指导每一个学生的学习情况，特别是教师可以清楚地知道每一个学生的学习困难和障碍，在基于学科课程标准群体学情分析的基础上，根据数据开展基于学生个体的学情分析，实现在满足学习基本要求达成情况下基于个性的精准教学。如果教师能够帮助每一个学生解决他自身的问题，那么整班学生学业质量的提高也是一种必然的趋势。

教育数字化技术提供给教师学情分析的过程数据，以及教学成效的群体和个体数据，教师了解了学生一个一个的具体问题之后，无论是学情分析还是精准施策，都会科学地处理好学生群体和个体的关系，不让每一个学生个体掉队。

（三）由教学到学习的教学转型

教师的教和学生的学是课堂教学中的一对矛盾。以往大部分的课堂，教师的教依然占据主导地位。今年，随着义务教育课程方案颁布，各学科课程标准非常强调学生核心素养的培育，聚焦正确的价值观、学科关键能力和必备品格的培养，倡导学生自主、合作、探究的学习方法，以达到学会学习的根本目标。

让学生站在课堂的中心，让学生成为学习的主人将成为现实。但是学生到底如何学习？学习的轨迹是怎样的？学习过程中不同内容不同学生遇到的困难又是怎样的？哪些学生不容易纠正自己的学习错误？这一系列的问题必将伴随着课堂转型而来。

二、实践：探索课堂转型新路径

2021年9月份，小学数学学科成立数字化转型项目组，吸纳浦东新区6所实验学校的骨干教师，开展1.0版本的项目研究。2022年1月份，小学数学学科数字化转型进入2.0版本的研究，小学英语学科也跟随其后。小学两科按照上海市教委的项目，用三个助手来推进课堂数字化转型。

根据市教委的要求，选择浦东新区信息技术标杆学校孙桥小学作为市级试点单位，由浦东教育发展研究院教师发展中心小学数学、英语教研员，孙桥小学、试点学科教师，区项目研究小组共同推进两科基于"三个助手"的课堂教学数字化转型。

本着关注教学全过程的理念，充分发挥三个助手在教学全过程中的作用，我们开展了以下实践：

（一）借助备课助手，优化整合资源，提前设计教学

课前，实验学校教研组教师通过登录上海市中小学数字教学服务平台，浏览推荐的优秀教案，对照单元教材分析、教学基本要求、学科本体性知识、设计背景和思考等内容，认真学习静态资源；再观看空中课堂相关教学视频，正确理解学科课程标准、单元教学目标和内容、各种资源所提供的过程与方法，同时根据

本班学生的学情，直面学生之间的差异性，在公共平台推荐教案的基础上进行改进，并形成适合自己学校的个性化设计。

根据目标要求，基于本班学情，充分学习吸纳，优化组合资源是基于数字化转型备课的路径，其优点是要求明确，内容确定，资源的获取便捷快速。当然也需要执教教师从自己教学的实际出发，汲取各家精华，赋能本班教学。

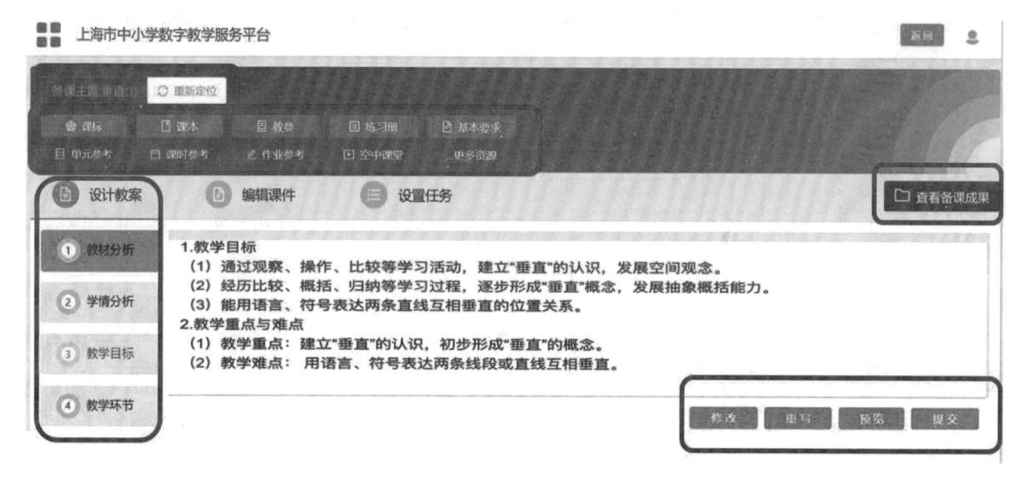

图1 上海市中小学数字教学服务平台——备课助手

（二）巧用教学助手，关注互动和数据，实现精准教学

不同学科采用的教学方法不完全相同，体现出一定的学科特质。

数学学科的教学，实验学校通过实践和研究，探索和总结了比较通用的"学—讲—评"云端联动教学模式。每一次学生互动练习完成后，都会产生大量的生成性数据；教师通过平台获得数据，及时把握学生学习情况，通过分析筛选，形成课堂讲解的焦点，引导学生聚焦关键内容进行交流评议，培养学生数学学科的关键能力。这样，不仅对学生的数学学习进行了深度思维的培养，也能在学生未能达成目标之际，及时采用合适的方法进行适当的引导，让学生自己把问题搞清楚，改变了以往一蹴而就的教学现象，也改变了以往几个学生学习成果掩盖真实教学结果的现象。

在这个教学过程中，教学目标的达成是反复确认的，课堂练习是有层次和有针对性的，学生的讨论评议也是聚焦问题的。学生在学习的过程中掌握方法，也在逐步正确的过程中形成对于数学学科思维方式的培养。

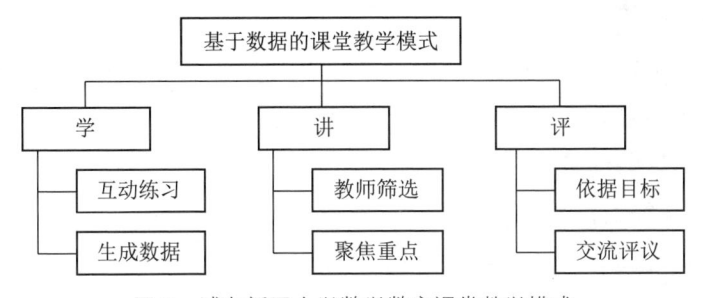

图2 浦东新区小学数学数字课堂教学模式

如果说数学学科侧重于学科知识掌握的正确性的话,那么英语学科由于大量语音训练,不仅要求学生能正确朗读,而且需要有一定的速度。课堂上需要教师预估学生练习的时间,语音达到正确的时间,再不断地调整课堂教学的进度和方法。如模仿练习、小组内练读;发音纠错练习、有感情地朗读课文。由于英语朗读练习的准确性在新授时会有一些波动,教学过程需要不断反复地纠正学生的错误。

每一次新课文的朗读,教师都会让学生通过语音传输上传至平台,根据全班学生朗读课文的正确性,来决定是否要开展后续的教学活动。因此课前准确的预估与课中灵活的调整是教学的关键,上课助手帮助教师积累教学临场经验。

（三）依托作业助手,开展作业诊断,实现个别辅导

教师基于目标与内容,选择平台作业诊断目标和相应的作业,让学生在课后独立完成。基于全班学生的作业数据,教师再全面细致地分析平台反馈的数据,及时了解学生掌握情况、存在的主要问题、共性和个性的主要错因等内容,针对问题采用不同的方式进行再教学的设计以及再练习的设计,期望达到最大程度的个体和群体进步。

无论在真实的课堂,还是在疫情期间的在线课堂,我们的项目研究一直未曾停步。孙桥小学在实践的过程中,还把数据从线下搬至线上,从现场课堂转移至每个学生家里的网络课堂,在教研员的指导下,积累了丰富的经验,实践案例在市教委组织的上海市基础教育教学数字化转型试验区（校）研讨会上做了分享,得到市教委领导的肯定。

三、展望：扩大课堂转型的辐射面

根据上海市教委、浦东新区教育局的要求，基于三个助手的课堂教学数字化转型工作要不断地扩大试点范围，并把实验学校获得的经验在本区一定范围内进行辐射。今后我们有如下的设想：

（一）总结经验，区域辐射

教研员和试点学校分别开展项目研究阶段性总结，我们已经看到课堂中通过即时信息的捕捉判断和分析教学初步效果，我们看到即时采集数据和调整教学策略带来的效果，我们也看到通过学生作业的分析改进后续教学的精准施策，我们更能看到实验教师和学校对数据的高度重视及专业化处理。这些实践经验一定会在后学的研究中加以辐射和推广，对遇到的问题也要在今后的研究工作中进一步解决。

（二）扩大试点，加强研究

在原来只有孙桥小学一个试点学校的基础上，浦东新区小学数学学科增加20所实验学校，小学英语学科增加10所实验学校。继续增加实验学校，增加实验的教师。

随着实验教师人数的增加，两个学科建立不同专题、不同层次的研究小组，针对问题开展研究，形成更多的可行实施方法，提供更多的个性化施教策略，实现教学精准，课堂转型。

浦东新区开展基于三个助手的课堂教学转型才刚刚开始，开展课堂教学的数字化转型不仅是当前教学改革的一个热点和难点，也是课堂教学生态的转折点。在今年义务教育课程方案和各学科课程标准推出之际，我们教研员将更加紧密地与教师一起研究，改变观念，落地课堂，为浦东新区小学阶段教育均衡，减轻学生负担，提高学生素养，推动教师专业发展做出贡献。

作者简介：章健文，上海市浦东教育发展研究院教研员，上海市特级教师，正高级教师，上海市教材审查委员会审查专家，上海市小语会副主任理事、上海市写作学会副秘书长，上海师范大学教育学院兼职教授，上海市教育专业学位指导委员会委员，浦东新区小学语文教师培训基地主持人。参与"清单习作：心理转换理论视域的写作教学范式建构与实践"课题，获上海市基础教育教学成果一等奖。研究领域：小学生习作指导、小学语文课程与教学研究、小幼衔接与儿童语言发展、儿童绘本阅读指导。

基于作业数据分析的课堂精准教学实践研究

上海市浦东教育发展研究院　朱　伟

在"双减"背景下,要减轻学生过重的学业负担,就必须向课堂教学要质量。课堂教学质量的提升就要找准学生学习的逻辑起点,找到学生的学习过程特点,关注全面发展和个性发展,要让每个学生动态发展……而这些也就是我们的课堂教学要走向精准。从以往过程来看,我们基于经验判断班级学生的学情,进而选择教学内容,确立课堂的推进方式,估计学生学习中的难点,判断学习目标的达成度和学生个体的发展情况……而纯粹的基于经验,欠缺一定的数据支撑,我们觉得准确性有待研究。

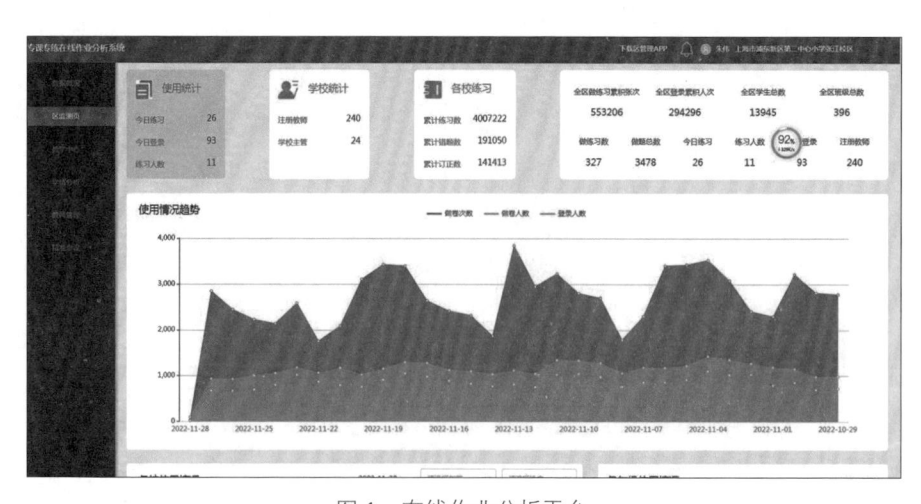

图1　在线作业分析平台

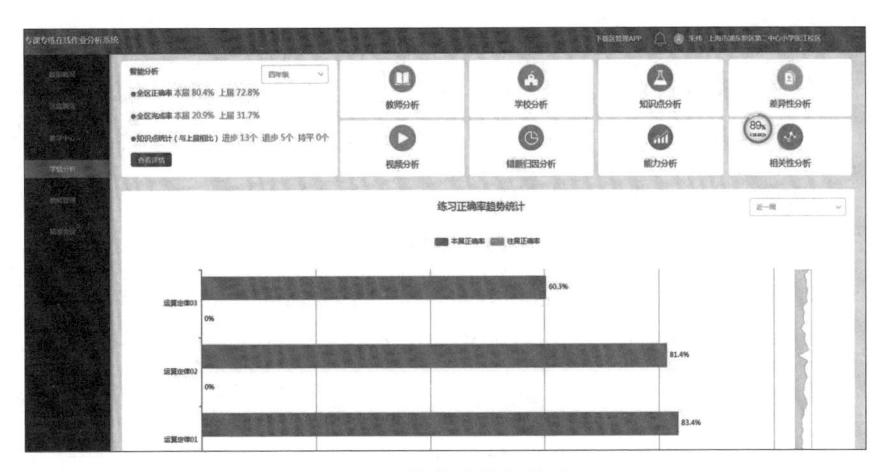

图2 学校作业数据管理

数学作业是课堂教学活动的必要补充，是"双减"必须研究的内容。诚然，研究作业可以从作业管理、作业内容、作业时间等维度开展。但是，学生完成数学作业后产生的数据是否值得研究？怎样通过研究发挥作业的诊断、学情分析等功能，进而为我们的课堂教学提供支撑，从而提升课堂教学精准性？

为此，我们在"互联网+""大数据"等背景下依托小学数学在线作业分析系统平台，开展了"基于作业数据分析下的课堂精准教学的实践"的研究，关注作业数据，发挥数据实证的功效，让数据为课堂教学精准服务。

一、相关概念的界定

（一）作业数据

作业数据即学生在完成"在线作业分析平台"上的作业过程中和过程后，平台记录和显示的学生习题内容、做题时长、做题次数、正确率、错误原因等文字、数字、图片等情况。这些数据可以按不同的标准又可以分成：及时数据与历史数据，单次数据和累积数据，达成数据和错因数据，成果数据和习惯数据，个体数据和群体数据……

（二）作业数据的来源

作业数据的有效性和合理性是研究和分析的必要前提。在市教研室领衔下，基于市级作业体系内容，浦东实验团队积极尝试开发各级作业内容。我们通过研读课标、理解教材，构建作业目标体系；基于目标和单元，设计作业内容；基于分析学生的学习路径，对每道习题进行知识点、素养表现等属性标识；基于学习水平，对习题进行难度层级划分；为精准找到学生学习的短板，对有解释性的题目进行错因标注……进而形成作业体系。

如四年级第二学期"小数的认识与加减法"单元，我们基于教材，构建了近30条单元作业诊断目标，根据每条目标编制了由易到难的5道习题，对每道习题进行了错因等属性的标注，并根据相应单元安排编组了近15次相关练习。意图通过练习呈现出目标达成、知识点掌握、各水平层次掌握、素养发展、薄弱知

图3 作业诊断目标

【原题】
2. 0.202 表示把 1 平均分成（　　）份，取其中的（　　）份。
A. 100
B. 1000
C. 22
D. 202

题目内容	质量分析（打"√"）			属性分析（打"√"）					优化完善建议
	表述科学，用语精炼	要求明确，易于理解	选项设计合理	答案正确	对应学习（诊断）目标	学习水平划分准确	难度系数确定准确	所属板块对应正确	对应关键能力	
[4.2.2.2.1]知道十进分数与小数的关系，会进行相互转化。	√	√	√	√		√			√	

【编码】[4.2.2.2.1；B；2；1]

【答案】B、D

【题目解析】
0.202 是三位小数，用分数表示$\frac{202}{1000}$，就是 202 个 $\frac{1}{1000}$，表示把 1 平均分成（1000）份，取其中的（202）份。本题的设计意图关注的是十进分数与小数之间的互化。

图4 属性标识

图 5　平台作业体系

识点情况、主要错因等数据，看到学生真实的学习情况，了解到学生主要存在的问题。

（三）基于作业数据分析下的课堂精准教学

所谓的基于作业数据分析下的课堂精准教学就是以作业数据为起始，结合经验充分挖掘作业数据所蕴含的外在显示和内在隐含的教与学的现状和规律，研究学情和学习过程特点，从而为后续教学中确立教学目标和内容、设计教学活动、选择课堂推进方式、关注学生个体发展等提供实证支撑，从而尽可能提升课堂教学的精准性。

二、基于作业数据分析，推进精准教学

（一）基于历史数据，重构学习活动

作业历史数据反映出同一知识他班学习情况或前继知识本班学习情况。同一知识的他班学习数据，反映出该知识其他同学学习后掌握的情况、学习后的薄弱点等，通过分析研究，找到学习这一知识的学习特点、学习的难点、产生薄弱点的原因等，这些就可以直接作为新教学活动重构的依据，即要改进原来的学习活动设计，设计突破薄弱点的活动等。前继知识学习数据，基于教材单元螺旋上升

```
1.判断:每分(每秒、每小时)行的路程叫做速度(    )。
  A.对          B.错
2.鸽子的飞行速度大约是65千米/时,读作(    )。
  A.六十五千米每时    B.每小时六十五千米"
3.大象的行走速度大约是20(    )/时。
  A.分米          B.米          C.千米
4.上海磁悬浮列车的速度大约是430(    )。
  A.米/分    B.千米/分    C.千米    D.千米/时
```

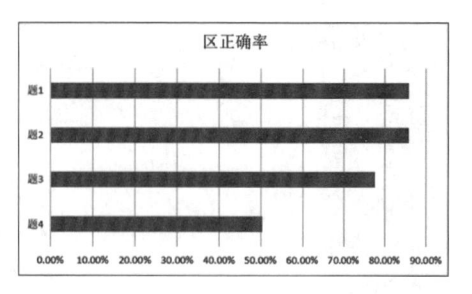

图 6　速度等概念的建立情况

```
5.填空
(1)速度×时间=(    )
(2)路程÷(    )=时间
(3)路程÷(    )=速度

6.赛车9分钟行63千米,赛车的速度是(    )。
  A.7千米/秒    B.7千米/分    C.7千米/时
```

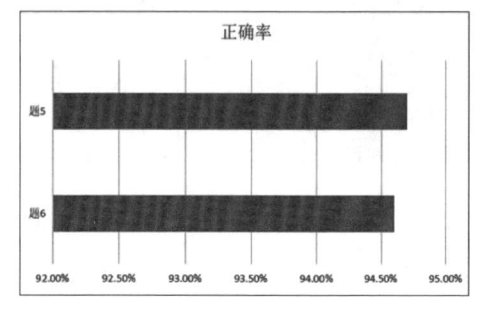

图 7　数量关系的理解情况

的特点和内容内在的关联性,反映出单元内相似内容的学习存在的一定的共性特征,单元内前继内容的学习掌握会对后续内容的学习产生一定的影响。通过前继学习作业数据的分析与解读,为单元内后继内容的学习提供教学假设、提出警示和提供改进意见,从而整体设计学习活动,提升单元学习的效益。

　　如四年级"工作效率、工作时间、工作量"一课,我们以理解三年级同类前继内容"速度、路程、时间"一课的历史作业数据为起始,研读了平台上的相关作业习题,从习题的目标、学生达成情况、错因等数据的分析中,发现后继同类内容的学习要关注概念的建立是否正确(图6),数量关系及其作用是否理解(图7),运用数量关系解决实际问题是否灵活等(图8)。在"工作效率、工作时间、工作量"一课提出了学习活动重构的假设:理解概念时设计关联情境的解读活动,分析问题时基于数量关系的分析——综合法等方法的理解活动,解决实际问题时关注比较、灵活运用的活动。

技术之能

```
7. 小英、小红、小丽在50米跑步测试中，小英用了10秒，小红用了9秒，小丽用了8秒，（    ）的速度最快
   A. 小英              B. 小红              C. 小丽
8. 小亚和小巧各绕800米的操场走一圈，小亚每分钟走80米，小巧走一圈，用了20分钟，所以小巧走得快。（    ）
   A. 对                B. 错
9. 甲：5分钟行13000米，乙：2分钟行6千米。比较甲与乙的速度，结果是甲的速度（    ）乙的速度。
   A. ＞               B. ＜               C. ＝
   D、无法比较
10. 一艘轮船早上7:00从码头出发，下午13:00到达目的地，轮船每小时行驶30千米。这艘轮船行驶了（    ）千米
    A. 6千米            B. 150千米          C. 180千米         D. 210千米
```

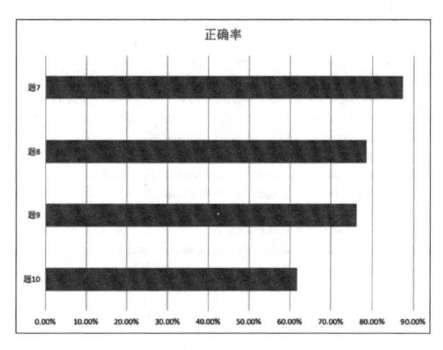

图8　数量关系的应用情况

（二）基于单次数据，调整推进策略

作业单次数据反映了一个内容不同学校、不同班级的学习情况。通过数据的比较和分析，基于学情和最近发展区有利于学生发展的原则，即数据不同，班级的课堂教学逻辑起点不一样，教学推进的策略也不一样，同时根据找到差异的内容、导致差异的原因等，确立教学推进各自班级和学生的关注点，即数据不同的班级，同样的教学内容、活动设计给予的学习支架、交流方式、点拨时机、难点突破等也不完全一样。

如四年级"小数加减法①"教学后，通过比对班级、学校的总体达成情况（图9）、每一习题的达成情况（图10）、学生错误情况和错误学生情况等（图11），在后一课"小数加减法②"教学中进一步关注说理，即理解算式每一步的含义，但不同数据的班级对原有的教学推进策略进行了相应调整。原达成率较低的班级和学生在说理过程中要提供填空形式的语言支架，帮助其理解；达成率高的在说理时不需要提供语言支架，可以关注与情境的整合，加深理解。达成率低的学校要先进行补救性复习，然后迁移到新课内容，在新课中问题探索时可先提供表征让学生圈画，在交流时先呈现正确内容引导学生理解后，再呈现错误

资源，在比较中让学生理解错误原因；达成率高的可以直接让学生用多种表征探索，呈现学生探索资源，在比较中引导归纳概括、优化等。

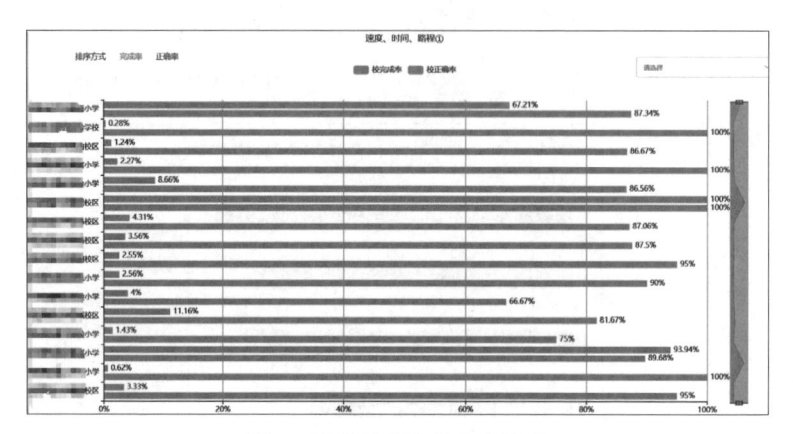

图 9 速度等概念的建立情况

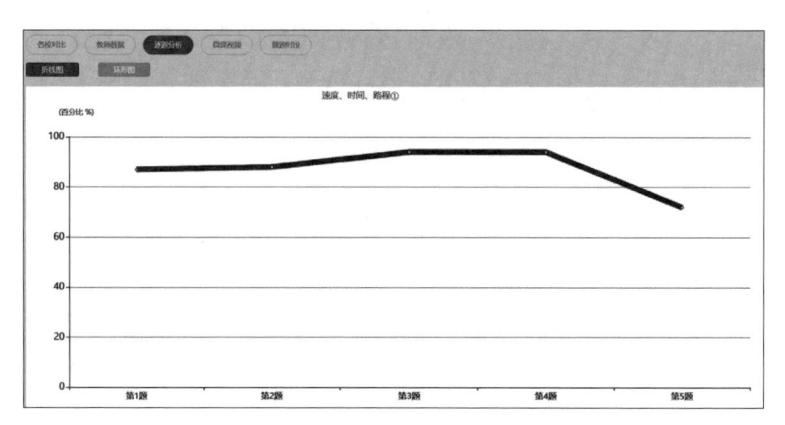

图 10 每题完成情况

图 11 某题完成情况

（三）基于累积数据，选择教学内容

作业累积数据即通过累积一个个有关联的知识点达成情况，以周、月、学期或单元、领域等累加起来的数据整体反映该班级或该学生某一些关联知识、某一领域知识技能、某一核心素养的发展等情况。通过横向和纵向比对学校、区、市等情况，比对其他知识点的达成情况，清晰掌握学校、班级主要问题，学生个体典型问题等，选择符合班级实际的教学内容，有效推进课堂教学的精准性。

如四年级"几何小实践"单元某班基于单元整体的知识技能的达成情况（图12），基于学习水平的达成情况、综合能力的达成情况（图13）、相关作业达成情况和学习水平达成情况（图14），确立了这一单元复习课计划和复习内容：设计针对薄弱内容的练习，重点突破；设计联系实际、沟通测量单位之间关系的练习，关注量感的整体培养；设计图形与生活实际之间的关系练习，关注在解决问题中正确计算，正确运用相关测量单位的能力；设计比较、变式、综合等练习，关注信息的提取和分析能力，提升问题解决能力。

错题未订正章节	正确率最低章节
五、几何小实践	五、几何小实践

图 12　单元整体达成情况

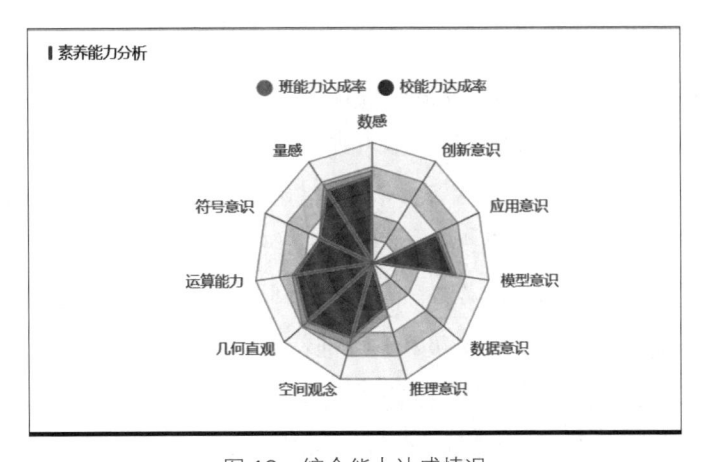

图 13　综合能力达成情况

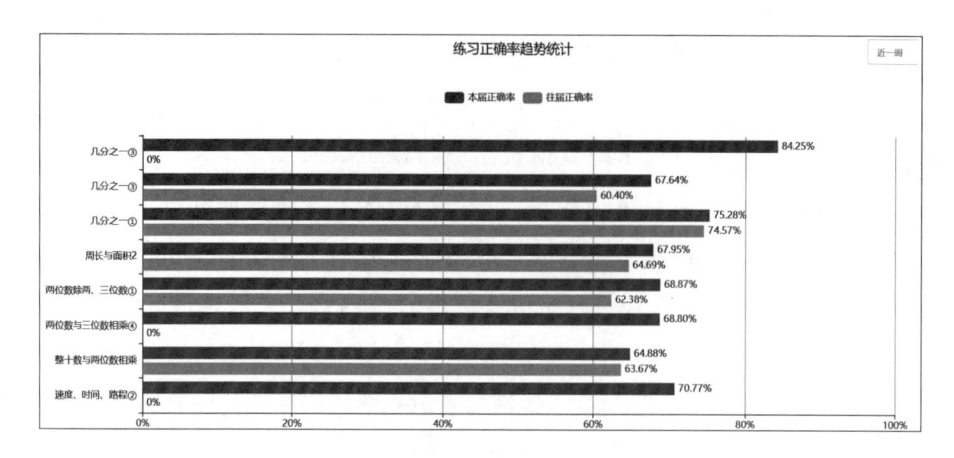

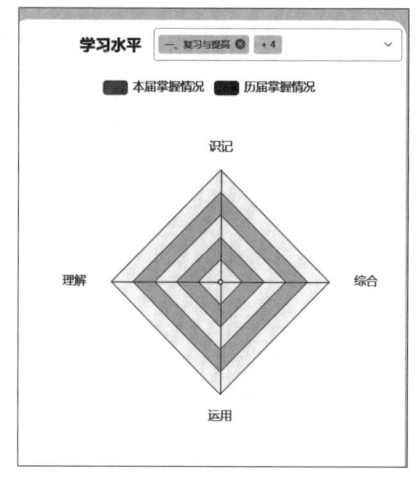

图14 相关作业达成情况

（四）基于作业错因数据，实施个性化辅导

作业错因数据可以反映出学生学习中存在的问题和薄弱点，借助区域、班级、学生的高频错题、主要错因等，依据习题的解析、错误归因等，在课堂教学中可以有针对性地对于学生薄弱知识点进行班级或学生的个性化辅导。不同班级或学生问题空间的大小不同，针对性地练习不同，"跟进练习"推送不同，帮助学生有针对性地巩固提升，为班级和学生推荐个性化学习方案。

如四年级第二学期某班，基于学生作业呈现的所有错题（图15）和四级（区、校、班、生）的高频错题库，生成三级作业诊断报告和学生个体知识主要错因（图16），确定班级和学生个性化辅导方案。关注算理的相应补救练习以及算理和算法联系的针对性交流讨论，课堂运用和给予的时间不同，关注的对象不同，推送相关微视频提供学习的时间和对象也不同（图17），通过不同的个性化班级和学生的补救、巩固知识的过程中，感受快乐，体验成功。

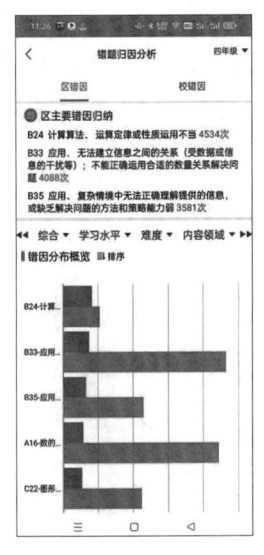

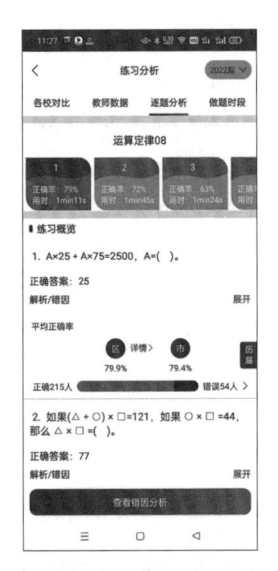

图15　主要错因情况　　　　　图16　主要薄弱知识点情况

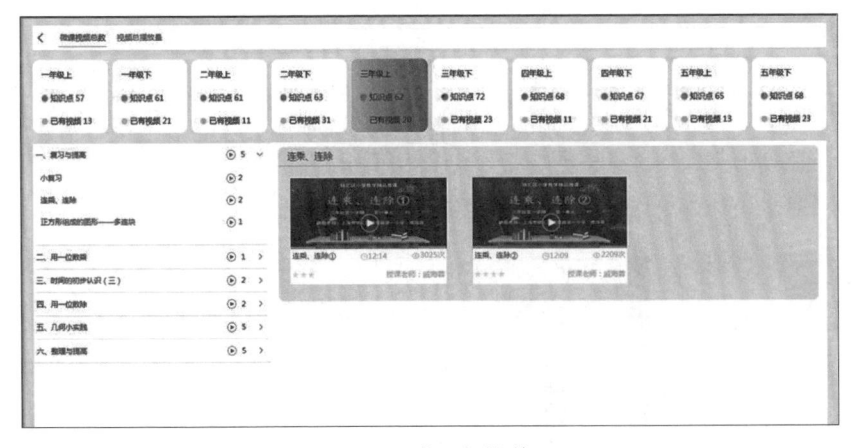

图17　微视频推送

（五）基于习惯数据，关注养成教育

作业习惯数据包括学生完成作业的时长、学生完成该题次数、做题时段、学生是否订正等数据，通过比对历史数据和他班数据，可以发现学生是否养成了

学习时注意力集中、可持续性、关注自我反思、改进等良好的学习习惯和学习品质。

如四年级某班某次作业时，发现班级平均答题时间、多数孩子的答题时间比系统显示的历史用时多（图18），教师就及时了解情况，发现是其中一题难度偏高，立即组织讨论，并予以个别辅导，同时进行标注，下次教学时关注难度；发现是部分学生答题时间较长、答题次数较多、做题时段较晚（图19），就提醒其

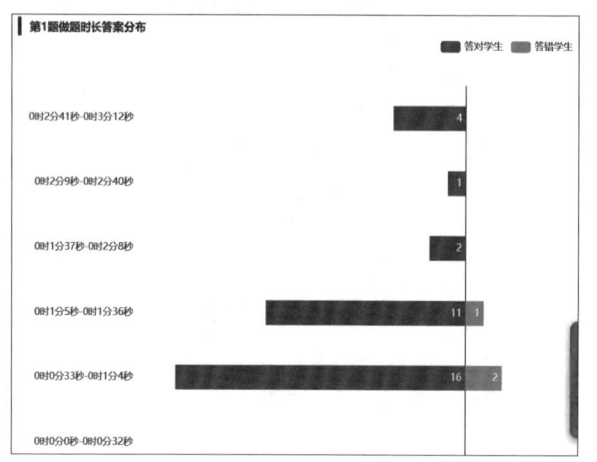

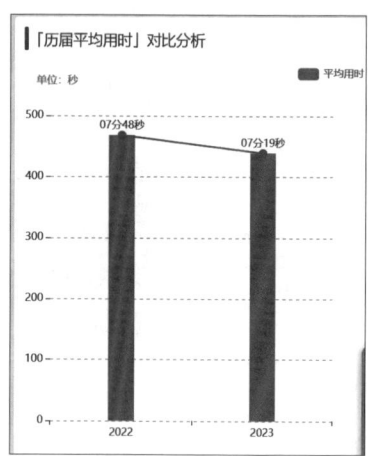

图18 作业时长

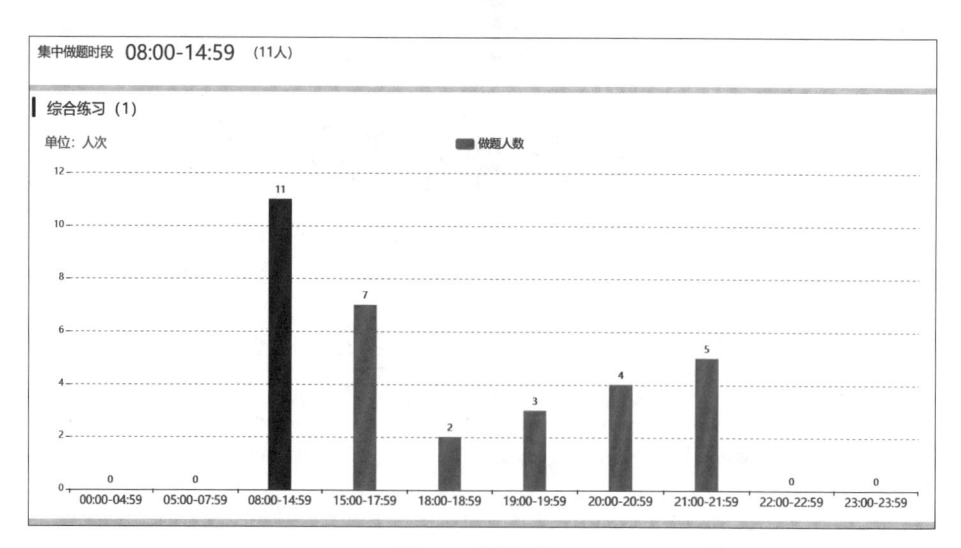

图19 做题时段

图 20　作业订正情况

答题时注意力要集中或不做无关的事，先完成作业再玩等，引导其养成静心的学习习惯和学习态度；发现部分学生没有及时订正（图20），就点对点连线，关注其是否会订正，告知其订正的作用，提示及时订正，让他们养成及时订正、自我反思和改进等习惯；同时对数据中发现的那些习惯有偏差的学生在后续课堂教学中作持续性的跟踪与关注。

基于作业数据不同标准下呈现的类型可以分析的内容还有很多。我们认为作业数据是提升教学精准性的基础，作业数据分析运用的时机可以在课前，也可以在课中或课后。作业数据不同的分析和解读会呈现不同的结果，及时发现数据呈现的问题，让数据发声，实现因数而定，从而提升教学质量，真正实现减负、提质、增效。

作者简介：朱伟，上海市浦东教育发展研究院小学数学教研员，高级教师，上海市第二期名师后备学员。曾获上海市园丁奖，参与上海市空中课堂1.0沪教版五年级上下册指导，执教上海市空中课堂2.0名师面对面教学。参与《上海市小学数学基本要求》编写。曾获上海市教研员论文评比二等奖。

实践逻辑 & 落地路径：
教育数字化转型，怎么"转"

上海市浦东教育发展研究院　张广录

本文尝试回答有关教育数字化转型内涵价值（what+why）、实践做法（how）和突破壁障（how good）等问题。

一、内涵：教育数字化转型是什么

做教育，要想大问题，做小事情。只有最底层的认知变了，才可能用新的实践逻辑来做事，才可能落地行为改变，从而实现真正的教育改革。

要实现教育数字化转型，就先要弄清楚什么是数字化转型的准确内涵。

（一）行为闭环：物理世界—数字世界—物理世界

数字化转型，是将复杂多变的物理世界信息转变为数字格式，即同步生成一个映射物理世界的数字孪生世界，借助云计算、人工智能等技术处理数据，实时分析，给出由数据支持的决策，进而实施同步反馈数据检测并影响实践者随时调整行为的精准执行，形成一个"物理世界—数字孪生世界—运算—决策—实施—检测—调整行为—改造物理世界"的行为闭环过程。

（二）实践活动：环境·行为·价值

从决策者视角看，数字化转型的教育和常规教育有如下区别：常规教育由人根据对物理世界的感觉、认知和理解来做决策，不过——你有你的想法世界却可能另有规则——这种决策受人的立场、情绪与脑力运算能力的限制，难以做到客观高效；而数字化转型的决策，有客观的数据支持，再加上人的参与综合考虑，在客观性和科学性上会有提高。

据此，笔者从"大概念＋种差区别"的视角给出教育数字化转型的定义：数字化转型的教育活动，是在真人专家或虚拟数字专家的引领下，在数字化场景（平台）中，针对真实的教育困境或教育难题，充分调动所有参与者的积极性，大量运用视觉表现方式呈现思维过程，以解决问题为旨归，充分运用数字化工具来采集数据、统计数据、分析数据，在运算中发现被隐藏的底层规律，聚焦迁移运用到教育教学问题的系列实践活动。

在大概念上，教育数字化转型依然属于教育实践活动。

在种差区别上，它的活动方式有三个本质特征：一是教育教学场所和情境（环境层）具有分布式特征：教育者和学习者处于不同的地理位置，甚至可以分时性——即在自己方便时——自主参与教育教学活动。二是教育教学方式（行为层＆能力层）具有强烈的数字化实践应用特征：教育教学的方式固然不拒绝不排斥常规的基于经验观察的教学和学习方式，但主体方式是基于数据同步反馈作为实证（包括数据采集、分析、运算）而不断调整实践行为。三是教育教学内容（价值观层＆角色层＆愿景层）具有解决真实问题的特征：不管是教的内容还是学的内容均聚焦于真实情境中所遇到的真实问题，以解决真实问题——解决与否主要取决于数据结果而非直觉感受——为研究旨归。

（三）教育研究5个"转"：理念＋场所＋内容＋方式＋评价

在应用层面，教育数字化转型的内涵包括5个"转"：（1）转理念认知：重构基于数据支持的教育教学体系；（2）转研究"场所"：线上线下融合；（3）转研究内容：发现常规观察难以发现被遮蔽的深层教育教学运作规律；（4）转研究方式：个性化互动化共享化教育；（5）转研究评价：数据支撑＋AI深度介入。

二、实践：教育数字化转型，怎么转？

实践操作层面，教育数字化转型的实践可以概括为：在线（数据采集）＋互动（动态交互现场生成）＋运算（数据分析＋智能决策）＋输出（解决方案＋推广迁移）。

笔者在项目研究中，总结出教育数字化转型"怎么转"的七个标志。

（一）研究"场所"：教育行为是否发生于"在线"状态

要把研究行为和过程尽可能全地安置于在线状态的数字化环境中，在线和互动不断演化和深化，伴随式采集到全数据，为分析数据提供可能性，为洞察学习现象背后的内隐问题配置条件。

（二）研究对象：是否同步现实生成数字孪生世界

研究得以进行的前提条件，是有一个客观的研究对象。日常关注可见的真实世界，数字化转型关注的是"数字世界"——先要比照现实世界孪生出一个数字世界，再通过对数字的追溯、洞察、分析，发现学习和教学中到底存在什么被遮蔽隐藏的问题，再据此指导、改善现实世界，从而提高教育教学工作的效益。

（三）数据分析：是否打通各个局部的研究数据

数据分析的本质是运算，运算就需要打通局部状态的数据，这是数字化转型的一个关键点。数字化转型不单单是把数据放到线上就完成了，而是要将数据和数据、数据和行为、行为和行为之间的关系打通关联，收集数据，瞄准教育教学实践全周期，挖掘出数据本身的价值，而不是让数据孤立地存在于各个部门或上游和下游。

（四）建立连接：是否对数据分析的结果和现实世界的决策建立连接

建立连接，在本质上是互动——数字和现实世界的动态交互，这一步经常会被忽略。做数字化转型课题，很多研究者单单知道要搭一个数字世界，却不知道更关键的是建立连接。有些学校的数字化转型之所以不见成效，就是因为拥有了很多数据，但这些数据和现实世界是割裂的，没办法和现实世界的工作联系起来。数据如果处于孤岛状态，不能为教育教学行为提供支持，不作为决策依据，它就成了负担，成为"只花钱不办事"的废物垃圾，所以我们要重视对数据和数据建立连接，让数据能指导我们的教育教学改进行为。

（五）方案输出：是否把数字化教育所萃取到的教育教学规律作为解决方案推广迁移到其他场景中

数字化教育和常规教育在本质上并没有区别，都是作为服务教育教学的手段而出现。在数字化转型的教育中，更强调把经过计算机统计分析的结果转型为解决类型问题的方案，因为只有方案才具有执行力和操作力。不过，这种方案和常规教育的方案比较，具有模块化组合的特征，方便使用者根据具体问题的情境选取模块，组合应用。

（六）数字治理：是否同步建构适应数字化转型教育运转的组织体系

数字化转型不是安装一个数字平台加以应用那么简单，而是需要从制度到内容到方式各个方面都有所调整配合。它不单单是学习方式的变化，配套的学习内容也要变化，尤其是学习组织也要做相应调整。比如线上学习的异地异时特征，对学习过程的线上监控系统，就使得数字化教育的绩效评估系统和整体设计系统也要发生调整——它是一场教育教学的综合性变革。

（七）平稳落地：是否恰当运用"妥协"的方式实现转型的平稳落地

转型期处于从传统向数字化模式过渡时期，面临一个如何协调常规教育和数字化教育之间关系的问题，要得以平稳过渡，就需要相应的政策作为支撑力量。在现实中，有多个利益方，包括国家、社会、家庭、学校、教师和学生，最好能够保证所有利益方都能从数字化转型中获益，从而成为数字化转型的推进支持而非阻碍力量。在推进策略上，不宜一刀切地进行突进式改革，要寻找关键点，从重点上突破，一点点来，从试点逐步推广。尤其鼓励嵌入式推进——即在传统教育教学中嵌入部分数字化转型的方式和内容，逐渐"换芯"，让两者"混合"发展。

三、穿透壁障：教育数字化转型，怎么突破难点？

"转型"本身，意味着过渡期，前行的路上壁障重重。笔者在项目研发实践中，发现六个难点需要采取针对性措施来重点突破。

（一）数据采集：无感+伴随

"转型"的基础是数据采集。数据采集的关键，是不能大规模改变当下现有的学习方式，只有采用伴随式、无感化的贴身追踪方式，比如体育课为学生戴上运动手环，文化课自动记录学生学习发生的过程性数据等。所以，需要研究方便数据采集的便宜设备和采集方式。

（二）数据反馈：实时反馈+循数调整

打通数字孤岛建立数据连接很重要，但是，如果是在单项数据采集结束后再反馈连接，便只具有"马后炮"的评价功能。高级的数字化转型实践，要预先做

出结构化设计，关注到各个数据之间是如何相互影响的。比如学生学习时长和知识掌握程度之间的关系，重难点任务完成度和关键能力之间的关系，应用拓展和学习品格之间的关系，等等。这些数据要实时反馈，方便学习者根据反馈的数据结果随时调整后期行为。

（三）数据可视化：标准差数据＋状态数据

教育数字化转型中，数据在两个层次上发挥作用：一是和标准模型对比，由运算系统自动发现学生的实际数据和标准数据之间的标准差，做出有针对性的"强化"学习内容推送；二是要把学习数据，以可视化方式呈现在学习平台上，这个状态随着学生学习的过程，不断透明化实时更新。如此，就形成一个可见的"学习赛道"，所有人在"赛道"上的奔跑状态和奔跑位置本身作为一种"状态数据"实时反馈，刺激处于不同位置的学习者，学习数据成为促进变化的一种新力量，和学习者在心理层面形成一种相互刺激相互激励的效应。

（四）异常分析：常态变化＋频变度

对数字化转型来说，发生"异常"是常态。"转型"处于新旧交替的中间状态，尚未成熟到成为一种独立的学习方式。在这种新旧学习方式博弈过程中，学习发生变化才是应有常态，这种变化本身，相对于原有的常规学习方式，是一种新的"异常"，所以，数字化转型实践的一个标志，便是这种"异常"的质量、数量与发生频率。如果这种"异常"变化的频度很小，很可能是在常规教学框架上的缝缝补补，就不能算作教育数字化转型的行为。

（五）矫枉过正：硬性规定＋"肌肉记忆"

矫枉过正是教育数字化转型初期的特殊行为。数字化转型，既要立足于当下的教育教学现状，又要在某些点上有真正突破——否则永远是维护常规教育的缝缝补补。这种突破，在特殊时机和节点上，要表现为"矫枉过正"的方式或者"硬性规定"的方式，来"逼迫"教师进行数字化转型的行为转变。在转型期，新做法需要在不断重复中变成一种肌肉记忆从而达到自动化的程度——为避免转型信号从上往下一层一层衰减，只有通过"矫枉过正"方能真正施行。

（六）开发 SOP：迁移应用的关键

数字化转型的成果要推广，关键不是结论的推广，而是方案应用的推广和做事思路、方式、方法、工具应用的推广和迁移。而迁移应用的关键是要有 SOP（standard operating procedure）即标准作业程序——没有 SOP 方案的迁移推广只是道理上的一句空话——将转型应用的标准操作步骤和要求以统一的格式描述出来。其精髓是将流程中的关键控制点进行细化和量化，标志是给出可迁移应用的细致方案和操作步骤——当然，实际迁移执行过程中，可以对 SOP 加以改造，使其更符合本人教学实际，不流于形式。

作者简介：张广录，上海市浦东教育发展研究院师训员。上海市语文特级教师、正高级教师。浦东新区教师培训师培养项目负责人，张广录语文名师培训基地主持人。全国中语名师工作室联盟副会长、上海市写作学会常务理事，上海师范大学硕士生导师。曾任教育部《语文教师培训课程指导标准》研制组专家、华东师范大学语文教师研究所副所长。获全国中小学国学课堂教学大赛一等奖。开设教师培训课程"经典文本解读""写作思维""民国语文""教学设计：作为一种技术"。

利用"教学助手"的数据反馈
开展精准英语教学研究

上海市浦东教育发展研究院　郭松梅

2022年3月9日起，浦东新区孙桥小学四年级英语数字化转型教学项目组开始使用"三个助手"平台开展教学实践研究。在此过程中，本着"以学定教""以生为本"的教学理念，项目组对如何优化使用平台提供的三个助手分别确定了对应的研究着力点：

"备课助手"——整合利用资源，进行基于学情的单元整体教学设计。

"教学助手"——利用即时呈现的数据反馈，开展基于学情的精准教学研究。

"作业助手"——推送必做作业和分层个性化作业，巩固和拓展课堂所学。

本文将重点介绍项目组是如何利用"教学助手"的数据反馈来开展基于学情的教学实践研究的。

迫于教学时间、学生人数、教学内容等诸多因素限制，传统的课堂教学不可能做到让每个学生参与到每个学习活动中，所以教师无法精准获取学生真实的学习情况，导致教师往往是基于自身的教学经验来判断教学效果。而教学经验尚不丰富的年轻教师则容易按照既定的教学流程一步一步完成预设教学，缺乏真实有效的互动和对学生必要的指导。

经过实践，项目组发现"教学助手"有助于解决上述这些问题。首先，"教学助手"是把练习或任务推送到每个学生，确保人人参与；其次，平台同步收集学生完成练习或任务的情况，并通过具体数据即时予以反馈，如学生参与率、完成率、准确率，学生完成练习时间，哪些学生存在问题，存在什么问题等。如此，教师在学生完成练习的过程中可以实时了解每位学生完成练习的真实情况，并可通过分析平台呈现的即时反馈数据来研判是否要调整后续教学，如何调整教学，哪些学生需要特别关注等，使得教师教学行为的发生能基于学生的学习需求，体现教学指导的科学性和精准性。

一、利用"教学助手"的数据反馈，调整并优化教学

（一）根据数据反馈，即时调整课堂教学内容

在前期备课时，教师从"备课助手"中选择聚焦教学目标且符合学生学情的课中练习，并预估学生完成练习所需时间，在课中通过"教学助手"推送给学生。如在预估时间内完成率较低，说明学生对完成该任务存在较大的问题，教师需对学生进行相关指导，还可能需要视具体情况调整后续教学内容；反之，教师则可选择对该练习不进行讲解，直接进入到预设的下一环节的教学。

案例 1

课题：4B M4U3 Story time（P1）The ugly duckling

练习：课中练习 3/Look and read

目标：学生进行课文朗读练习巩固，教师了解学生课文朗读情况。

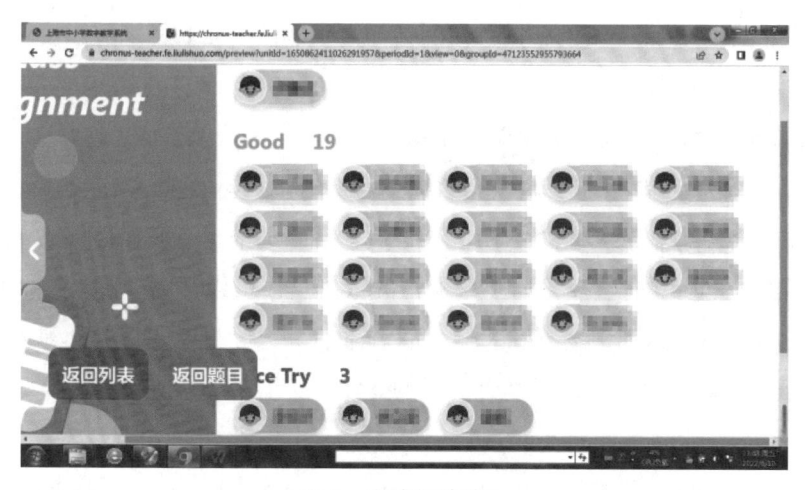

图 1　完成朗读情况

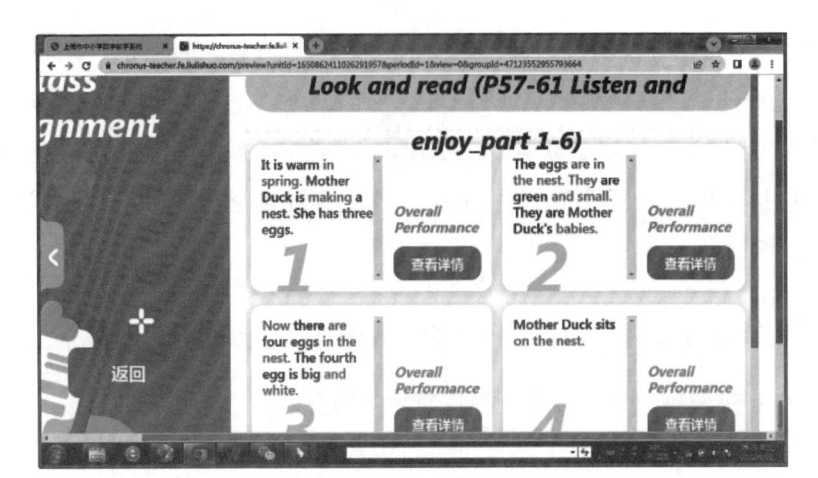

图2 单词发音存在错误

此项练习是学生完成本课时课文学习后再次练习巩固课文朗读，教师了解学生课文朗读的准确度和流利度。备课时，教师考虑到在完成本任务前已经在各个教学环节对学生进行过分段课文的朗读指导，故预估在3分钟内，学生完成率应该达到约90%，且优秀率为50%左右。但在实际教学中，只有52%的学生完成朗读，且只有1名学生得到Excellent评价（图1）；同时，教师通过查看学生的个体学习报告及全班的综合报告，发现大部分学生在较多单词发音上还存在错误（图2）。鉴于此，教师立刻中止该任务，把原来预设的后一教学环节"和小组同伴一起有感情地朗读课文"调整为"教师指导学生朗读，同时特别关注发音错误率高的单词的朗读指导"。

（二）根据数据反馈，优化课后作业布置

课后作业是课堂教学的巩固与延伸，有效的课后作业应该帮助学生进一步巩固重点，突破难点，发展能力，所以在控制作业量的前提下，如何提高课后作业的质量是非常重要的。"教学助手"提供的数据反馈可以帮助教师精准捕捉学生的学习短板，从而设计目标精准的针对性作业；如果学生对当日的学习内容掌握较好的话，教师则可以布置难度有提升的作业。

案例2

课题：4B M3U2 Time（P1）Ben's timetable for the morning on weekdays

练习：课中练习 3/Read and complete

目标：学生进一步巩固强化课文内容记忆和单词拼写，教师了解学生的学习情况。

图3　学生课后练习完成情况

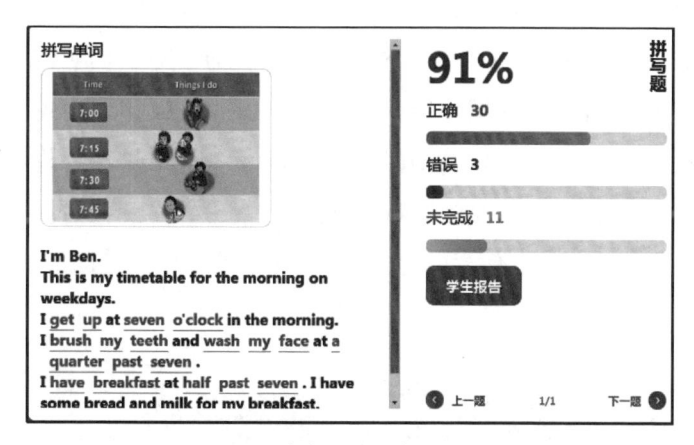

图4　完成率和准确率明显提高

如，此课中练习3是在巩固环节时推送给学生的，检测学生在学完"Ben's timetable for the morning on weekday"这一课文后，是否能正确回忆课文内容并能准确拼写单词。教师原本预计经过了差不多一课时的学习，学生应该能较好地完成此项任务。但实际情况出乎意料，在预估时间内，只有6位学生完成此项练习，正确人数5人（图3）。教师即时研判原因，可能大部分学生未能记住课文内容，也可能学生在单词拼写或者打字输入上存在问题，于是，立即终止任务，改为教

师指导学生进行口头交流。但口头交流只能限于几个学生，大部分学生还是没有得到必要的练习。所以，教师在课后把预设的课后作业1"熟练朗读课文"调整为"熟练朗读课文后再次完成此项练习"，课后充分的练习时间使得完成率及准确率明显提高（图4）。

（三）根据数据反馈，及时调整后一课时教学设计

英语课程标准倡导单元整体教学，教师在前期备课时需整体规划一个单元若干课时的教学设计。但科学的单元整体教学一定需要根据学生的学习情况而进行动态的、必要的调整，这也恰恰是单元整体教学的意义所在。"教学助手"呈现的数据反馈给教师是否需要调整后一单元课时的教学设计及如何调整提供了依据，有助于教师在教学中始终立足单元进行整体考虑，从而提升单元整体教学效益。

案例3

课题：4B M2U3 Home life（P3）The Chens' home life

练习：课中练习2/Look and complete

目标：学生再次练习巩固本单元核心词汇，教师了解学生的掌握情况。

如，此课中练习2的数据反馈为第一题准确率为66%（图5、图6）。教师结合前两课时学生的学习反馈，即时研判原因为"do a puzzle（做拼图游戏）"是个新词汇，受中文表述习惯的影响，学生把"do"跟之前学过的单词"make（做）"混淆起来，说明还有1/3学生对本单元中的这个重点词汇的掌握存在问

图5　课中练习2

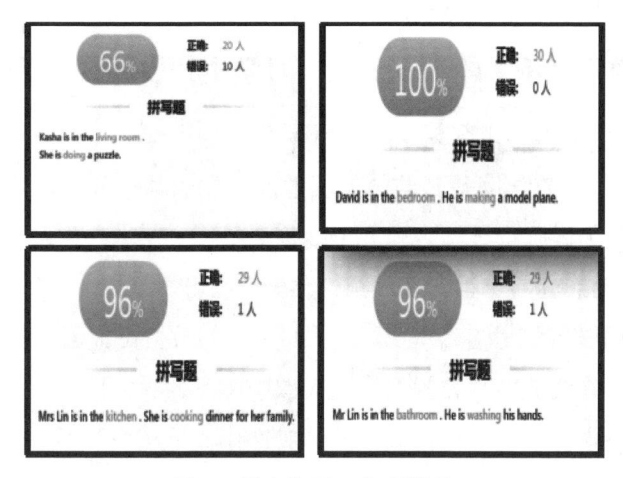

图6 课中练习2完成情况

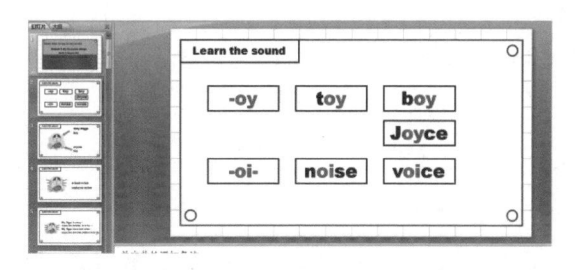

图7 教学设计调整前

图8 教学设计调整后

题。鉴于此，教师对第4课时的教学做了调整（图7、图8），在语音教学环节前增加一个相关情境练习环节Read and complete，帮助学生再一次强化巩固核心词汇，同时再次了解学生的掌握情况。

二、利用"教学助手"的数据反馈，对学生开展针对性指导

"以生为本"的教学理念要求教师既要关注学生全体，也要关注学生个体的学习和发展情况。"教学助手"的数据反馈能帮助教师精准获取每个学生个体学习情况，从而助力教师指导学生开展个性化学习。

（一）建立动态学习小组，开展个性化学习指导

学生个体的学习能力有差异，"教学助手"的数据反馈给教师开展差异化教学提供了依据。在实践中，教师根据当天课中练习的数据反馈，根据具体情况适时建立临时动态学习小组，为他们推送针对性作业，从而开展精准的个性化学习指导。

案例4

课题：4B M4U2 Festivals in China（P1）

练习：课中练习 2/Look and read

目标：学生模仿录音进行跟读，教师检测学生的课文朗读情况。

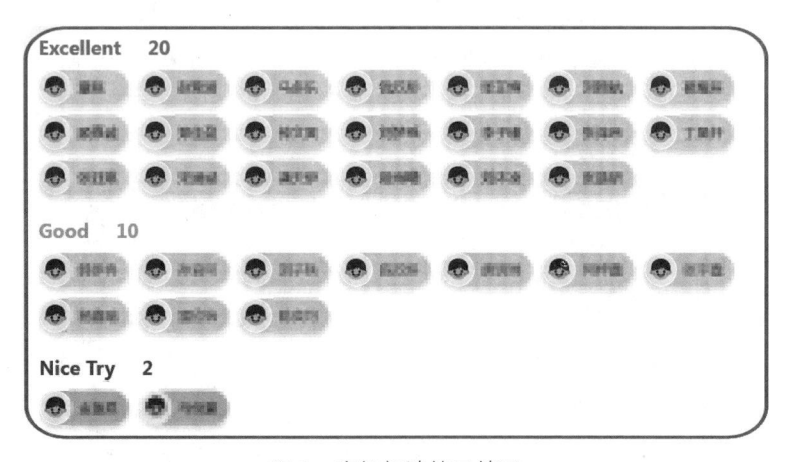

图9　班级朗读练习情况

在案例4中，我们可以发现，有两个同学的朗读练习反馈较差（图9），教师课后就把这两位同学组合为学习动态小组，要求他们课后跟着录音再次模仿跟读，并上传自己的朗读录音。反复练习后，从小金同学的两次报告中可以看出，他的朗读有了明显的进步（图10、图11）。

图10　小金同学练习前朗读效果

图11　小金同学练习后朗读效果

（二）密切关注学生个体，注重良好个性培养

指向培养学生核心素养的英语教学，其内容不再局限于语言知识和语言技能，还包括对一个人良好品格的培养。平时教学中，我们总是会碰到一些胆小、缺乏自信的学生，他们安静乖巧，在课堂上从不或者很少主动发言，很容易被教师忽略。"教学助手"对学生完成课中练习的过程进行全程跟踪，教师可以通过对历史数据的分析，分析每个学生的学习行为，如态度、能力等，从而帮助他们发挥优势，克服劣势，培养良好个性。

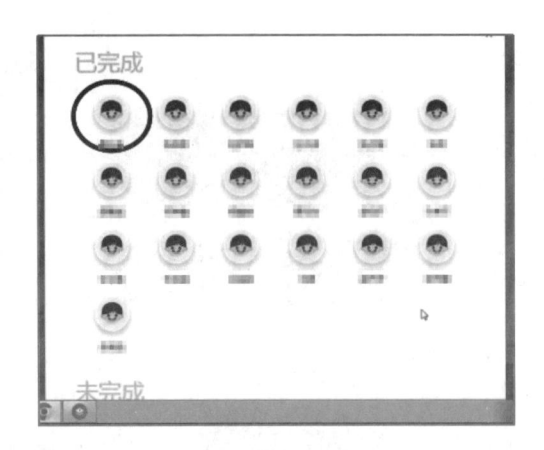

图 12、图 13　分析历史数据

小易同学是个安静胆小的学生，之前的线下课堂教学中，她很少主动发言。此次项目实践中，教师通过分析历史数据（图 12、图 13），发现她常常能快速完成任务且准确率高，便经常有意识地表扬她，受到肯定的小易逐渐变得胆大自信。

案例 5

课题：4B M2U3 Home life（P3）The Chens' home life

练习：课中练习 2/Read and choose

目标：学生再次巩固本课学习重点，教师了解学生的学习情况。

如：在案例 5 中，小易主动向其他学生分享自己是如何利用排除法完成此项任务的（图 14、图 15）。

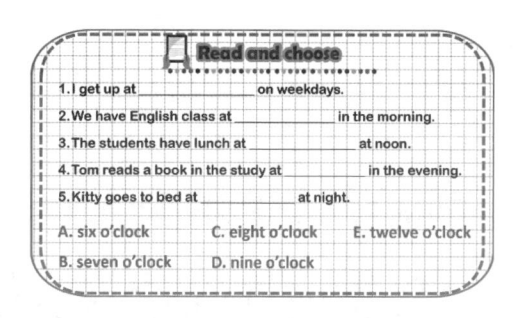

图 14、图 15　小易主动向其他学生分享学习方法

　　《义务教育英语课程新标准（2022年版）》提出要"推进信息技术与英语教学的深度融合"。此次基于数字化环境的英语教学转型研究，给予项目组一次深刻思考并实践的机会。在教学实践中，项目组发现如何读准数据，读懂数据，并用好数据来调整和优化教学，对教师的综合能力提出更高要求。让技术赋能教学，这是时代发展的趋势，也是社会发展对教师提出的要求。教师首先要做智慧教师，才能建设智慧课堂，最终培育智慧学生。

　　作者简介：郭松梅，浦东新区小学英语教研员，区学科带头人。曾获上海市中青年教师教学评优一等奖，上海市基础教育教研员专业发展评优一等奖，上海市教研员论文评比二等奖。多次参与各级各类教材编写工作。曾在区级及以上刊物发表论文数十篇。

面向计算思维培养的
人工智能项目设计与实施

上海市实验学校东校　潘艳东

联合国教科文组织 2022 年发布了《基础教育阶段人工智能课程：官方认可的人工智能课程指南》，基于全球调查报告结果，强烈呼吁各成员国加快基础教育阶段人工智能课程的开发。我校基于上海教育版《人工智能》小学版和初中版的教材，并结合学情，开发了基于项目的人工智能校本课程。同时，我们还开发了 AIScratch 教学工具，搭建了人工智能体验平台，了解人工智能应用背后的人工智能技术和工作原理。通过学习，了解机器学习的工作原理，体验图像识别基本过程，并通过问题分解、抽象模型、算法设计，逐步提升计算思维能力，落实信息科技学科核心素养。计算思维是学科核心素养系统的关键要素，影响其他 3 个要素发展的质与量，一定程度上决定了学科核心素养的优劣。

一、学校基础

上海市实验学校东校地处上海浦东新区碧云国际社区，是一所九年一贯制公办学校，是上海市项目化学习实验校，上海市人工智能教育实验校，华东师范大学顾小清教授国家社科重大项目——人工智能促进未来教育发展研究的实验校。我校人工智能课程构建的框架为：小学开设 Scratch 创意编程；六年级开设人工智能体验课；七年级面向全体学生开设 Python 编程和人工智能课程，并利用机器人编程等心愿课程，开设基于项目的人工智能实验课。

二、项目设计

（一）指向计算思维培养的人工智能项目设计的模型

面向计算思维培养的人工智能项目设计，首先考虑要构建一个模型，主要包括主题、目标、过程、资源和评价五个要素。主题主要是从学生兴趣出发，突出跨学科问题；目标是基于课程标准并渗透计算思维；项目实施过程是从设计项目活动到问题解决，并提供必要的学习支架；资源方面需要提供有利于培养学生计算思维的学习资源；评价方面开发了评价量表或工具，用于检验计算思维的成效。（如图1）

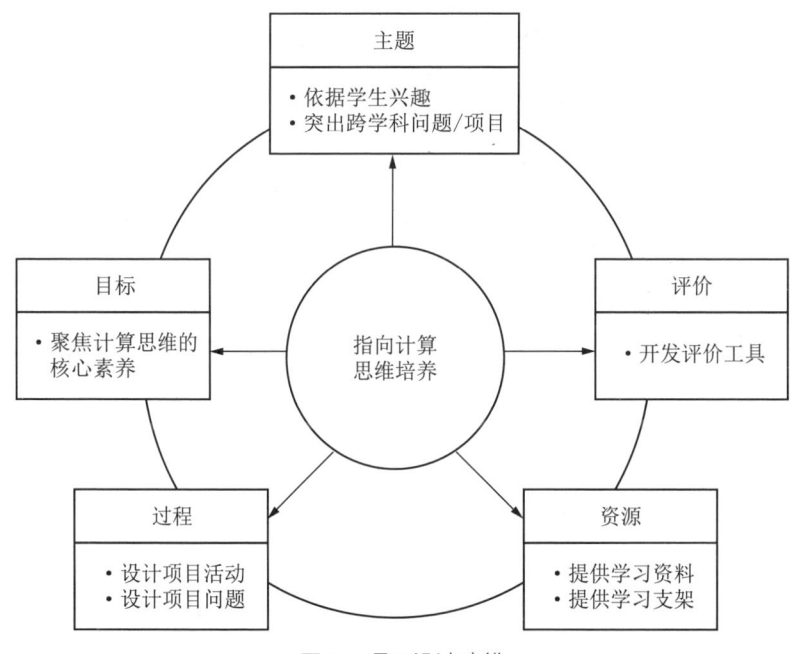

图1　项目设计建模

（二）指向计算思维培养的人工智能项目设计模板

基于项目设计的五个要素，我们设计了一份中小学人工智能项目设计模板，教师可通过模板了解设计项目，此模板包括：项目名称、作者信息、基本信息（包括所涉学科、适用对象、校内资源、课时安排）、项目设计（包括核心问题、预计成果、学习目标、核心知识、问题设计、活动设计、学习评价和学习资源、学习支架等）。不过该模板还需要在实践中不断完善，可供有需要的教师参考。

（三）指向计算思维培养的人工智能项目设计流程

在开展面向计算思维培养的人工智能项目教学实践中，我们探讨了人工智能项目设计流程与计算思维的内在关联。基于项目流程是一条明线，从设计项目—制定方案—开展探究活动—编写程序—展示评价项目等，在项目的设计与实施过程中，处处渗透计算思维的培养。（如图 2 所示）

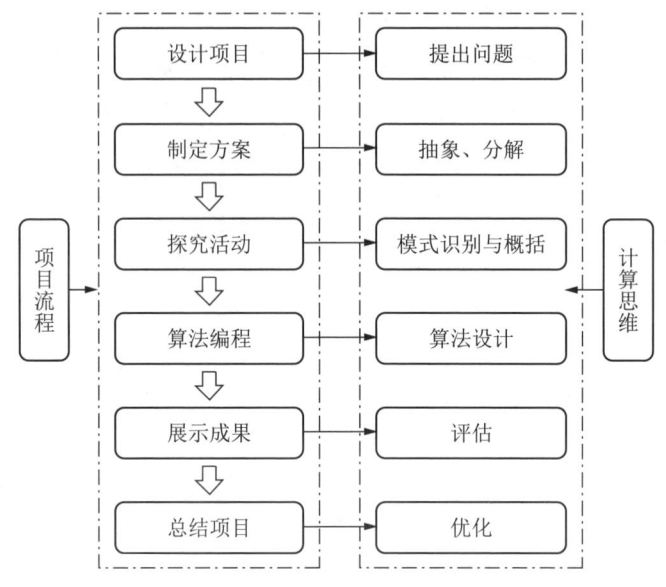

图 2　项目设计流程与计算思维的内在关联

三、项目实施

案例：《会说话的校园》，共设计了 12 个课时，这个项目主要是基于我校事务部和家长提出的需求，让校园里的十景（比如学校生态园里的一花一草）开口说话。这个项目主要包括入项（包括问题提出、入项活动、人工智能核心技术学习、音视频编辑制作微视频学习资源、二维码制作）、子项目一（制作鲜花识别机器人）、子项目二（会说话的植物）、拓展延伸和出项（包括成果发布会、项目评价和总结）。整个项目贯穿人工智能的核心技术，如机器学习、图像识别、语音合成；信息科技课程新技术部分，如视音频编辑和制作、二维码制作。

在制作鲜花识别机器人教学实践中，通过入项、设计鲜花识别程序、制作鲜花识别机器人和展示评价等四个活动来展开实施。我们利用 Scratch 编程软件是开源的特点，开发了人工智能模块，如人脸识别、语音合成、图像分类等，让学生通过图形化编程的方式，体验人工智能图像识别的过程。

（一）项目情境

本项目是基于真实的问题，每天中午，东校生态园有很多同学去探秘，这天小琦发现了一株奇特的花——黄色的花蕊，淡紫色的花瓣，她很好奇地问同伴小君，这是什么花呢？基于学生的问题，我们设计一节编写鲜花识别程序的课。课堂中我们首先用手机或 Pad 打开形色 App，体验人工智能工具，然后提出问题：人工智能背后的原理是什么？由此我们设计了三个活动。

（二）项目目标

通过在线体验，了解图像识别的关键技术，体验图像识别的过程；通过实践探索，学会问题解决的方法，即分解、抽象、算法，逐步提升计算思维能力，落实信息科技学科核心素养；感受人工智能技术对生活和学习带来的影响，进一步激发学习人工智能的兴趣。

（三）项目过程

我们设计了三个活动并设计了多个问题链，通过活动或问题来引导学生开展项目实施。

我们设计的第一个活动是体验手机形色 App，利用手机把学生带来的鲜花，拍图识别，并且传到电脑中，通过百度大脑 AI 开放平台中的识图功能，体验识别鲜花的过程，得出结论：电脑识别鲜花的过程与人的识别物体的过程相类似。通过在线体验及教师启发，引导学生了解识图软件或识图 App 背后的人工智能技术和工作原理。引导学生了解机器学习原理。我们设计的第二个活动是制作鲜花识别机器人，采用学习单等学习支架引导学生探究学习，主要探究鲜花识别机器人的算法设计。学生通过分析案例桃花图片"学习"和"预测"的过程。通过分析识别桃花案例中数据集和预测集的程序，编写郁金香等鲜花的程序。认识机器识别图片包含两个过程：训练（学习）和推理（预测）。通过对问题的分解、抽象模型、设计算法，逐步提升计算思维能力。我们设计的第三个活动是测试与优化，通过同伴互换测试活动，找出程序的不足，进一步改进优化作品，体会调

试程序的重要性，提升学生计算思维的评估和优化。

```
活动二：制作鲜花识别机器人
```

Q4：如何制作鲜花识别机器人？

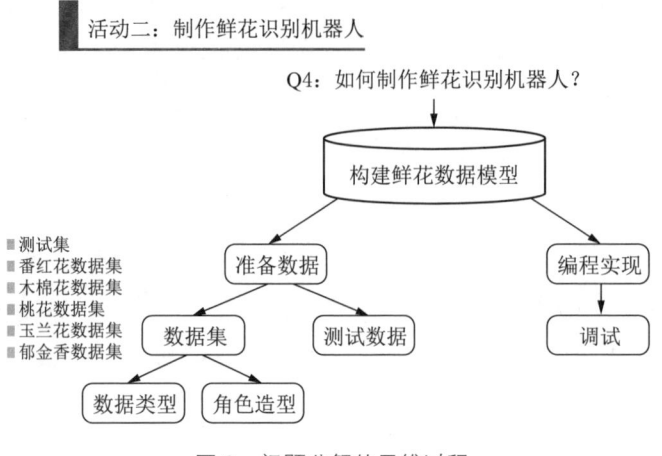

构建鲜花数据模型
├── 准备数据
│   ├── 数据集
│   │   ■ 测试集
│   │   ■ 番红花数据集
│   │   ■ 木棉花数据集
│   │   ■ 桃花数据集
│   │   ■ 玉兰花数据集
│   │   ■ 郁金香数据集
│   │   └── 数据类型
│   │   └── 角色造型
│   └── 测试数据
└── 编程实现
    └── 调试

图 3　问题分解的思维过程

（四）学习资源和学习支架

学生通过体验后，教师布置探究一：图像识别的过程。首先分组讨论百度大脑是如何识别出夏雪片莲。学生通过学习单支架，讨论交流图像识别的过程。教师总结百度大脑主要是通过图像处理、图像分割、图像特征提取、图像分类的技术，来完成图像识别的。接着布置探究二：百度大脑为什么能识花？学生通过自主查阅资料，了解图像识别背后的技术原理是什么。在教学中，教师通过 Learnsite 学习平台，提供学习资源等学习支架。并在学习后，教师引导学生把机器识别与人识别鲜花的过程做一个类比，让学生了解机器识别鲜花的技术原理，引出人工智能机器学习的工作原理：包括训练数据和预测数据两个过程。这是计算思维的抽象和模式识别。在学生活动中，我们提出问题：如何设计鲜花识别算法？引导学生思考和 AI 开放平台一样，我们也需要构建鲜花数据模型。第一步建立模型，首先需要准备训练的数据和测试的数据。其次编写程序，通过调试并不断迭代。这是计算思维的问题分解，把大的问题分解成可解决的小问题。通过 Scratch 造型来添加训练数据和测试数据，构建鲜花识别模型。第二步算法设计：鲜花识别程序主要两个过程——数据训练的过程和预测的过程。需要用到图像分类模块，第一个参数是训练的图片，类别设置为具体的花的名称，如"桃花"。

本活动中，通过提供学习单等学习支架和 AI 学习平台的资源，开展小组探究，利用 AI 平台中图像识别、语音合成等模块进行算法设计、编程实现。通过项目化学习注重对学生发现问题、分析和探究能力的引导，能够很好地渗透人工智能技术的感知、理解和应用。

（五）项目评价

我们通过前侧，使用计算思维测评工具评估学生计算思维水平，并撰写测评报告，了解课程开设的基础，为分层教学做准备。不仅如此，我们在项目的实施过程中，展开过程性评估，每堂课准备任务卡，让学生在线填写并统计，反馈课堂学习情况，对学生的学习情况进行评价。最后，在课程结束后，使用计算思维测评工具再次施测，对比前侧结果，验证课程效果，出具学生计算思维发展评估报告。

四、项目总结与反思

在整个项目活动中，从编写识别桃花程序到编写陌生的鲜花程序，引导学生不断完善迭代，编写出能识别更多鲜花的程序，引导学生体会机器学习的数据越多，机器就越聪明越智能。从项目的整个过程来看，学生从生活中碰到的问题入手，分析问题、设计算法、建立模型，到最后开发鲜花识别的程序来解决问题，逐步发展计算思维。不仅如此，我们还进一步将知识进行迁移，如从识花到识别植物再迁移到识别动物等。项目化学习强调真实情境的任务需求，能够很好地引导学生发现真实生活中人工智能技术的应用场景和应用需求。从项目的实施我们发现，采用项目化的学习方式实施人工智能教育内容，更有利于计算思维培养。

（一）面向计算思维的项目化学习，学生成长是核心

面向计算思维的项目化学习，是一种将计算思维的培养与项目化学习的方式相结合的教学方法。这种方法旨在通过设计具有真实情境和解决复杂性问题的项目，让学生在解决问题的过程中，运用计算机科学的基础概念进行问题求解、系统设计，以及理解人类行为等涵盖计算机科学之广度的一系列思维活动。

项目化学习通过集中关注学科或跨学科的核心概念和主题，设计驱动性的问

题，使学生在自主或合作进行基于项目任务的问题解决过程中，主动参与学习和自主建构知识，生成知识体系和培育创新素养。这种方式鼓励学生超越分学科教学的局限，在真实的问题解决中培养知识技能跨学科应用的能力，发挥自己的个性特长与创造性，并在知识习得与生活应用、问题解决与实践创新的持续双向互动中，不断巩固和优化认知和非认知发展。

（二）面向计算思维的项目化学习，项目设计是关键

在计算思维培育的项目化学习中，项目设计是关键。项目应该根据学生的学习水平和实际情况，设计符合他们能力的内容和难度。同时，项目应该结合实际问题，注重实用性和可操作性，以便学生能够在实际操作中体验和掌握计算思维的建模、抽象、算法设计和问题解决的分治思想等。

（三）面向计算思维的项目化学习，综合评价是保障

教学方法和评价方式也是发展计算思维的项目化学习中需要关注的方面。教学方法应灵活多样，可以采用案例分析教师启发式教学、小组探究式学习、实践操作体验式学习等多种学习方式，以激发学生的学习兴趣和积极性。评价方式则应注重过程性评价和结果性评价相结合，既要关注学生在项目完成过程中的表现和进步，也要关注项目成果的质量和创新性。

综上所述，发展计算思维的项目化学习是一种有效的教学方式，有助于学生在真实的问题解决中发展计算思维能力和跨学科应用的能力，提升信息科技学科核心素养和数字素养与技能。

五、结束语

面向计算思维培养的人工智能项目设计，已经开展了两年，从实践过程来看，能极大地提高学生对信息科技学科的兴趣，人工智能内容是培养初中生计算思维的有效载体。把人工智能引入信息技术学科的教学内容，目标是面向未来人才培养，善于运用计算思维分析与解决学习和生活中的问题，以人工智能等数字化工具增强学习能力，形成相应的与智慧社会共生、共存、共享和协调发展的数字胜任力。抓手是编程实践：一是从人工智能基础知识教学入手，了解前沿领域发展情况，进行人工智能素养培育；二是让每个学生学会与智能工具打交道，体

验日常生活中的人工智能产品；三是分学段实施不同层次的编程教学，学习用编程解决实际问题，培养计算思维、创新思维等新时代的核心素养。

作者简介：潘艳东，上海市实验学校东校初中信息科技教师，中学高级教师，浦东新区骨干教师，华东师范大学教育硕士，浦东教育发展研究院教师教育培训部兼职教研员，"AI奇点"信息科技工作室主持人，上实教育集团正高级教师后备培养对象。先后主持全国、市、区教科研课题6项，发表论文20多篇，参与主编上海教育出版社《人工智能》（初中版）课程，主编复旦大学出版社《STEAM之创意编程思维Scratch精英版》课程，开发了《Scratch创意编程与计算思维》系列校本课程，曾获浦东新区中青年教学评选一等奖。

注重体验的人工智能教学模式实践探索与思考

上海大学附属浦东实验小学　王斌华

上海市浦东新区福山外国语小学　吕立晨

一、引言

2017年7月，国务院发布《新一代人工智能发展规划》，重点任务中指出要加快培养聚集人工智能高端人才，并将广泛开展人工智能科普活动作为保障措施之一。笔者所在学校，认识到推进人工智能教育的必要性，开始关注如何在小学中开展人工智能教育。浦东新区是教育部"基于教学改革、融合信息技术的新型教与学模式"实验区，实验内容之一是区域推进面向计算思维培养的人工智能与编程教育，福山外国语小学作为其中的一所实验校，着力开展在小学阶段进行人工智能教育的实践探索。

二、学校开展的人工智能课程概述

学校与上海市青少年活动中心合作，签订了《青少年人工智能教育战略合作协议》，共同建设并开展了"走进人工智能"课程的实践，旨在探索人工智能教育在小学开展的内容、方法，培养学生的人工智能意识，提升其人工智能的应用素养。

（一）课程目标

（1）通过体验和学习，提升学生在人工智能方面的信息意识，使其感受人工智能魅力的同时也能辩证地去看待人工智能；

(2)通过人工智能实验资源,让学生在实践体验中理解人工智能、数据、算力、算法等核心含义,了解机器学习、计算机视觉、语音识别等技术的基本原理。

(3)通过实践操作,培养和树立学生在人工智能相关领域的思想意识、创新精神与实践能力。

(二)课程内容

课程以当前人工智能涉及的重要技术来组织内容,主要有机器学习技术、计算机视觉技术、智能语音技术等。

课程共有四个主题单元,分别是人工智能概述、会学习的人工智能、会看的人工智能、会听说的人工智能,从浅至深,逐步探寻人工智能,让学生能够得到全面的了解与体验。每个单元都明确了单元目标,便于教师开展教学评价。(如表1所示)

表1 单元目标

单 元	单 元 目 标	学习内容	课时
人工智能概述	1. 知道对人工智能的普遍认知。 2. 了解人工智能的发展历程。 3. 理解人工智能的三要素。 4. 知道人工智能在各领域的应用。	初识人工智能	2
		人工智能的三要素	4
会学习的人工智能	1. 理解机器学习的思想与原理。 2. 了解监督学习、无监督学习、强化学习的一般过程。 3. 知道机器学习的发展历程与深度学习的模型。	认识机器学习	2
		监督学习	2
		无监督学习	4
		强化学习	6
		深度学习	6
		机器学习的应用	6
会看的人工智能	1. 知道生活中计算机视觉技术的应用。 2. 了解计算机视觉技术的发展历程。 3. 理解人脸识别的原理。 4. 了解图像识别、目标检测、目标跟踪的一般过程。	认识计算机视觉	4
		图像识别	2
		目标检测	2
		目标追踪	4
		人脸识别	2
		计算机视觉的应用	2

续表

单　元	单　元　目　标	学习内容	课时
会听说的人工智能	1. 知道生活中智能语音技术的应用。 2. 了解声音数字化、语音识别、语音合成的一般过程。 3. 知道智能语音技术的发展历程。	认识智能语音	2
		语音识别	2
		语音合成	4
		智能语音的应用	4

　　课程配套了相关的学习资源。以《走进人工智能》青少年人工智能科普读本作为学习材料，结合配套的数字资源包（包含人工智能相关科普视频、实验软件等）、学生活动材料包和学生实验器材组成配套资源，让学生能够多方位地体验人工智能，在实践体验中感悟，在研究思考中学习。（如图1所示）

《走进人工智能》青少年人工智能科普读本 　　　人工智能课程配套数字资源包（视频、实验软件等） 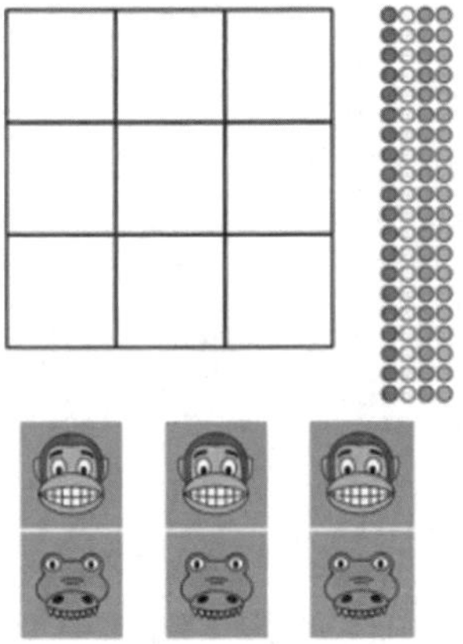　　　学生活动材料包

学生实验器材

图1　课程配套相关学习资料

（三）课程实施

课程实施基于学校师资、人工智能课程资源的情况以及学校的课程计划，实施对象为三至四年级的学生，班级规模在30人左右，每周安排2课时开展教学。在师资配备上，由主讲教师和助教共同参与教学。主讲教师主要负责上课内容的教学与学生活动的组织，助教负责协助主讲教师组织学生活动与帮助学生解决学习活动中遇到的困难。

（四）课程评价

课程评价从5个维度展开，分别是学习态度、主动学习、知识应用、创新意识和实践能力，每一个维度都有具体的评价细则。评价方式有自评、互评和师评。相比于主讲教师，助教老师对于学生的关注度会更高，因此，设计每节课由助教老师负责对学生进行课堂评价，每节课对应活动结束后，及时开展自评和互评，注重过程性评价，而不是在每节课后简单地作一个总结性评价。

三、注重体验的人工智能教学模式

在课程实施的过程中，不断改进教学，经过实践探索，总结出一种注重体验的人工智能教学模式，让学生在体验、实践和思考中感受人工智能，认识人工智能的原理和方法。注重体验的人工智能教学模式主要分为四个环节：体验感知、思考探索、动手实践和知识拓展。（如图2所示）

体验感知 ⇨ 思考探索 ⇨ 动手实践 ⇨ 知识拓展

图2 人工智能教育模式

（一）体验感知

学生通过体验真实的人工智能应用，感受身边的人工智能，激发学习人工智能背后原理的兴趣，为后续的学习创设了良好的情境。基于学习内容和人工智能教学环境，可以采用应用程序体验、设备体验、视频观看等多种方式进行体验。

（二）思考探究

在体验感知后，教师要引导学生提出学习人工智能原理的驱动问题，并基于学习材料、互联网等途径，通过自主学习、小组合作、头脑风暴、教师讲授等方

式，尝试寻找问题的答案，初步了解人工智能的运作原理和相关知识。

（三）动手实践

对于小学生来说，在实践中更能对人工智能的运作原理有直观的理解。这个环节是学生在对人工智能相关知识和原理初步了解之后，通过编程、游戏等方式，自己动手实践，在实践中进一步理解人工智能的原理。

完成了以上三个环节，学生就能对某个人工智能的内容及其涉及的知识和原理有了一个比较深入的感受和理解。

（四）知识拓展

人工智能涉及内容是比较丰富的，体验和实践只能感受人工智能原理的主要过程，还有很多相关的知识无法通过体验和实践来感知。知识拓展环节，根据学生学习的实际情况以及对知识点的理解程度，选择内容进行适当的补充和拓展，帮助学生进一步理解该知识点，以及更全面了解人工智能在生活中的应用。

四、基于注重体验的人工智能教学模式的教学案例

本案例的学习内容是图像识别。图像识别对于很多学生来说并不陌生，基于注重体验的人工智能教学模式四个环节的学习，帮助学生初步了解计算机中图像识别的原理和一般过程。

（一）体验感知

本案例中，设计了两个体验感知的活动。学生先通过观看识花君 App 使用的视频，了解图像识别及应用；然后利用 Mind+ 编写好的图像识别程序识别三种水果：苹果、橙子和香蕉。通过两个体验活动，建立真实的情境，引出图像识别的概念。（如图 3 所示）

图 3　两个体验活动

（二）思考探索

在体验感知的活动过程中，学生认识了识花君 App 的功能，引出第一个问题：识花君是如何识别出植物的呢？学生分组讨论，简单说一说图像识别的运作原理。

在第二个体验活动中，由 Mind+ 编写的程序在识别苹果和橙子时会产生错误引出第二个问题，并组织学生针对这个问题进行思考，使其知道图像识别并非百分之百准确，分析产生错误的原因，思考提高图像识别准确率的要素。

（三）动手实践

图像识别在计算机中实现的过程是比较复杂的，为了便于学生理解其原理，结合思考探索的问题，采用游戏的方式进行动手实践。

动手实践的环节中，通过两个实践内容帮助学生进一步认识图像识别的原理和一般过程。

第一个动手实践的内容是设计一个简化的神经网络游戏，在游戏的过程中，重现图像识别过程。

游戏的过程如下：（如图 4 所示）

学生扮演 A、B、C 三个不同的角色，A 从给定的房子、汽车、猫的图片中任意挑选 1 张图片，快速创建 2 张草图，交给 B；

B 接收草图并检查是否有圆形、矩形、三角形，并将收集到的信息告诉 C；

C 根据 B 提供的信息，使用已知的表格进行评估，并且得出具体结论；

A 宣布 C 的结论是否正确。

图 4　游戏过程

在这样的一个游戏中，学生扮演着图像识别中不同层次的角色，A学生充当输入层的角色，对图像进行特征的提取（在纸上画图）；

B学生充当隐藏层的角色，这一部分是图像识别中的核心，也是最复杂的一部分，因此做了简化，只让B学生分析有无圆形，有无矩形和有无三角形，并将信息传递给C学生；

C学生充当输出层的角色，评估收到的信息，给出最终的分析结果。

整个活动简单但全面地展示了图像识别的过程，让学生对图像识别的原理有一个初步的认知与了解。

最后，通过教师总结，将图像识别中一些重要的知识点用概括性的语言讲给学生听。通过这样一个游戏，学生能够简单直观地理解图像识别中提取特征和形成模式是如何运作的。

第二个动手实践活动是学生利用Mind+平台和摄像头，制作一个石头剪刀布的程序，进一步加深对图像识别的理解。同时反复调试程序，提高其制作的图像识别程序的准确率，巩固之前学习的图像识别的知识点。（如图5所示）

图5　学生制作石头剪刀布程序

（四）知识拓展

在前面三个环节中，学生已经对图像识别有了亲身体验和一定的理解，本环节可以对图像识别的知识进行补充，拓展学生的知识面和对图像识别的认知。

选择的知识拓展的内容是神经网络，这也是图像识别的一种重要技术。

五、注重体验的人工智能教学模式实施建议与思考

注重体验的人工智能教学模式实施过程，可以通过以下几个方面来提高教学

的效率和效果。

（一）教学内容的游戏化设计

人工智能的应用虽然越来越普及，但要理解其背后的原理，对于小学生来说是有一定难度的。学生更容易接受体验化、活动化、可视化的内容，因此，将教学内容进行游戏化设计，让学生在玩游戏的过程中体验、感知和思考，往往其学习积极性和效果都能大大提升。

（二）学习支架提升学习效果

学生学习人工智能课程内容的过程不是教师讲授、学生被动接受的过程，而是在教师的引导下，学生自主探索的过程。那就需要为学生提供学习支架来帮助学习，如学习单、学习资源包、学习实验器材、软件平台、交流平台等，有效助力学生取得良好的学习效果。

（三）多元的学习评价

在人工智能学习过程中，建议评价方式多元化，评价维度的多元化。不仅关注学习成果，更要关注学习过程，通过过程性评价来引导学生积极参与学习活动，主动思考和实践。评价维度不仅要与人工智能的学习内容、学习目标相结合，也要突出学习过程中对学生素养培养的导向。

作者简介：王斌华，高级教师，上海大学附属浦东实验小学书记、校长，第三、四期上海市普教系统名师培养工程信息科技学科基地学员，浦东新区谢忠新教师培训基地（工作室）学员，参与编写中小幼、职校等 9 本信息科技教材，发表论文 10 余篇。

吕立晨，上海市浦东新区福山外国语小学信息资源部主任，浦东新区人工智能与编程实验校项目中心组成员。他引领学校信息化建设，推进智慧校园方案实施，并在元宇宙校园建设上取得显著成果。凭借其在教学竞赛中的卓越表现，荣获多项荣誉，包括浦东新区人工智能教育征文三等奖、中青年教师教学竞赛一等奖（信息）、中青年教师教学竞赛三等奖（拓展），致力于培养未来的科技人才，为学生打开通往智能世界的大门。

智慧校园背景下的学校教师
专业发展场景建设研究[①]

上海市浦东新区第二中心小学 陈 洁

随着时代的变迁和科学技术的快速发展，信息时代应运而生的互联网、大数据、人工智能等新技术正在不断走进教育领域，教育信息化发展已成为推动教育现代化的必然趋势。

《面向 2035 的教育现代化》和《2020 上海基础教育信息化蓝皮书》进一步明确了教育信息化的目标，即教育信息化要从"隐形"走向"引擎"，从"新鲜感"走向"常态化"，从"简单应用"走向"深度融合"。

近年来，"智慧校园建设"成为推动教育信息化进程和教育数字化转型的一种实践样态。它主要聚焦六大领域的实践探索：互联感知可交互的智慧校园环境、丰富多样可选择的智慧课程资源、多元实时自适应的智慧评价模式、泛在深度可持续的智慧学习发展、专业创新高素养的智慧教师队伍、系统高效全方位的智慧学校管理。

一、创建"四维四力"新目标，助推教师信息化能力的提升

作为浦东新区首批智慧校园建设学校之一，我校根据教育信息化发展目标和

[①] 此文发表于《浦东教育》2022 年 2 月第 1 辑（下）。

学校信息化工作基础，对智慧校园建设进行了校本化设计与实践，将智慧校园作为助力学校"智慧教师"发展的重要形态和支撑系统，打造教师发展新场景。为了使场景建设更符合教育信息化对教师专业发展提出的新要求，我们在"德能研养"教师专业发展目标基础上，提出了"四维四力"的新目标。

（一）学习维度：提升数字化学习能力

当前，传统的学习方式已经不能完全适应知识迭代更新的速度，所以运用信息技术开展学习和知识管理，将成为教师与时代同行并持续优化自身知识结构的重要能力。

（二）研修维度：提升网络研修和社群协作的能力

实践证明，教师个体的成长离不开团队。因此，开展基于网络的备课与研修，进行资源传递、知识分享与思想交流，将更好地帮助教师在团队中进行联合与协同。

（三）教学维度：提升混合式教学能力

突如其来的新冠肺炎疫情，倒逼教与学从线下走向线上，在线学习已真实发生，虚实融合的学习方式将持续深化。因此，教师"线上＋线下"的教学能力，以及数字化教学设计与网络课程开发的能力显然将成为必备能力。

（四）评价维度：提升数据分析与数字化评价能力

基于大数据的可视化报表将越来越多地呈现在教师面前，教师要能解读数据背后的教育教学现象、规律和特征，因此，教师数据思维的意识与数据分析的能力就显得尤为重要。

围绕以上"四维四力"目标，我们从6个领域建设促进教师专业发展的11个应用场景。

二、创设教评应用新形态，实现教与学方式的变革

运用技术支持实现教学变革，在课程教学中创造出新的技术应用形式，是智慧校园建设的应有之义，也是教师专业发展的重要抓手。

场景1：基于电子纸的精准教学研究

学校通过多方比较，选用了不影响学生视力的腾讯水墨屏作为精准教学研究的载体。课前将前测内容关联知识点，利用电子纸对学生进行摸底，精准获取不同学生对前置知识点的掌握情况；课中基于终端采集数据及时调整教学策略；课后根据作业数据分析进行个性化指导，探索数据驱动下的大规模因材施教。

场景2：新技术支持下基于标准的作文评改

学校语文教研组针对传统作文评阅中的问题进行评价改革，教师们围绕"切题与选材、构思与感悟、语言与表达、书写与字数"四个维度，建立标准评价分项库和评语库，在学生完成习作自评互评的基础上，利用高速扫描仪将学生作文快速对应入库，借助平台标准化评语库进行个性化评改，在实现"精准指导、追踪态势、分类成库"目标的基础上，实现"基于标准的教学与评价能力"的提升。（见图1）

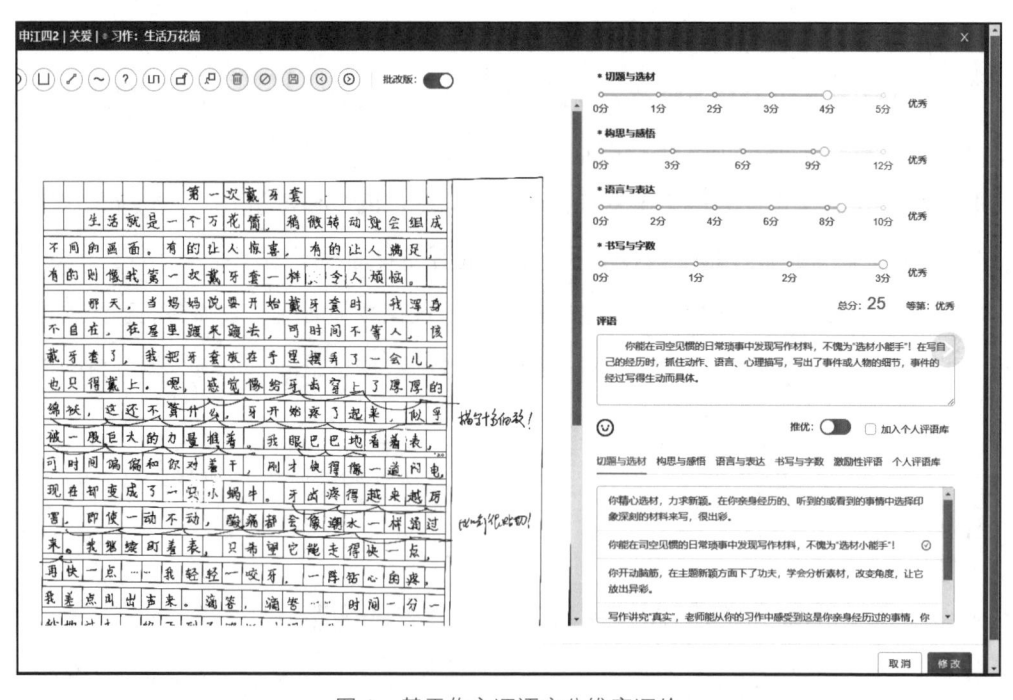

图1 基于作文评语库分维度评价

场景 3：基于运动手环数据的体育教学实践

为解决传统体育教学中"难量化、难记录、难监测、难分析"的问题，学校借助智能手环，对体育课中产生的数据进行实时采集、连续监测、AI 分析，准确评估课堂运动负荷和学生运动目标达成效果，以直观、真实的数据来反思、调整教学设计，提升教学效果。同时，对于数据异常的学生及时给予关注、引导，并进行课后追踪、归因，进行积极的运动建议，订制个性化运动处方，从而进一步提高体育教学的有效性。（见图 2）

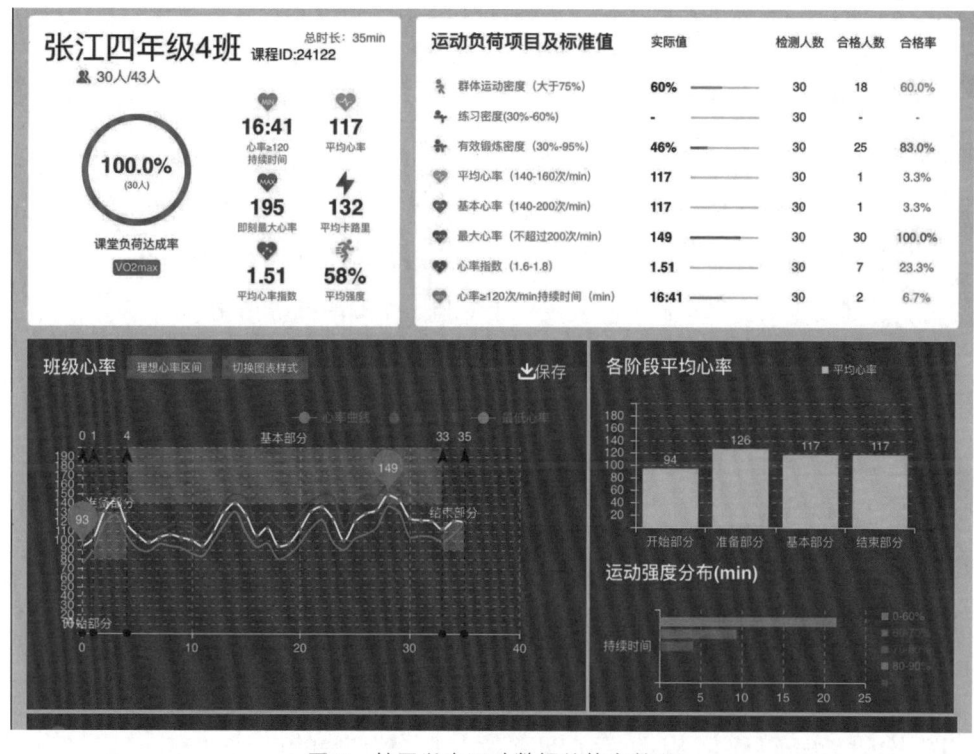

图 2　基于学生运动数据的体育教学

三、践行学科评价新理念，实现以评促教的专业成长

实施基于标准的教学与评价，评价的设计必须先于教学的设计，因为这样才能让教师明确学生必须知道什么、能做什么、达成标准应有怎样的表现。我们积极探索新技术支持下的学科评价方式变革，先后开发"日常课堂评价""阶段学

业评价""期末学科评语库"等教学评价平台,使学科评价实时化、动态化、伴随化。

场景4:聚焦学习品质的课堂评价

我们以《校本评价细则》为基础,各学科围绕学习品质重点聚焦学习习惯、学习兴趣两个维度,创建优化评价指标。为保证评价的科学性、客观性与可测性,我们针对每一项评价指标,罗列出观测点,规范指标表述语言。为简化评价方式,教师们可通过电脑端、手机端、电子班牌等多终端进行"大拇指"与"加油手臂"等图标的点选完成课堂评价。

场景5:细化学业成果的阶段评价

我们根据各学科素养重点,分别确定学业成果的分项指标,并制定与之对应的分项评价量规。每次阶段评价,教研组根据事先设定的占比,控制好题量,把握好难度与区分度。同时通过平台的数据转换,可"一键导出"含分项等第与总等第的数据,清晰地呈现学生各能力维度的表现情况,在大数据驱动下,实现校区对比、男女生对比、不同学科发展水平对比、个案跟踪等功能。

场景6:注重多维呈现的期末评价

在日常过程性评价与阶段诊断性评价数据汇总的基础上,我们开展描述性评价。为体现描述性评价的科学性和丰富性,我们建立了学科评价评语库。评语库从"学习习惯""学习兴趣"和"学业成果"三个维度,围绕"肯定"与"期望"进行设计。"肯定"项是学生值得表扬的描述性语言,"期望"项是学生有待改进的激励性语言。各学科教师可通过校本评语库进行点选、组合、删减或补充,形成每一位学生的描述性评价。

四、构建教师研修新范式,实现个体与群体智慧的联接共享

教师的职业发展,需要个体与群体,尤其是与优秀个体进行有效互动和协同,享受不同教师的智慧和教学成果。我们创设了多层次网络研修共同体,使教师能便捷连接和充分共享群体智慧。

场景7:基于华为智慧屏的多校区全景网上教研

学校三校区一办学点的规模,给教师日常教研带来诸多不便。为提高校本研

修的效率，我们选用了华为智慧屏，它的多地协同、低延时、白板互动等功能，被有效利用在各学科教研活动中，实现了高效的全景网上教研。

场景 8：教师听评课系统

为实现听评课的及时性和共享性，我们开发了手机端听评课小程序，听课教师能提前获知学校的公开课信息和相关的教学设计，听课后及时提交课堂评价。执教教师能够在课后及时查看所有听课教师的评价内容，不仅为个人的教学反思提供了参考，也实现了对教师教学能力的过程性评价。（见图 3）

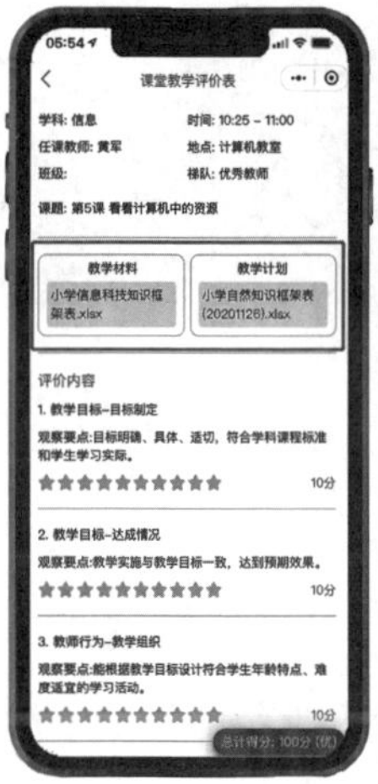

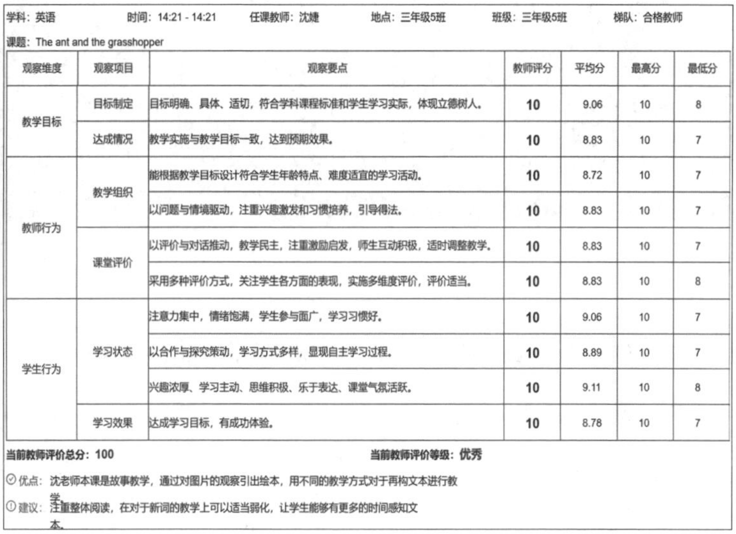

学科：英语　时间：14:21 - 14:21　任课教师：沈婕　地点：三年级5班　班级：三年级5班　梯队：合格教师

课题：The ant and the grasshopper

观察维度	观察项目	观察要点	教师评分	平均分	最高分	最低分
教学目标	目标制定	目标明确、具体、适切，符合学科课程标准和学生学习实际，体现立德树人。	10	9.06	10	8
	达成情况	教学实施与教学目标一致，达到预期效果。	10	8.83	10	7
教师行为	教学组织	能根据教学目标设计符合学生年龄特点、难度适宜的学习活动。	10	8.72	10	7
		以问题与情境驱动，注重兴趣激发和习惯培养，引导得法。	10	8.83	10	7
	课堂评价	以评价与对话推动，教学民主，注重激励启发，师生互动积极，适时调整教学。	10	8.83	10	7
		采用多种评价方式，关注学生各方面的表现，实施多维度评价，评价适当。	10	8.83	10	8
学生行为	学习状态	注意力集中，情绪饱满，学生参与面广，学习习惯好。	10	9.06	10	7
		以合作与探究策动，学习方式多样，显现自主学习过程。	10	8.89	10	7
		兴趣浓厚、学习主动、思维积极、乐于表达、课堂气氛活跃。	10	9.11	10	8
	学习效果	达成学习目标，有成功体验。	10	8.78	10	7

当前教师评价总分：100　当前教师评价等级：优秀

优点：沈老师本课是故事教学，通过对图片的观察引出绘本，用不同的教学方式对于再构文本进行教学。

建议：注重整体阅读，在对于新词的教学上可以适当弱化，让学生能够有更多的时间感知文本。

图 3　教师听评课系统

五、丰富教学诊断新路径，实现更有效的教学反思

课堂是教师教学的主阵地，也是教师提升专业能力的重要平台。在录播教室日益普及的今天，我们利用常态录播设备，开展基于可见的、真实的教学行为的自我诊断，从而实现教师更有针对性的教学反思。

场景 9：基于 AI 常态录播的自诊式教学观察

我们根据学校教师梯队发展的目标任务，对青年教师提出了开展“自诊式教学观察”的要求，利用常态录播设备进行课堂实录。课后，系统通过 AI 人工智能数据分析，汇总教学中教师 4 种教学行为和学生 5 种学习行为，并出具一份课

堂诊断报告，用作执教教师反思教学的参考。（见图4）

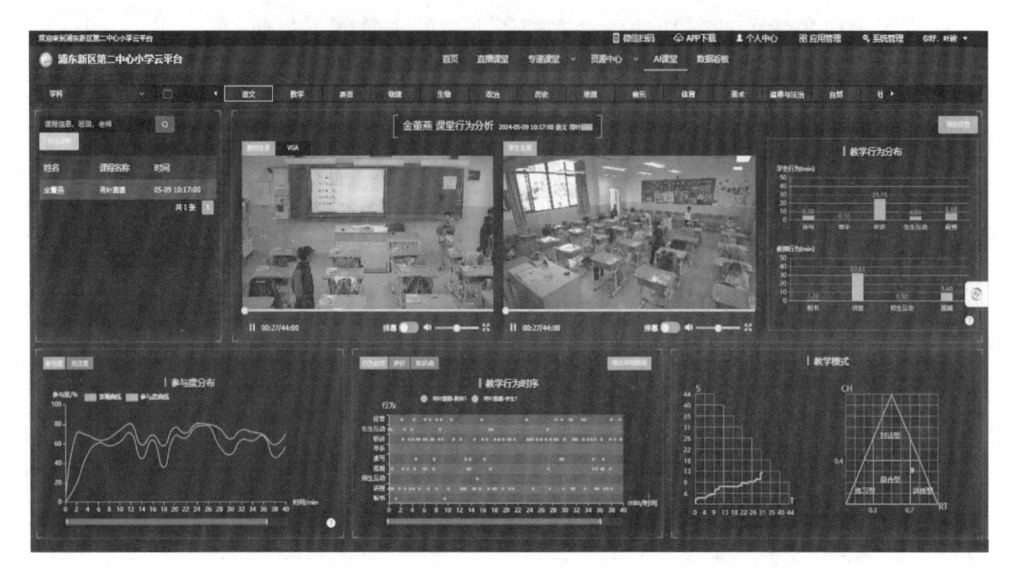

图4 基于AI人工智能支持下的教与学数据的行为分析

六、夯实智能时代新基建，实现教师专业能力的提升

运用信息技术开展学习和基于资源的知识管理，是智能时代提升教师教学能力的重要途径。我们充分利用智慧校园的互联网络、资源平台，为教师提供了泛在的学习空间。

场景10：以教学环节为重点的资源平台

学校结合教学流程精细化管理，要求教研组将集体共研课，教师将个人公开课、研讨课的教学设计、教学资源、教学课例等上传资源库，形成了可以按学科、年级、课题进行检索的教学资源库，为教师根据班情和学情进行有效教学设计提供了保障，也进一步拓宽了教师的学习空间。

七、构建智慧教师评价新模式，实现教师个体和群体的数字画像

在互联环境的支持下，我们同步采集教师学习、发展过程的实时数据，为教师了解自身的专业发展提供依据，为学校对教师的发展状态作出客观评价提供了参考，也为教师个体和群体的数字画像奠定了基础。

场景 11：工作室支持下教师专业发展档案袋建设

围绕教师在学校中教学者、研究者、学习者、管理者、指导者的多重身份，学校构建了以"教师工作室"为载体的"五星魅力教师"发展平台。教师在工作室中开展的办公事务、教育教学、网络研修、班级管理等所有工作数据都被记录，并通过"德、能、研、养"四个维度呈现不同梯队教师年度专业发展达成情况，为教师考核评价和个人发展规划达成度提供基础数据和佐证依据。在此基础上，教师工作室同时分类汇聚形成教学设计、课例研究、作业设计等各类资源库，助力教师的教育教学与研究。

智慧校园背景下的学校教师专业发展场景建设，给教育带来了生态新图景，正在深刻地影响着学校教师发展的内涵、途径与方式，也进一步加速了教育信息化赋能教师发展的进程。

作者简介：陈洁，上海市浦东新区第二中心小学校长，上海市特级校长，上海市第四期"双名工程"攻关计划主持人。先后荣获上海市园丁奖、上海市教育科研先进个人、上海市五一劳动奖章等称号。主持的"小学学科教育社会化的探索""小学英语主题式阅读资源库建设""小学生说话能力培养"等课题分别荣获上海市教育成果二、三等奖。出版《指向学生发展的现代学校管理实践》《在传承与创新中回归教育本真》著作。

以"三个助手"校本化实施为依托推进数字化转型

——孙桥小学基于"三个助手"开展数学数字化转型赋能教师成长

上海市浦东新区孙桥小学 朱 威

作为浦东首批上海市基础教育教学数字化转型先行试验校,孙桥小学努力探索数字化赋能下的教师成长与教学转型。学校基于市项目组提供的市级资源,结合农村学校生源的实际情况,以及学校青年教师多、对教材理解力相对较弱,但信息技术运用能力强的特点,确立了以"三个助手"校本化实施为依托,聚焦"双新",关注对教学内容的研读,对学情的了解,重视学生在学习中产生的各类数据,探索基于数据的个性化学习,初步形成了"聚焦课堂实证,改变教学方式,实现因材施教"的创新特色。

路径一:利用"备课助手",提升教材理解力

教师对教材的正确解读是校本化实施课程有效推进的前提,也是提升课堂教学质量的关键要素。得益于"备课助手"中的市级资源,数学项目组教师共同学习平台推荐的教学设计,对照单元教材分析、教学基本要求、本体性知识、教学设计说明等内容,在观看空中课堂教学视频切片后,实现教师与平台、教师与教师之间的对话,理解、领悟"教什么""怎么教""为什么这么教"等问题。(如图1所示)因为内容与每位教师的教学有关,慢慢吸引了整个教研组教师一起参与进来,共同提升对课标、教材和课堂教学的理解,这样的学习让教师们领会了课标与教材,更好地理解了教学内容。

图1 三个助手——"备课助手"

如三年级"面积"一课，教师们通过对"备课助手"提供的教学资源的学习，明白了教材中出示方格纸中图形的深意：用方格纸作为"单位面积"，以此来比较不同平面图形的大小，而不是一上来就要数方格的个数。由此明确了本课时拟解决的主要问题以及教学重点和难点：首先要知道"面"在哪里；然后感受"面"有大小；再探究如何比较大小，统一单位的必要性；最后数单位的个数。由此可见，就认识面积而言，确定单位的个数固然重要，但是作为起始课，知道面积的概念更为重要，也是形成"量感"的重要载体。（如图2所示）

又如以四年级"垂直③"为例，通过"备课助手"熟悉教材分析，知道本课的第二个活动是学习的难点：过一个点画已知直线的垂线。通过以往的教学发现，学生在"过直线外一点画出已知直线的垂线"时，比较容易出现无法兼顾三角尺两条直角边的位置的问题。特别是当已知直线为非水平方向，给出的已知点在已知直线的偏下方区域时，学生对于翻转三角尺，将已有直线进行延长等画图策略缺乏操作经验。需要在教学过程中创设相关的画垂线活动，让学生在发现问题、交流互动中，体验和感悟灵活运用工具画垂线的操作策略，并积累相关经验。（如图3所示）

如此，数学组通过这样的集体备课、同研共进，有效改善了我校青年教师多，对教材解读能力不足的现状。

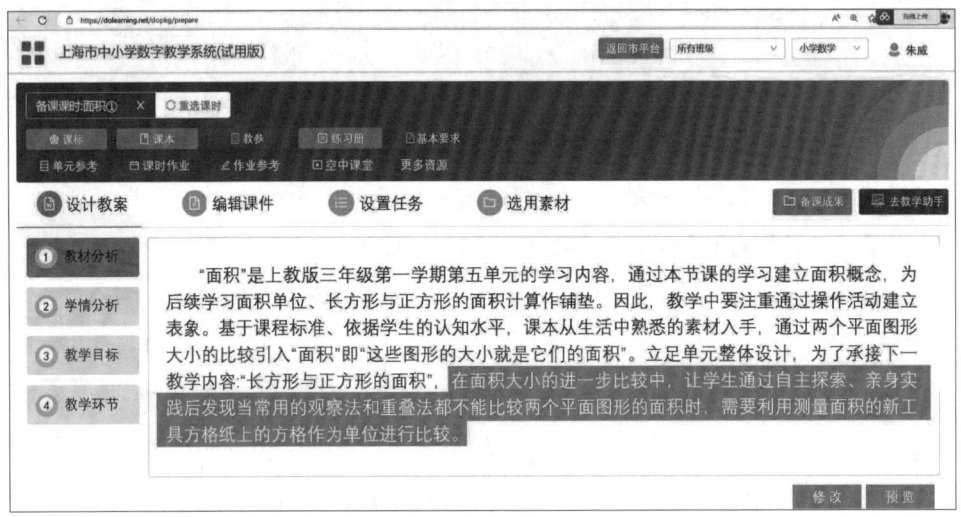

图 2　教材与"备课助手"资源

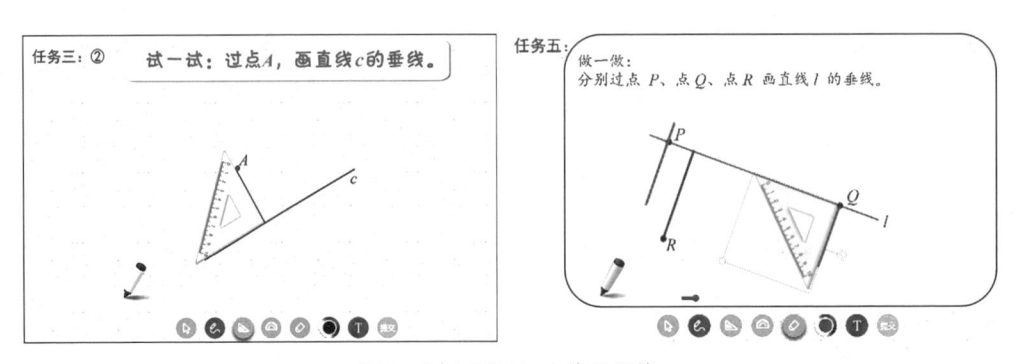

图 3　过点画已知直线的垂线

路径二：聚焦互动任务的研发，提升课堂执行力

课堂互动任务的设计是教学方式变革的关键，互动任务能够让所有学生主动参与学习，并让教师及时了解学生的学习状况。但是互动任务的设计与制作需要技术支持，对学科教师而言颇有困难，作为一名数学教师又是区信息科技骨干教师的我，带领青年教师啃起了硬骨头。

（一）解读已有任务，明确研发关键

"教学助手"中有少量的互动课件，但是适合的才是最好的。基于教师对教学内容的理解和学生的实际情况，改进或研制适合我校学生实际的互动任务，才能提供学生更充分的学习经历，反映学生在学习中的问题，让学习更有效。

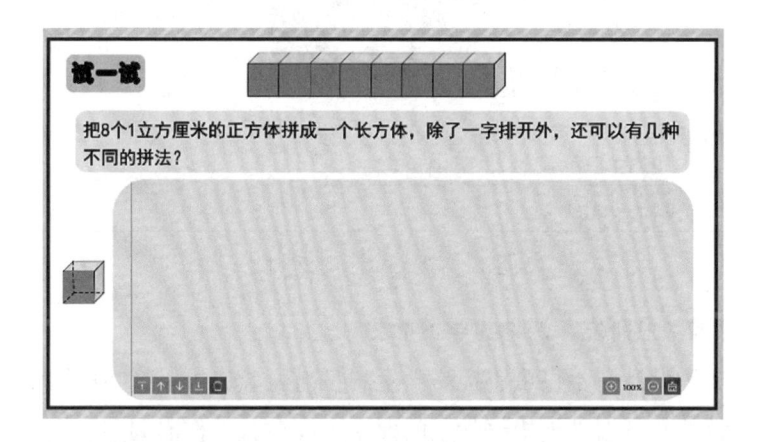

图 4　互动学习小控件的运用

如五年级"表面积的变化"一课，在明确教学重难点后，根据教学实际需求，从技术上攻坚，一起学习、熟悉平台中制作互动任务的小插件指令。根据教学需要，解读互动课件中需要的要素，不断尝试各个插件指令，在反复匹配和修改中，自主研制了互动学习任务，从而真正提升了课堂的有效性。（如图4所示）

在教学过程中还可以通过截屏上传的统计对比功能，帮助教师发现学生的易错点，落实重难点。（如图5所示）

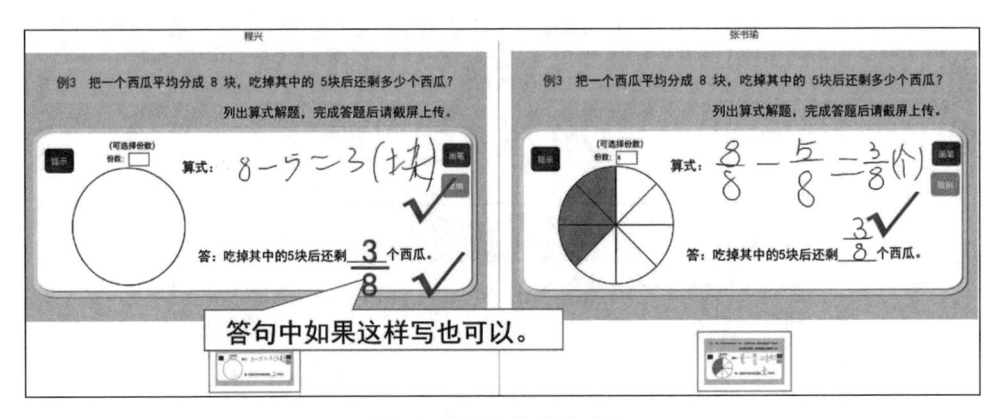

图5　截屏上传统计对比

（二）尝试自主研发，课件为学习而生

学习任务的设计，不仅可以提高学生的参与度，也可以真实反馈学生的学习情况，便于教师有针对性地根据学生的课堂生成对教学作出调整和安排，同时这些生成性资源也成为进一步开展探究的学习素材。如三年级"面积"一课，根据教学需求设计了一组互动学习任务。

任务一：设计比较图形A、B、C的大小等活动，在拖动比较中感受有些大小可以直接比较，有些直接比较会有困难。学生的操作过程实现回放，这为课堂实证提供依据。（如图6所示）

任务二：设计图形上截取的一块圆形或小正方形作为比较标准的活动，感知以正方形作为面积测量标准的必要性和合理性，并通过回放等功能让学生思维外显，帮助教师课后有针对性地对学生辅导。（如图7所示）

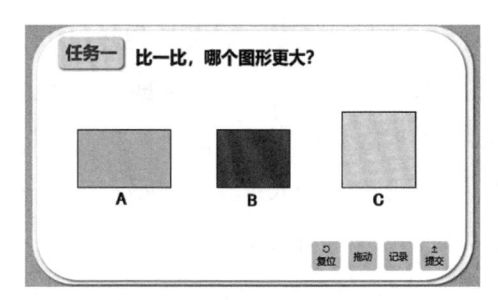

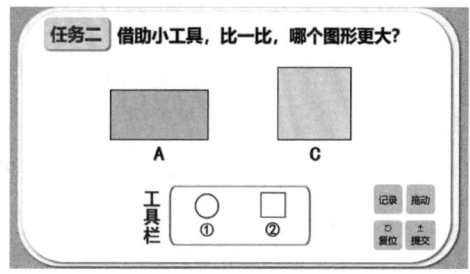

图6 互动学习任务一　　　　　　　图7 互动学习任务二

任务三：利用裁剪、变色、旋转、移动等控件设计了运用统一的方格纸数面积的活动，在数的过程中通过剪、拼、移的操作感知割、补、移的方法。（如图8所示）

任务四：实现即时批改与数据收集。平台呈现统计的正确率、错误人数以及具体错误情况数据，教师可以查看即时的统计数据以及对应的错误答案后，根据达成情况选择不同的跟进策略，选取典型问题，进行针对性讲解。（如图9所示）

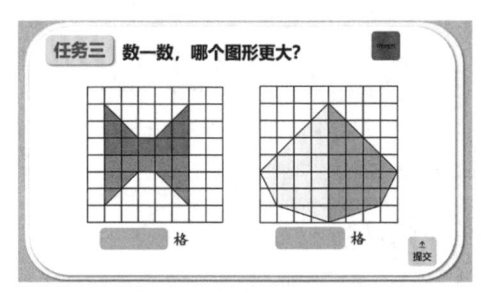

图8 互动学习任务三　　　　　　　图9 互动学习任务四

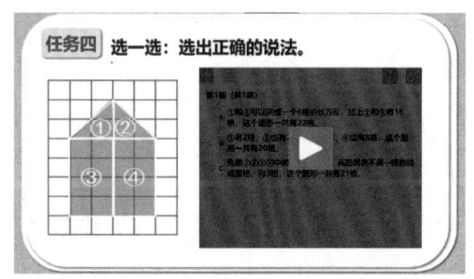

任务五：设计计算不规则图形面积等主观题并进行个性化推送，针对学习有困难的学生设置弹窗提示控件，学生可多次点击提示辅助完成练习。（如图10所示）

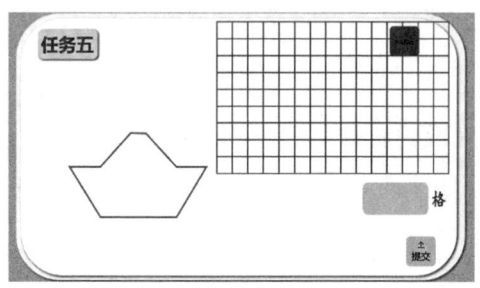

图10 互动学习任务五

类似这样的课堂互动学习任务的设计还有很多,这只是我们很多实践中的一个缩影。在实践过程中我们还提出了很多金点子,比如在设计"面积"一课互动任务时,发现不能对图形进行"剪、拼",而后在我们建议后,相关公司研发了"剪、拼"小控件;又如,针对小学生在平板上调用输入键盘不方便,直接书写又不利于系统判断的情况,我们提出了增加"输入"小工具的建议。(如图11所示)

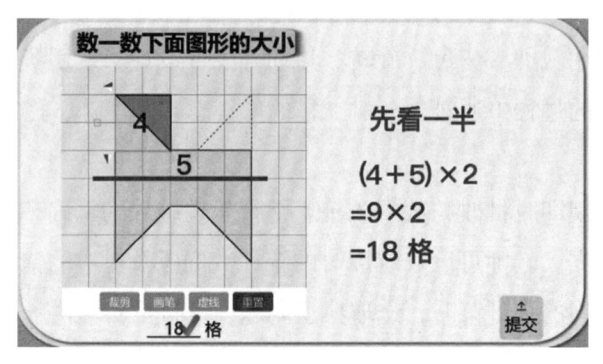

图 11 创新数学小控件

总之,我们数学组在实践的过程中发挥集体智慧,有效提升了课堂的执行力。

路径三:分析作业数据,提升校本化的有效性

作业数据是反映教学质量的一个重要因素,教师通过作业数据分析,实现从经验教学转向基于数据分析的数字化课堂。

(一)课中历史数据——精准施教

教师可以基于平台前期相关课时的练习和作业产生的历史数据,找准教学的学生起点,及时调整自己的教学设计。

以四年级"小数点的移动②"一课为例,根据数据反馈,学生课后练习整体完成的正确率仅为76.2%,平均用时7分11秒,从每题的错因分析来看学生利用规律正向思考解决问题较好,但逆向思考、整合其他知识灵活运用能力较弱。(如图12所示)

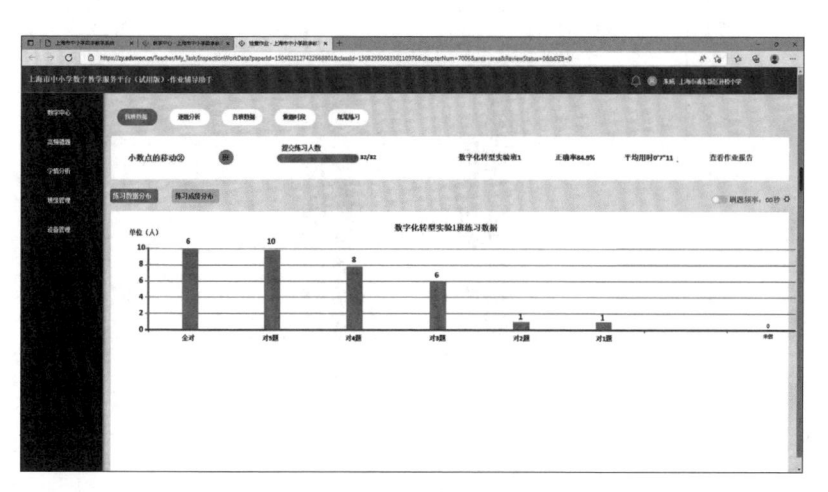

图 12　学生作业完成历史数据统计

依据本次课后作业的数据情况，教师在下一课时设计时除了要关注学生经历规律探究的过程外，还要引导学生从不同的角度进行理解，如除了原有的正向运用，还要有意识地加强规律的逆向理解，并设计相关练习。（如图 13 所示）

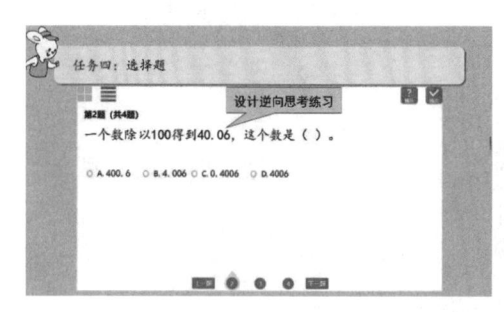

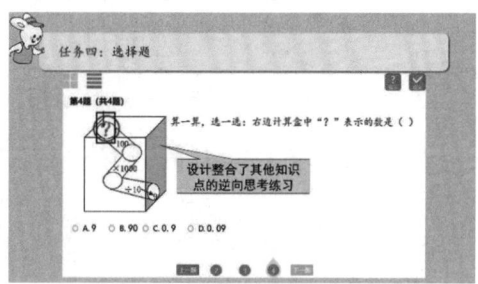

图 13　逆向思考练习题

（二）课后精准数据——个性学习

数学"作业辅导助手"可以让教师在第一时间通过数据统计了解每一位学生的做题时长、答题情况，不仅能够了解班级整体掌握情况，还能了解每一位学生学习状况。了解学生查看每道练习题的练习解析、错因分析、视频讲解等次数，甚至可以了解学生点击求助辅导按钮寻求教师或者是同伴帮助的情况。这些数据从一个侧面反映了我们教师对教材理解的情况，也可以看到互动任务研发是否合理，并可以根据这些数据进一步理解、调整、优化和完善。（如图 14 所示）

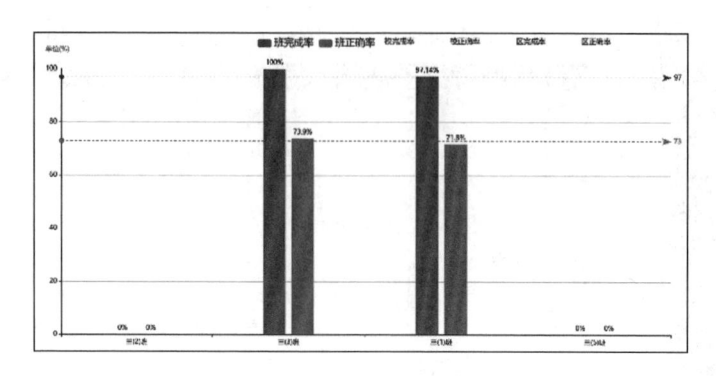

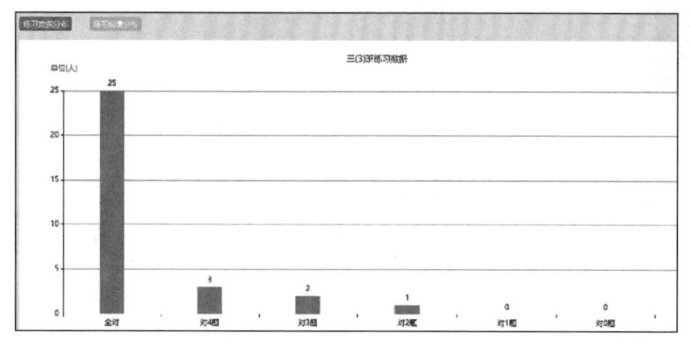

图 14　学生即时作业数据

（三）平台作业数据——评价增值

学生在平台学习的所有数据，让教师对学生作业评价实现了增值。一是教师对作业评价更"准"。教师可以在第一时间判断作业的准确性，既重视"错题"，又关注作业中"正确"或者"精彩"的答案；不仅可以基于学生某一次作业进行判断，又关注学生一段时间内多次的作业情况。二是教师对作业评价更"深"。教师可以基于对学生作业数据的判断，深入分析其根源，找到改进学生学习的"关键点"，进而明确其改进方向；教师还可以基于对学生作业数据的判断，思考"我应该怎么教更合适"，以此明确教育教学实践改进的方向。（如图 15 所示）

数字化转型在满足学生个性化学习需求的同时，让学生公平享受到了相同的优质教育资源，在课堂上得到了充分的展示机会。数字化转型也让我们的课堂教学有了长足的进步，在这个过程中磨练了教师，锻炼了学生，积累了经验，也看到了问题。（如图 16 所示）

为此，在下阶段项目实践的过程中，我们将继续更新教育理念和变革教学方

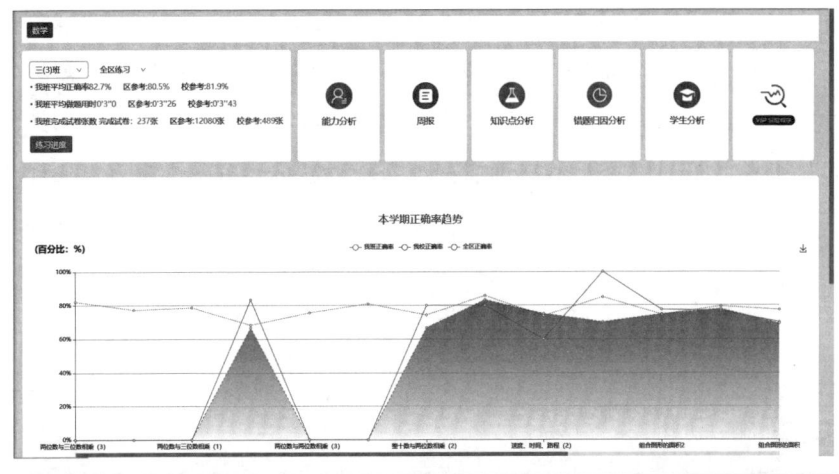

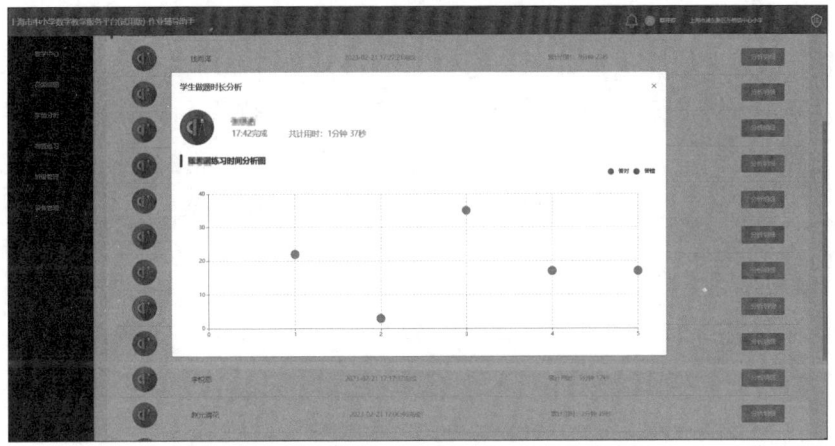

图 15 学生作业即时评价

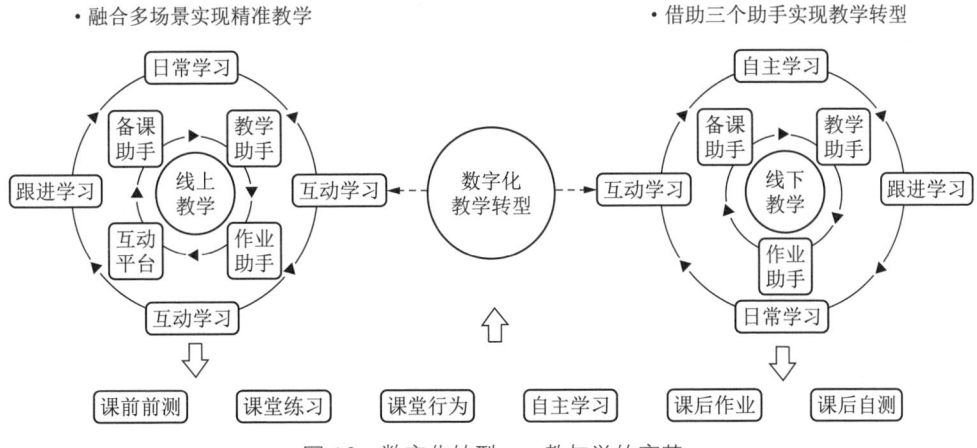

- 融合多场景实现精准教学
- 借助三个助手实现教学转型

图 16 数字化转型——教与学的变革

式，在"三个助手"数据实证的基础上结合智慧校园的建设开展即时评价的实证研究，弥补目前"三个助手"存在的一些不足。在对接"三个助手"数据的基础上，实现对学生的课堂学习评价，记录学生学习过程中真情实景及发展轨迹，从以往单纯书面的评价转变为网络即时评价，从重结果评价转变为重过程评价，最终形成实证教学报告、实证评价报告，为学生的个性化学习、教师的精准教学提供决策依据。

在未来数字化转型的路上，我们将继续通过"三个助手"实现数据赋能下的教学转型，在实践—反思—总结—再实践的过程中探索出一条可借鉴、可推广的数字化转型教学新路径。

作者简介：朱威，曾获得全国优秀教师、上海市模范教师等荣誉称号。他三十几年如一日，安心"扎根"农村学校并尽心投入教育，特别是在学校信息化建设的推进过程中，主张以信息化助力学校快速发展。在他的带领下，学校成功申报为上海市教育信息化应用标杆培育校，浦东首批唯一参与上海市教育数字化转型项目试点学校。

技术赋能，探索教师专业发展的新方略

上海市进才中学北校　金卫东

一、技术赋能——基于智能时代教师专业发展的新课题

（一）未来已来，教师专业发展进入新视域

诚如教育专家指出的那样，人类进入网络时代到现在才20余年，却从信息时代进入数据时代，又进入人工智能时代。日新月异的科学技术把我们带进了不熟悉的、未来的世界里。

基于这样的认识，学校早在2016年就申报浦东新区教育内涵项目"数字化学习形态创新实践研究"，以此来寻求教师专业发展的新突破。2020年6月，参与教育部科技司的"数字环境下自适应学习共同体"课题，聚焦中青年教师，把信息素养与师训工作有机融合。继而借力上海市教育信息化应用标杆培育校和浦东新区"智慧校园"实验校项目，通过信息技术的赋能，希冀找寻智能时代教师专业发展的创新突破口。

（二）教改新政，教师专业发展提出新要求

当前，我国课程改革正进入全面深化阶段，学科核心素养、中考中招新政以及未来学校的建设，已经成为课改深化的三大牵引力。与之相应，建设一支高素质、专业化、创新型的教师队伍，已成为深化课改的首要任务。因此，进才北校始终高度重视"引领教师的专业持续发展"，并视之为学校工作的第一要务。因为它是实施教学创新、提高教学质量的重要保障，是学生可持续发展的最重要条件，更是学校可持续发展的核心。

（三）混合教学，教师专业发展须有新探索

教育从同质化走向个性化渐成中外教育走向未来的共识，线上与线下结合的混合式的学习更是中外教育改革的趋势，拥抱这份态势已成为所有教育工作者的共同使命。尤其是新冠肺炎疫情引发的"停课不停学"，以及"双减""双新"等新政策出台，给教学的变革带来了新的契机。特殊时期的特殊教学形式让我们深刻体会到信息技术与学科深度融合、线上线下融合学习将是未来学习的新常态。

据此，学校顺势而为，全面开展在线教学的培训与实践，提升教师利用网络化学习工具，通过各种途径开展教学设计、在线实施、辅导和评价的能力，掌握新形势下的教学主动权。

以"研透新趋势、找准突破口、做实操作点"为目标，进才北校选择"技术赋能"的新培训，希冀为教师专业发展插上可持续的翅膀。

二、智慧实践——开展教学研一体的新探索

学校立足"技术赋能"，借鉴各方经验，不求全员参与，不讲全面推进，聚焦中青年教师，把信息素养与师训工作有机融合，设立智慧教室项目。外部专家引领，行政管理助动，年轻同伴互习，坚持以赛代练，积极推进教研训一体化探索。

（一）项目化推进，技术赋能教育教学

学校希望通过信息化项目培养一支具有先进理念，融合技术与教学能力强的骨干队伍。

自2016年以来组织教师参与多个科研项目，如浦东新区的教育内涵项目"数字化学习形态的创新实践研究""上海市教委数字化环境下的课堂教学变革创新实验项目"教育部科技司"智能环境下的自适应学习应用实践共同体"项目等。这些项目旨在依据当前信息化教学特点，通过学习、实践与研究，实现信息化教学的创新性提升。目前项目团队有一名定期来校指导的专家（英特尔未来教育专家潘裕翼先生），两名管理人员（发展研究处主任施礼、副主任钱毓秀）和61名来自语文、数学、英语、物理、化学、地理、历史、道德与法治、美术、劳技、音乐、体育共12门学科的青年教师，相继有50多个班级2 000多名学生

参与了项目活动。

学校自 2019 年被评为首批上海市信息化应用标杆培育校并入选浦东新区智慧校园建设项目以来,在原有智慧教室探索的基础上,更加注重信息化与教学应用的贯通。学校按场景找到教学管理所需,给教师的教育教学管理提供便利;新增 16 间录播室,提供电子纸录微视频,为资源建设便捷快速减负,增加师生个性化教学通路;开设纸笔、Pad、电子纸三种课堂,满足多样化需求;开展 PBL 项目学习,以解决问题为导向,融合知识学习、能力培养、素质提升;师生评比、课堂分析、在线听评课联通师生,联通课堂内外、线上线下,全方位帮助教师职业发展。

(二)团队式研训——成长共同体研究

学校自建校以来,积极引入英特尔未来教育理念,结合教育教学实践,开展团队式培训,打造更优秀的教师团队。学校教师先后接受并开展英特尔未来教育的"项目学习""合作学习""混合式学习"等课程培训。2015 年以来学校还开展基于 Team-model 智慧教室系统的技术培训,基于"尚学趣一人一机"系统的学程包编辑与使用培训。与此同时,团队研读《人是如何学习的》《课堂研究》《项目化学习》等教育教学理论书籍,不断适应和掌握变化中的数字化技术,坚持开展用教育理论指导的课堂创新实践研究。

项目团队曾以数字化学习形态为研究重点,通过基于智慧教室系统和一组一机的日常实验课、研究课,聚焦数字课堂中的有效学习与学生核心素养的培养。学校根据技术环境发展和教师现状不断修订《进才中学北校智慧教室教学设计模板》《智慧教室课堂教学评价表》,引导教师的教学设计。学校规定团队成员每周尝试运用新技术开展互动教学,每学期开设一节研讨课,并进行录像回看,依据《智慧教室课堂教学评价表》开展对话与反思,提升项目学习元素和技术工具在学科教学中的应用水平。

项目组通过定期的研讨活动,讨论信息化教学实践中的种种困惑,分享教学中的"神来之笔",比如指向"作业管理"的作业用时数据分析、指向"学生个体"的学情数据跟踪分析、指向"核心素养"的多元化学科作业设计,相互学习,打磨并提炼优秀的精准教学实践案例。让每一次的尝试不再是教师一个人的冥思苦想，而是成了众多教师智慧的结晶和分享平台，帮助教师不断适应和掌握变化中的数字化技术，坚持开展用教育理论指导的课堂创新实践研究。结合技术的校内备课教研是精准教学路上不可或缺的基础路径，帮助教师提升信息化业务能力。

（三）实战型激励——以赛代练

教师参与项目研训的积极性，不仅在于举旗启航，更需要一个个成功和收获来激励。

学校与志同道合的学校为伍，主动对接上海电教馆、中央电教馆等机构和组织，积极参与案例评比、论文写作、学术年会等研修活动。不仅借力市、区教研条线给予的机会和平台，而且创造更多的实战机会，在更大平台和机缘中锻炼。学校还对所有项目参与教师以研讨课、考核课的方式加以引导，既强调规范管理，又注重评价激励。

教师们利用录播系统录制常态课程，通过录制的视频，更好地审视自己，发现不足，助力成长。更重要的是，录播教室的建设能把优质教学资源储备起来，然后通过直播或点播的方式实现共享，完成知识传承或进行校际课程交流。

至今，"智慧教室"团队已经创造了100多节常态化数字化学习形态的研究课例，这些课例在"联结真实世界""拓展交互空间""尝试过程评价"等方面优化了课堂实效，提升了学生的学习效率，一批年轻教师也从中脱颖而出。

（四）Eink来助力——精准作业试点

基于智慧校园实验校建设，学校与腾讯教育联手，于前年4月先行开展了电子纸形态的精准作业试点项目。首批遴选预备年级8个班，由语数英三门任课教师在线定制并推送电子化习题作业给学生，学生通过墨水屏终端来做作业，以此来记录学生学习的过程性痕迹。教师可以精确地看到每个学生的作答时长、提交时间，每道题是否超过建议时长等。系统还会提供班级错题本，分析出日常学生的知识点掌握程度，教师可直接了解到学生的学情和班级知识点掌握情况；教师还可增加弹性作业，通过"设置基础题+扩展题"的方式，保证绝大多数学生的作答时间，同时学有余力的可以用拓展题做强化练习；教师可以汇总班情考试报告，通过对比考试和作业的知识点关联，评估日常作业的质量，从而更好地布置高质量作业，助力"双减"政策落地，合理评估作业成效性，更好促进教学相长。

三、且行且思——立足合乎教育理性，推进教师专业发展

（一）成效与收获

近三年，我们进北的实践与探索取得了一系列的成果：团队中 2/3 的教师在各级各类教学、课例比赛中获奖 40 项，在各级各类论文比赛中获奖 10 多篇，在刊物上发表论文 10 多篇。

整个"停课不停学"期间，学校依托与第三方机构共同研发的"铃铛中心"开展教育教学。据不完全统计，直播总量 10 981 条，直播时长 590 858 分钟，主持人在线时长 202 709 分钟。其中，我校结合空中课堂开展的课后辅导、答疑直播共计 10 624 节次，直播时间共计 566 189 分钟。教师培训、教师在线教研共计 384 次，培训时间 1 134 分钟。

另外，我校长期以来一直在思考的作业微视频化，经学校职能部门制定方案并最终落实。至今，已采集作业讲解的微视频 1 000 余条。还有教师自发编辑录制的预、复习微视频也有 300 余条。

这些成果表现了试点教师团队沿着"接纳—应用—融合—创新"的路径不懈追求，也反映了教学方式方法结合技术工具在方案制定、过程管理、考核实施方面的有效落实。从信息技术与课堂教学融合转向教学引领信息化建设，已成为进北教师的共识。

（二）反思与展望

一路走来，有成效也有突破，但也是一路艰辛，"引领"在实际操作中变成了"引逼"。较为突出的问题有三点：一是项目参与教师需要激情，也需要时间投入，这对本身满负荷工作的中青年教师们来讲，压力不小；二是教学小软件频出，各自为阵，是否适合本学科和教师自身风格需要实践与遴选，如何将这些小软件变得简便、好用和耐用更是关键；三是一所学校的探索始终有单薄之感，需要有一批学校、一群教师共同参与，才有燎原之势。

立足当下，展望未来。作为上海市信息化标杆培育学校和区智慧校园实验

校，学校始终把教师专业发展融入其中，确立队伍优先策略。未来在数字环境建设中，将借力合作伙伴——腾讯云科技公司和弘育信息技术公司，聚焦教学环节优化与流程再造，注重数据融通，注重数据分析，加快课程包学习数据开发和铃铛 App 管理数据开发。探索教与学的即时反馈，建构教研教学的思维模型，更好促进教与学相长，促进教师专业的可持续发展。

基于科创特色的人工智能教育探索
——张江高科实验小学人工智能教育实践

上海市浦东新区张江高科实验小学　陈　飞　李　晶

人工智能正在深刻地改变着人类社会。早在2017年国务院发布的《新一代人工智能发展规划》就指出，要发展"智能教育""建设智能校园""利用智能技术加快推动人才培养模式、教学方法改革""实施全民智能教育项目，在中小学阶段设置人工智能相关课程""建立以学习者为中心的教育环境"。

随着智能教育时代的来临，如何实施培育面向智能社会公民的智能素养教育？这一问题引起我们的深度思考。带着这样的思考，张江高科实验小学开展了基于学校科创特色的人工智能教育的积极实践。

一、基础与挑战

在20年的办学实践中，学校始终秉承"人人有自信、处处有合作、天天有追求"的办学理念，以"培养有德行的未来创造者"为目标，坚持立足创新促发展。学校设施完善、功能齐备，拥有一支教育观念先进、教学能力较强、锐意进取的师资队伍，承担多项市区级课题研究，探索新时代不同学科的教、学、研模式的创新，办学影响力不断提升，这为学校进行人工智能教育的探索提供了软硬件保证。

在综合考量之后，学校将人工智能课程作为学校特色课程开展研究和建设，主要基于以下四方面的基础：

一是基于学校所处的地域文化与优势。学校地处张江高科技园区腹地，作为

上海科创的"王牌",园区内及周边有大量智能与技术公司,这使学校区域有着人工智能得天独厚的文化氛围。

二是基于家长群体的专业基础与优势。相关领域的家长资源丰富,有相当比例的一部分家长在人工智能及其相关企业中工作或担任研究员。

三是基于学生群体的兴趣与需求。前期通过调研发现,许多学生都对人工智能及其相关领域的知识和活动内容充满兴趣。

四是基于学校"人文立校、科创兴校"的办学特色。人工智能教育的诸多思想其实与学校办学理念有着共性特征。

由此,逐步建构并形成了融合学校办学特色的,指向科技与创新素养培育的人工智能课程。

二、课程研发与实施

(一)组织管理、强化保障,确保课程顺利实施

在课程开始实施之前,我们建立了课程实施小组,由校长室进行牵头,由课程创新中心、资源保障中心、教师服务中心、学生发展中心四个校级部门协同支持,由信息科技教师、数学以及跨学科等教师组成核心团队进行课程开发与实施。

学校在硬件与软件方面给予了必要的资源支持,优化软硬件平台以及学习环境,进一步提升研究效果,提高人工智能课程教学质量。

为了提升教师专业知识储备,更好地进行人工智能课程的建设与实施,学校还组织教师开展各类指向专业本体的培训活动,如区级人工智能教育培训、市级科学教师培训等,为青年教师搭建展示与交流的平台,通过多样活动进一步加强教师团队的胜任力。同时,将梳理对教师专业培训和教学支持的相关经验和模式,形成良性机制,在后续实施过程中不断拓展教师团队。

(二)找准内核、把准方向,积极建构课程体系

人工智能本身包含多种学科和维度的知识内容,对于我们而言,针对小学生的年龄特点,要从"为什么学?学什么?怎么学?"这三方面作深入思考。

1. 为什么学?——确立课程学习目标

要把准人工智能教育的内核与方向,明确是要培养学生的人工智能素养,使

其具备适应未来智能型社会的基本能力，形成科学合理的人工智能伦理与道德观念。

通过介绍人工智能概念、体验人工智能技术、讨论人工智能影响、完成人工智能项目，强调学生利用人工智能技术解决生活、学习问题的能力，强调学生的计算思维以及创新创造能力，强调学生应对智能时代道德问题的能力。

2. 学什么？——明确课程学习内容

人工智能作为一个集合技术、科学、人文等多学科领域特征的学科，其本体知识跨度大，内容深。如何避免学习内容"太过注重理论或太过注重实践的两个极端"，以满足学习需求？

带着思考，我们对人工智能本体性的知识内容进行梳理，将关键性的内容以问题的方式呈现，并在教学活动中组织学生展开学习和思考。例如"什么是人工智能，人工智能如何改变生活？""什么是图像识别，计算机是如何识别图像的？"等。

搭建"贯通式"的编程环境，将学校原有的机器人、图形化编程、开源硬件等课程活动进行有机统整，使学生能够在学习活动中更加专注于问题解决和技术应用。与此同时，在基于人工智能本体性知识开展学习活动的同时，将学校的创新素养培育要素融入课程活动中，从创新意识、创新实践、创新人格三个维度出发，使学生在参与人工智能课程活动的同时，创新素养能力有所提升，并使这些能力在其他学科中得到迁移。

3. 怎么学？——确定课程学习方式

通过什么样的课程方式有效融入人工智能内容？我们并非仅仅想简单建立一门独立的人工智能课程，而是尝试将人工智能本体性的知识内容分解之后有机融入不同的学校课程活动中，例如图形化编程、创客课程、主题综合实践活动等。通过不同活动方式和课程载体，将人工智能的知识内容以螺旋递进的方式呈现，形成一系列不同主题的活动内容，例如研究无人驾驶、寻找身边的人工智能等。在这些主题活动中，学生通过体验、学习、探究，感受人工智能的学习乐趣，初步认识人工智能的科学原理，形成对人工智能伦理问题的思考……

（三）尊重差异、分层指导，满足学生不同需求

传统的人工智能与编程教学往往需要特定的学习环境，尽管这些环境能有利

于学生在做中学，但随着目前学生人数与班级数量的激增，难以做到各年级、各班级都能够进入特性学习环境学习。在课程实施中，为能够满足不同能力特点和兴趣取向学生的学习需求，丰富人工智能课程的实施路径，形成更加多样、多元的人工智能课程，我们基于人工智能项目活动不同的活动内容和难度系数，将其划分为了解与体验、知识与技能、创新与应用三个层级，形成三个主要活动板块：初识人工智能、走进人工智能、玩转人工智能。与此同时，将科创活动的元素引入课程实施中，将学习成果与科创活动相结合，为学生提供丰富的成果展示与分享的平台，进而构建形成学、研、赛的闭环路径。

1."初识人工智能"课程实施场景

普及型实践活动一：面向全体学生，依托家校社资源优势，实现"请进来＋走出去"的活动模式。一方面，引入相关领域企业、专家、家长等进校开展人工智能科普讲座；另一方面带学生走进霍尼韦尔、超算中心等家门口的智慧型企业，参观企业，了解当前技术的发展。通过实践活动，学生们感受到当前正在发展的技术，以及未来人工智能发展的愿景。

普及型实践活动二：通过基础学科渗透或限定拓展课完成。这里以"探索身边的人工智能"主题活动为例。在此项活动中，全体三年级学生们通过学习，了解人工智能在生活中的应用场景及其特征，然后以小组为单位寻找身边以及社区中的，具有人工智能特征的产品和现象，并介绍分享人工智能如何逐步改变我们的生活。通过这个活动，学生初步感受 AI 对生活的影响，同时提升辨别生活中人工智能应用场景的能力。

2."走进人工智能"课程实施场景

这类活动一般是通过课后服务、430 课程、自主拓展型课程等形式组织实施的提高型活动，旨在满足学生自主学习的需求。以"让视障人群看见世界"主题活动为例，学生们围绕"如何借助图像识别技术帮助视障人群更好地感知身边的事物"为驱动问题展开研究，通过模仿、了解和分析视障人群的需求，学习和研究图像识别模块开展创意产品，最终形成各自的研究成果。在此过程中，学生不仅掌握使用识图技术和模块制作产品的方法，同时也形成关注弱势群体并应用技术帮助他们的意识。

3. "玩转人工智能"课程实施场景

人工智能课程个性活动从学生的生活出发，以运用 AI 解决身边的问题为主题，引导学生去发现问题、建构知识、解决问题。其间，教师、家长、专家组建成为导师团队，共同引导和辅导学生开展研究，最终形成多样的研究成果。学生们在开展个性化研究的过程中，不仅实现自身的理想价值，同时也进一步理解和掌握诸多人工智能的知识和本领，创新素养与实践能力也得到综合发展。

以四年级的探秘智能机器人语音识别主题实践活动为例：

一是家长讲座，普及知识。依托家长和社区的资源优势，基于学校"三位一体"实践活动模式，我们设计并开展家校社联动共育的普及实践活动，邀请家长通过讲座科普关于语音识别的基础知识，了解相关技术概念。

二是体验学习，感受价值。引导学生走进霍尼韦尔公司体验与学习，认识技术对生活的影响。通过"请进来"和"走出去"相结合的方式，丰富实践活动的内容，加深学生参与学习的体验。

三是课堂复盘，形成课题。回到课堂中，引导学生梳理实践学习的内容，畅想更多语音识别技术的应用场景，形成系列研究小主题。

四是学以致用，完成项目。逐步学习积累一些实现语音识别技术的简单方法并尝试运用，为生活与学习带来便利。

（四）基于素养、面向未来，细化学生评价指标

评价指标是对学生学习表现的评估标准，同时也是引导学生有效参与学习的支架。在课程研发与实施过程中，我们建构了一套更具有人工智能教育特点的内容结构和评价目标，使学生参与相关学习活动的有效性得到量化，从而更进一步提升了人工智能课程的育人效果。

评价围绕人工智能的本体知识及其实践活动展开，细分为多个可以量化评估的知识点或维度，例如概念、意识、伦理、方法、思维等。通过对学生的评价，为不同学生提供建议目标，并为学校课程开发和建设提供理论依据。

三、成效与思考

目前，我校科创特色的人工智能课程已经初步建构，并随着各年段不同类型

人工智能活动内容的丰富与完善，完成了课程"从无到有"的第一阶段任务。

（一）初步建构了基于科创特色的人工智能课程

实践研究过程中形成涵盖"初识人工智能""走进人工智能""玩转人工智能"三大板块的课程体系，分别对应了解与体验、知识与技能、创新与应用三个层级，实现分层教学。将科创活动特色引入到课程实施中，鼓励并引导学生进行自主学习、探究学习和合作学习，推动了教学改革，促进了学生学习方式的转变。

（二）形成了推进人工智能教育的系列保障机制

学校成立领导小组，建立课程研发与实施机制，促进了课程的落地实施。遴选相关学科的青年教师共同参与，为教师提供学习与专业发展的空间，组织教师参加相关培训，促进了教师的专业成长，打破了各学科教师各自为政的局面，加快了各学科教师合作开发、合作教学的脚步。

（三）促进了学生智能素养与综合素养的有效提升

通过我校人工智能课程的开发与实施，我们发现学生在科技创新以及创新能力等有了显著变化：一是素养提升，二是参与度高，三是获奖率高。微观来看，我们对一组平行班学生进行对比后发现，参与学校人工智能相关活动两年的班级学生，在举手积极性、提问数量等方面具有明显提升，这也进一步证明了基于创新素养的人工智能课程的育人效果。参与学校人工智能课程活动的学生人数大大增加，这使得人工智能的学习内容在我校得到普及。参加各类区、市级科技创新竞赛的学生数量也有显著提升，且获奖率高。

下一阶段，我们将从实践平台、评价机制、资源统整等方面做进一步深入探索，向"从有到优"持续发展，助力学生成为未来智慧型社会发展中的创新者。

（1）平台与空间：完善支持学生研究、实践、展示与成长的学习空间和交流平台，融入科创实践和创新素养培育特色，进一步完善校内以班级、年级、校级为单位的分层展示机制。

（2）目标与评价：梳理各年段人工智能本体知识序列和创新素养表现，形成更系统的内容结构和培育目标，量化并形成可检测的评价指标，通过精准评价进一步引导学生个性化发展。

（3）内容与资源：优化人工智能课程活动内容，梳理并统整软硬件资源。进一步发挥家长和社区资源优势，组建家长导师团队，整理社会企业资源，与各年段活动有机整合，建立长效机制。

作者简介：陈飞，教育硕士，正高级教师，张江高科实验小学党支部书记、校长，教育部"长三角"中小学名校长高级研究班成员，上海市第四期"双名工程"攻关计划培养对象。曾荣获上海市优秀教育工作者、上海市园丁奖、上海市新长征突击手、上海市"师爱在家庭中闪光"家庭教育先进工作者等荣誉称号。

李晶，中小学一级教师，小学信息科技教师，上海市园丁奖获得者，浦东新区学科骨干教师，浦东新区教育教学中心组成员。主要开展人工智能与编程教育实践研究，主持参与多个相关课题项目，多篇研究论文发表并获奖。

关于智能时代教师智能教育素养的思考

上海市浦东教育发展研究院　李　盈

一、智能时代对教师素养提出了新挑战

作为引领新一轮科技革命和产业变革的重要驱动力，人工智能催生了大批新产品、新技术、新业态和新模式，也为教育现代化提供了更多可能性。2017年，《新一代人工智能发展规划》首次明确提出"实施全民智能教育"，强调利用人工智能技术推动教育教学改革。2020年10月《深化新时代教育评价改革总体方案》提出要创新评价工具，利用人工智能、大数据等现代信息技术，探索开展学生各年级学习情况全过程纵向评价、德智体美劳全要素横向评价。随着人工智能与教育的融合发展，教师的角色定位与能力要求成为教育领域关注的重要议题，与"人工智能+教育"发展相适应的智能教育素养成了教育教学改革的新诉求。

"人工智能+教育"是大数据、云计算、人工智能等新一代智能技术与教育深度融合而形成的一种新型教育形态，其核心是以学习者为中心的智能教育环境、智能技术支持下的新型教育教学模式（教学、评价、研修、管理、服务等）。无论是智能教育环境的应用，还是智能教育教学模式的探索实践，教师都将是主力军。但是对教师而言，从信息技术支持下的教育，过渡到智能技术支持下的教育，他们面临着新的挑战：

第一，教师的存在价值。依托抢答的智能技术支持，出题、作业批改、辅导等都可以通过智能手段实现，那么教师是否会被智能技术取代而失业？

第二，角色定位。人机共生的智能时代中，教师如何定位自身的角色，如何

在教育教学中发挥关键性的、不可被替代的作用？

第三，能力要求。教师需要具备什么样的素养才能适应智能教育环境，才能胜任智能教育教学模式的创新性实践探索？

从国家层面来看，教师智能教育素养是实施全民智能教育的重要保障，也是决定全面智能教育水平的关键要素；从教师个人来看，教师智能素养是智能时代教师的专业发展方向，也是教师胜任智能教育工作的现实需求。本文将从教师智能素养的内涵理解和自我提升路径两个方面进行阐述。

二、教师智能教育素养的内涵

教师智能教育素养是智能时代所有教师都应具备的一种专业素养，是支撑教师在智能时代开展教育教学实践和专业发展的知识、能力、态度和价值观的集合。

（一）智能教育知识

智能教育知识是与智能教育相关的理论性知识和实践性知识，是静态的智能教育素养观测和描述。理论性知识包含智能技术科普知识和智能教育理论知识。智能技术科普知识侧重于对智能技术原理的理解、对智能技术在教育教学领域中的应用进展的了解等，智能教育理论知识侧重于对智能教育的教育理念、教学模式、评价方式等教学法相关知识的认知和理解。实践性知识包含智能技术应用知识和智能教育实践知识，其中智能技术应用知识指教师如何利用智能技术开展教育教学实践并创新教育教学模式等，智能教育实践知识包括教师在智能教育环境下开展教育教学实践而形成的经验、感悟、反思等。

（二）智能教育能力

智能教育能力是教师胜任智能教育所必备的教育教学能力和专业发展能力，是知识在问题情境下的动态素养。智能教育教学能力是教师胜任智能时代的教育教学需要具备的能力，包括活动设计能力、实施与管理能力、诊断与评价能力。活动设计能力是教师要能够选择恰当的资源、工具和方法设计智能教育环境下的教与学过程，实施与管理能力指教师要能够在智能教育环境下基于人机协同开展个性化教学并利用智能技术支持优化教学，诊断与评价能力指教师要能够利用智

能技术对学习者、教与学过程开展个性化诊断与评估。智能专业发展能力是教师适应智能时代的人才需求需要具备的专业能力，包括基于智能技术的自主研修能力和教学反思研究能力。基于智能技术的自主研修能力是指教师要能够在智能技术支持下选择恰当的资源、工具和方法自主开展创新性学习研修，基于智能技术的教学反思研究能力是指教师要能够在智能技术支持下通过数据挖掘、智能分析等开展教学实践反思并进行教育教学研究。

（三）智能教育态度与价值观

智能教育态度与价值观是教师对待智能技术及其教育应用的开放、理性态度与合乎伦理道德的实践。开放理性态度是指教师对待智能技术及其教育应用的看法和态度，包括教师辩证看待智能技术应用于教育领域的优势和风险，积极看待和处理人机协同关系，摆正智能教育中的教师角色，愿意主动适应智能教育环境，乐于探索基于智能技术的教育教学实践，等等。合乎伦理道德的实践是从实践层面对教师提出的伦理道德要求，包括关注智能技术应用的伦理与道德，智能技术应用过程中尊重和保护师生隐私，智能技术应用过程中尊重并保护智能产品研发的知识产权，等等。

三、教师智能教育素养的自我提升路径

教师专业发展的根本动力在于教师自身。随着"人工智能+教育"的快速发展，教师应强化终身学习理念，充分发挥主动性，从如下方面促进智能教育素养提升。

（一）理性看待人工智能时代教师的职业角色

英国广播公司曾基于剑桥大学研究者的数据体系分析了365种职业未来的被淘汰概率，教师以0.4%的被淘汰概率被认为是最不可能被AI取代的一种职业。随着人工智能、大数据、区块链等新技术的加快普及与教育应用，教育将进入"人机共教"的新格局。知识讲授、作业批改等知识性教学工作将大多由人工智能承担，教师的"经师"角色将被弱化。与此同时，作为"人师"，教师在学生成长实际问题的解决、思维的培养、情感的沟通、人文的关怀等方面所发挥的作用是人工智能无法取代的，而这也将成为智能时代教师无法被替代的独特价值。

作为教师，应积极拥抱与人工智能协作共存的时代，享受人工智能对教师的赋能，同时定位好自身的角色，即：学生核心素养发展的引导者、学生个性化成长的教学服务提供者。

（二）掌握智能技术及其在教育教学领域中的应用

教育部曾明确提出，"帮助教师把握人工智能技术进展，推动教师积极运用人工智能技术，改进教育教学、创新人才培养模式"是教师智能素养提升的重要任务。目前智能技术已广泛应用于教育教学中，作为教师，要具备运用人工智能技术改进教学、创新人才培养的能力。这里以"学生画像"为例加以阐述。学生画像是以学生多来源、多维度数据为基础，通过大数据、人工智能等技术，生成全方位的学生数字画像，既包含过程性描述，也包含总结性描述，有利于促进学生全面而有个性地发展。作为教师，在学生数字画像生成与运用过程中发挥着非常重要的作用。首先，教师要常态化、全方位地准确记录学生的学习数据。如果没有源源不断的数据生成，学生画像就没有意义，更不用谈画像是否能准确描绘学生特征。因此，不管是线下采集数据，还是系统中采集数据，教师都要能把反映学生各方面发展情况的过程性、总结性数据准确、完整、及时地记录，并把学生学习数据采集记录作为一种常态。其次，教师要能够结合国家、省市、学校的育人理念等，构建学习者特征模型，使学习者特征模型尽可能符合学生发展规律、教学评价要求等。最后，教师要知道如何基于学生画像开展精准教学，从而充分发挥学生画像的育人价值，使学生画像能够真正促进学生全面而有个性的发展。

（三）理解并实践"人工智能+教育"的教育理念

智能时代，教育目标指向学生核心素养的培养，这也对新课标背景下的教师教学提出了新挑战。如何在日常的教育教学中有效实现对学生核心素养的培养？教师需要深刻理解"人工智能+教育"的教育理念，把握三大关键词，并通过日常教育教学实践加以落实和研究。

1. 大规模个性化学习

数据驱动教学的大环境下，"以数定教"俨然已成为教学变革新趋势。智能出题、智能批改、智能阅卷、智能化的辅导以及评价报告的自动生成，节省了教

师的时间和精力，也为教师全面了解每一位学生提供了有价值的材料和依据，帮助教师了解学生学习过程中的优势和不足。教师要能够充分利用人工智能提供的评价数据支持，为每一位学生提供个性化的学习反馈，通过精准化教学设计和课后练习等，助力实现学生的大规模个性化学习。

2. 线上线下融合的混合式教学

智能时代，基于平板电脑、光学点阵数码笔、智能手环等各种便捷式移动终端而开展的线上线下相融合的混合式教学走向大规模的常态化应用，同时也伴随着在线教学和传统课堂的教育理念的融合、教学模式的混合、教学方法的整合。教师要适应线上线下融合的混合式教学新常态，具备运用智能化软硬件的支持开展教育教学的能力，探索混合式教学新模式。

3. 深度学习与高阶思维培养

面向学生核心素养培养的教学，注重对学生分析、综合、评价等高阶思维的培养，这也是深度学习所要达到的目标。教师要思考该如何通过有效的学习活动设计、学习支架设计和学习评价设计等，使学生在课堂中达到深度学习的状态从而实现高阶思维的发展。

（四）关注并遵守智能时代的伦理与道德

人工智能技术的迅猛发展使得学术诚信、隐私侵犯、算法偏见、产权保护、虚假信息等伦理问题愈发复杂和突出，教师在运用人工智能的同时，要关注并遵守人工智能时代的伦理与道德，具体为：理性看待智能技术应用于教育领域的优势和风险，在拥抱智能技术的同时，避免唯技术论；遵守数据伦理，获取、利用、分享数据时充分尊重师生隐私；遵守算法伦理，避免因"算法歧视"而引发对弱势学生的歧视；注意并引导学生尊重和保护智能产品研发的知识产权。

参考文献：

[1] 刘斌. 人工智能时代教师的智能教育素养探究 [J]. 现代教育技术, 2020, 30 (11)：12—18.

[2] 任友群，张治，等. AI 赋能教师：智能时代的教师发展——"人工智能助力教育现代化"教育行业主题论坛圆桌讨论实录 [J]. 教育传播与技术, 2020 (02)：3—7.

[3] 高水林.人工智能时代教师能力素养与专业发展路径［J］.中小学信息技术教育，2022（11）：44—45.

作者简介：李盈，上海市浦东教育发展研究院教育信息技术部教师，中学一级教师，研究方向为中小学信息技术课程教学、教育信息化、中小学人工智能教育。

智能技术如何促进教师专业发展

上海海事大学附属北蔡高级中学　马淑颖

我们讨论的话题是智能技术如何赋能教师专业发展，这个问题的提出有一个整体的时空背景。

智能技术的广泛运用是时代发展的最主要特征，以信息化推动教育现代化是我国教育事业发展的重要战略选择。按照复杂经济学创始人布莱恩·阿瑟的理解，技术的本质是实现人的目的的一种手段。要依托信息化实现教育现代化，首先要思考和解决的就是智能时代的教师专业发展问题。这个问题包含两个层面：一是认知层面，也就是要认识到信息技术对教师专业发展的挑战性，思考信息时代教师专业素养的新内涵、新结构、新要求，这更多的是理论建构的任务；二是实践层面，一线学校更为关注，就是要抓住信息技术发展的机遇性，让技术成为教师专业发展的新动能、新方式、新载体。

技术赋能教师专业发展的内涵是丰富的，但是其中最核心的领域必然是教师教学设计与实施的理念转型和技术优化。从我们学校的实际情况看，我们着重通过AI学智慧教育平台系统的设计提升教师基于信息技术的教学能力，实现数据分析的教学设计、教学改进和学生"精准帮扶"，最终培养教师面向未来的信息素养。我以高中数学新教材第一课时内容"集合"的教学过程和场景来呈现我们学校技术赋能教师专业发展的具体做法。

首先，是课前阶段的分析。课前教师先将设计的个性化学程预习部分通过AI学平台发送至学生端，请学生观看集合论创始人康托尔生平事迹的小视频，让学生对集合的产生发展有个初步认识。在此基础上，学生读教材，将有疑问的知识点或例题书写在学程单，于当晚 20 点前通过 AI 学平台进行反馈。平台的数据汇总便于教师在课前实时掌握学情并进行分析，使教学设计更好地体现学情并满足不同学生的学习需求。这种"先学后教"体现开放与生成特征，也体现了技术的优势。

其次，是课中阶段的运用。教学全过程应用 AI 学平台，大量数据即时产生并汇聚教师端，教师能看到全班学生的学习过程和在知识点掌握、题目正确率等方面的整体情况，还能看到每位学生作业正确率、作答时间、是否有错题订正等具体情况。基于整体数据分析，教师可灵活调整下阶段的教学内容与进度，提升作业评讲的效率；基于个别数据，教师可以实现更有针对性的分层分类辅导和个性化的习题推送，实现学生成长的精准帮扶。

最后，是课后阶段的延伸。AI 学平台还具有学生作业自动批改的功能，除了主观题，做错的学生题目将自动录入个人错题本，教师可进行知识点解析，给出相似、相关练习等适宜的学习资源。学生也可根据自身情况，进入平台自主选择适合的学习资源进行拓展，这就建构起了贯通课内课外的完整的学习支持系统。

技术赋能的教师专业发展，本质上是一种基于教学、指向教学的实践性发展。数据的有效整合、分析与运用是这个过程中的关键问题。

作者简介：马淑颖，上海海事大学附属北蔡高级中学校长兼书记，特级校长，正高级教师。获上海市五一劳动奖章、上海市教育系统巾帼建功标兵、上海市优秀校长、上海市优秀教育科研员。曾主持多项市区级教科研课题和项目，多次获市区级奖项，参与中央电化教育馆"智能互联教育项目"和市教委"基于区域特色的学校综合课程创造力研究和实践"项目的研究和实践。出版《航海魂与大学味——大学附中文化创新特色办学之路》《牵手奇迹 筑梦未来》《智探海上新丝路》等。承担专著《超越标准：校长专业标准》部分章节的撰写，参与上海市教育委员会教学研究室主持的"创课程——上海市中小学跨领域实践创新课程的研究"等项目研究和成果提炼。

基于大数据平台的教师专业发展数据挖掘分析

上海市浦东教育发展研究院　周　伟

一、引言

哈佛大学知名教授戴维·珀金斯（David Perkins）所著的《为未知而教，为未来而学》一书中提出："我们需要一种全新的视角来看待教育，既关注已知，也关注未知，需要一种更具有'未来智慧'的教育视角，来反映我们对将来可能发生什么事的推测。"这个观点和当下教育信息化的发展与应用具有相当高的契合度，笔者认为教育信息化就是一种具有未来智慧的教育视角，而关注未知与未来以及对将来可能发生的事的推测就是构建教育大数据平台的意义所在。教师是教育事业发展的具体实践者，教师专业发展水平的高低决定着学校乃至区域的教育教学质量。如何利用大数据技术充分挖掘现有平台的教师数据，服务教师专业成长？本文借助浦东先行先试建设的浦东教育大数据平台进行了教师相关数据挖掘分析，以期对如何利用大数据促进教师专业发展做进一步研究。

二、大数据背景下的教师专业发展

（一）大数据有关概念

目前，关于大数据的概念还没有完全统一。维基百科对大数据的定义是大数据是指利用常用软件工具捕获、管理和处理数据所耗时间超过可容忍时间的数据集。著名咨询公司麦肯锡把大数据定义为无法在一定时间内用传统数据库工具对其内容进行获取、存储、管理和分析的数据集。国际大数据专家维克托·迈尔·舍恩伯格博士指出：大数据是一种能够从海量数据中发现价值的技能，它赋予我们洞察未来的能力。大数据的核心就是预测。杨现民教授认为：大数据既是一种技术[1]，更是一种能力，即能从海量复杂的数据中寻找有意义关联、挖掘事物变化规律、准确预测事物发展趋势的能力[2]。关于大数据的特征，比较统一的说法是四V特征：数据体量大（volume）、类型多样化（variety）、价值高（value）、处理时效高（velocity）。教育大数据是大数据的一个子集，特指教育领域的大数据。

（二）大数据背景下的教师专业发展

教师专业发展是指教师作为专业人员，在专业思想、专业知识、专业能力等方面不断发展、完善，从专业新手到专家型教师发展的过程[3]。随着教育信息化建设与应用的推进，物联网、大数据、云计算的普及应用对教师的教育教学理念、知识、能力等方面提出了新的要求。教师专业发展离不开科学有效的决策机制与政策的实施，而任何教育决策的制定并非简单的经验总结与直觉感悟，而是需要以证据为本，将传统的政策调研和观点式决策向以多元丰富的政策证据为支撑、大数据为助力的现代教育治理模式转变[4]。

三、浦东教育大数据平台的构建

根据浦东教育信息化应用"1134体系"（其中一个"1"即为教育大数据中心）的规划要求，2020年浦东新区教育局启动浦东教育大数据中心项目建设，为浦东实施教育数字化转型提供数字基座能力，探索新时代下区域现代化教育治理体系建构。希望通过搭建大数据平台，整合各类教育应用系统数据，着力解决区域教育信息化存在的条块分割、数据孤岛等问题，促进流程再造、简化，提升管理效率，提升区域教育治理水平，实现浦东新区教育高位均衡发展。

浦东教育大数据平台采用腾讯大数据技术，构建了大数据能力平台，提供了浦

图 1 浦东教育大数据平台整体设计

东教育的数据采集与汇聚、数据治理与共享、数据开发与应用等技术支撑，如图1所示。

目前，浦东教育大数据平台已成功接入17个市、区级教育业务信息系统，初步形成了浦东学校、教师、学生三大基础数据库，为区域宏观层面的教育决策提供依据，并面向教育局、学校、教师个人提供多种数据应用服务。其中与教师相关的有浦东教师研修网、浦东教育人力资源管理系统、浦东教育局工作监管平台、浦东教师专业发展系统、浦东教育上网行为管理平台等8个信息系统，汇聚了涉及教师基本信息、专业发展及研修、网络行为等数据（如图2所示）。光无线网络系统每日产生约260万条数据，上网行为管理系统每日产生约1亿条数据，这些实时动态的鲜活数据蕴藏着丰富的内涵，为教师专业发展分析奠定了数据基础。

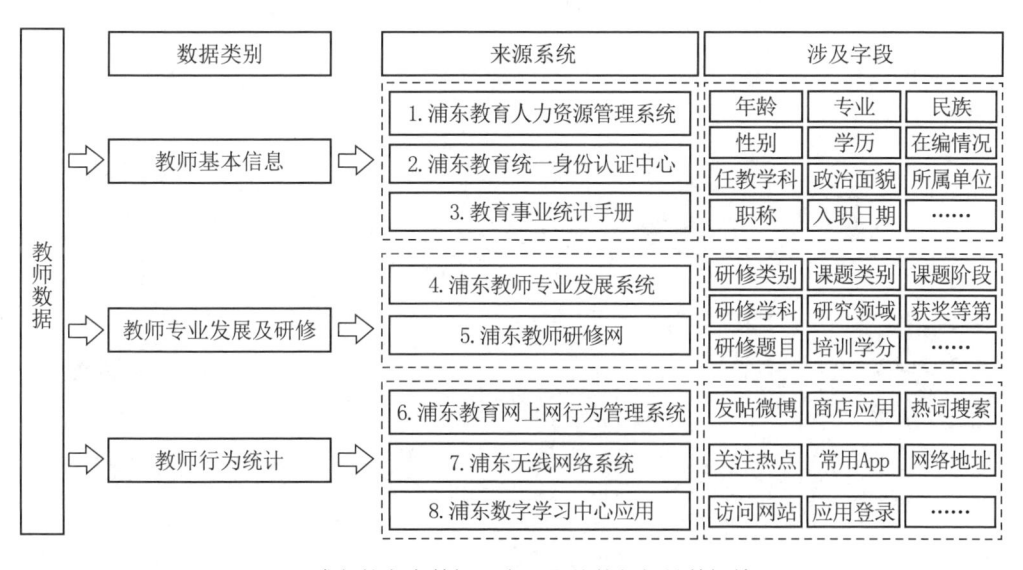

图2　浦东教育大数据平台汇聚的教师相关数据情况

四、基于浦东教育大数据平台的教师专业发展数据挖掘分析

浦东教育大数据平台在完成各系统数据汇聚后，经过自动数据治理工具和人工验证治理之后形成数据资源池，通过可视化自助分析工具进行数据挖掘与分

析，以期给区、校等管理部门对教师专业发展基本状况、需求分析以及政策制定提供数据"证据"。

（一）挖掘搜索关键词，发现区域教师专业发展需求

利用上网行为系统对一段时间内的浦东教师上网搜索关键词进行统计分析，发现浦东教师上网搜索的与教育教学紧密相关的关键词中"作文指导""学生评语""家长沟通"出现频次最多，如图3所示。通过对大数据平台的数据挖掘，发现搜索关键词"作文指导"的多为初中语文教师，而高频率检索"学生评语"的则为小学阶段的低年级教师，"家长沟通"则多为幼儿园教师。这些数据的背后蕴含着重要的价值，作文指导一直是语文教师的难点问题，如何写"学生评语"是否困扰着我们小学低年级教师？而如何与家长沟通是不是幼儿园教师面临的共性问题？这些用真实数据反映的信息可以给区域教师培训部门、教研部门提供重要参考，为他们在实施新的教研主题和设计新的培训课程时提供更有针对性的数据分析依据。

图3　某一段时间内浦东教师搜索关键词词频情况

（二）统计教师 Wi-Fi 连接数据，洞察学校学科教研状况

通过浦东教育无线网络系统 Wi-Fi 连接情况，可发现浦东不同学校之间教师的互访交流情况。得益于我区 2017 年统一建设的浦东教育无线网络系统，利用

统一身份认证中心，可成功实现教师一站式登录全区跨校漫游功能，为开展基于大数据平台的数据分析奠定了基础。这里列出的是 2021 年上半年浦东教师到访人次最多的学校统计排行榜。通过大数据平台做进一步数据挖掘分析后，我们发现新区内有较多的语文学科教师到访 TOP1、TOP2 学校，这个数据从一定程度上说明这两所学校语文学科教研活跃度较高，从某种意义上也可以佐证这两所学校语文学科在区内具有的影响力程度。

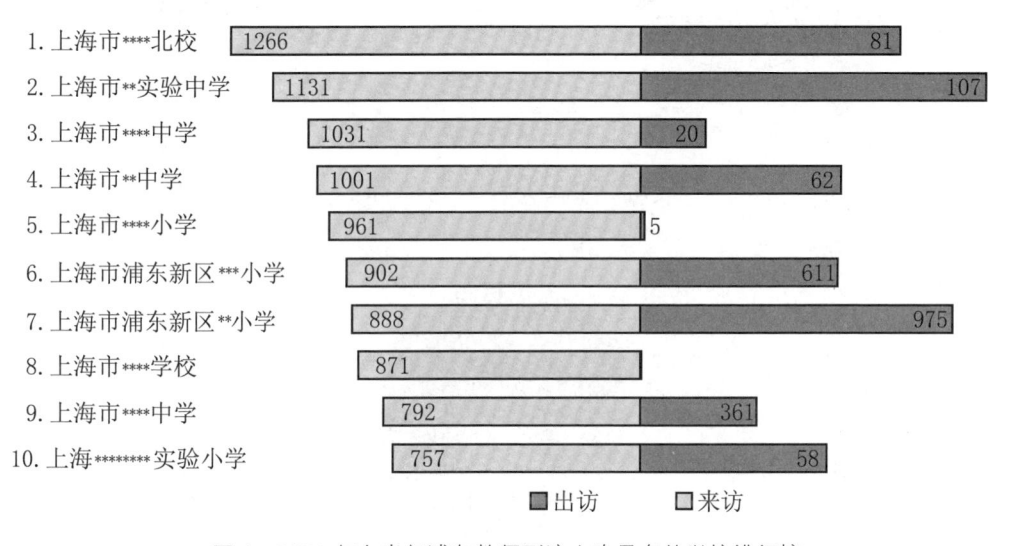

排名	学校	出访	来访
1	上海市****北校	1266	81
2	上海市**实验中学	1131	107
3	上海市****中学	1031	20
4	上海市**中学	1001	62
5	上海市****小学	961	5
6	上海市浦东新区***小学	902	611
7	上海市浦东新区**小学	888	975
8	上海市****学校	871	
9	上海市****中学	792	361
10	上海*******实验小学	757	58

图 4　2021 年上半年浦东教师到访人次最多的学校排行榜

（三）分析 App 应用，寻找教师专业成长之路

通过 App 的应用统计，基于浦东教育大数据平台能了解浦东教师使用最多的 App 情况。以浦东教师下载使用最多的 TOP5 App 为例，经过与教师职称信息关联分析后发现，各类教师下载使用的 App 差异性不大，但值得注意的是，高级职称以上的教师与一二级教师在 App 使用上还是有所差异的，如图 5 所示。通过这个数据对比分析我们不能直接推断出某款 App 与教师专业发展之间的必然联系，但是对于年轻教师来说，这个分析结果也许是极具参考价值的，可能为他们找到一条自我学习发展的好路径。

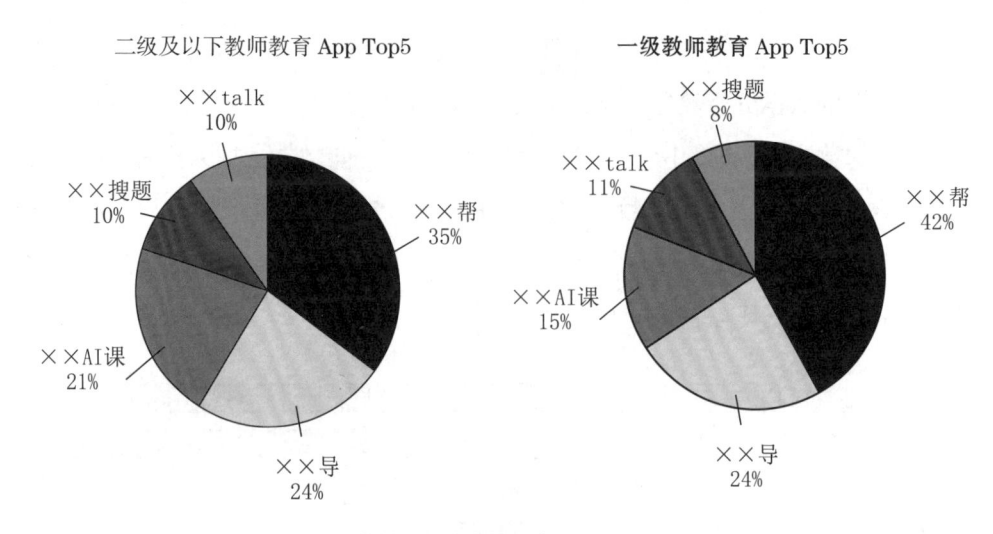

二级及以下教师教育 App Top5
××talk 10%
××搜题 10%
××帮 35%
××AI课 21%
××导 24%

一级教师教育 App Top5
××搜题 8%
××talk 11%
××帮 42%
××AI课 15%
××导 24%

高级及以上教师教育 App Top5
××搜题 11%
××AI课 12%
××帮 38%
××网 15%
××导 24%

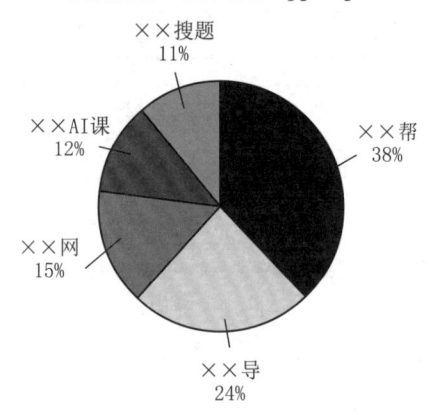

图 5　不同职称的浦东教师下载使用最多的 App TOP5 情况图

（四）对比教师数据，激发教师专业发展动力

基于浦东教育大数据平台，学校管理者可查看本校教师画像，对比本校教师的学历、职称、论文发表、获奖情况等指标与区内同类型学校平均数，能准确了解到本校教师在专业发展上在本区内的相对位置，从而制订更为有效的教师专业发展培养计划。而对教师个体来说，通过大数据平台也能帮助自己找准发展方向，比如通过大数据平台，可以发现自己同年龄段、同学科、同学段的教师专业发展的趋势，如论文发表数、职称情况、学历情况等。这些信息有助于教师发现自身短板，激发教师专业发展动力。

五、思考与建议

总之，教育大数据是一座资源丰富的"矿山"，可以预见，大数据在教育教学中的深入应用，必将掀起区域及学校管理模式的革新、教学方式的创新以及学习评价模式的变革。本文只是对部分教师相关数据进行的一些浅显的挖掘分析，随着数据的不断丰富，数据挖掘将更为精细更为精准。大数据时代，教育者将更加依赖于数据和分析，而不是直觉和经验。在教师专业发展方面的数据挖掘还可以进行如教师专业水平分析、教师学习习惯分析、教师培训课程质量分析，等等。

当然，在利用大数据的同时，我们也要时刻关注两个重要问题：一是数据安全问题；二是数据伦理和隐私保护问题。随着《数据安全法》的出台，教育大数据的应用也将面临重大挑战，如何在保护好个人隐私和数据安全的情况下尽可能挖掘数据背后的教育价值将是未来教育大数据研究的重要内容

参考文献：

[1] 维克托·迈尔·舍恩伯格.大数据时代：生活、工作与思维的大变革[M].杭州：浙江人民出版社，2013.

[2] 杨现民，唐斯斯，李冀红.发展教育大数据：内涵、价值和挑战[J].现代远程教育研究，2016（1）：50—61.

[3] 余文森，连榕.教师专业发展[M].福州：福建教育出版社，2007：11.

[4] 陈霜叶，孟浏今，张海燕.大数据时代的教育政策证据：以证据为本理念对中国教育治理现代化与决策科学化的启示[J].全球教育展望，2014，43（02）：121—128.

作者简介：周伟，华东师范大学软件工程硕士学位，计算机本科学历，华东师范大学在读教育博士，中学高级教师。从事教育信息化工作25年，现为浦东新区信息科技骨干教师，发表国家、市、区级论文20余篇；主持市、区级信息化项目和课题8项。曾获浦东新区园丁奖、区青年岗位能手、区教育系统优秀共产党员、浦东教育发展研究院优秀党务工作者等称号。曾任上海市浦东教育发展研究院教育信息中心副主任，现任上海市浦东新区孙桥小学党支部书记。

欣耘细耕　活力溯源
——教学数字化转型的实践初探
上海市新云台中学　王晓云

在教学数字化转型探索过程中，我校结合"强校工程"具体要求，努力溯源教育教学的生命活力。四年来，我校以教研组建设为主线，分析、了解学生学习兴趣、习惯、需求，制定更好的学习目标和方式，引导学生注重知识结构之间的关联，建立结构化的知识体系，学会用整体的、联系的、发展的眼光看问题，形成科学的思维习惯。

一、实践探索：以"强校工程"推动教学数字化转型

（一）聚焦教师成长，提升数字能力，助力教研

教师数字技术能力的差异性影响了教学数字化转型的的进程与成效。合理运用各类信息工具与教学平台，既能推动教学模式的创新，助力教学实效，也能激发学生学习兴趣，促进学生个性化学习。

1. 教师数字化能力的差异与应对措施

（1）主要问题：教师数字技术能力差异性较大

经调研分析，我校教师数字技术能力的差异主要体现在以下四个方面：一是多媒体资源的获取；二是音视频的剪辑技术；三是互动课件的制作；四是各类在线直播模式的运用。

（2）应对措施：组建社团，夯实信息技术基础

首先，组织教师认真参加教发院组织的各类专题学习，在摸索中积累数字

化教学的经验。其次，鼓励教师自发组建社团，开展自主学习。2018年，姜璐老师组建了信息技术研究社并担任社长，成员构成为6位固定组员与部分流动组员，覆盖多个年龄段与所有学科。

四年来，信息技术研究社开展了系列学习和研究：希沃白板（软件）在教学中的使用、录播教室的简单使用、STEM实验室内设备的简单应用、使用多台iPad的课堂的构建与实际应用、苹果办公三件套（Keynote、Pages、Numbers）的简单使用、利用网页源代码下载所需的网络资源、大疆无人机的飞行操作与视频拍摄、在线协作文档的使用场景与方法……社团成员不仅熟悉了各种教学平台的操作，提升了信息技术运用能力，同时还主动、积极帮助其他教师解决了许多教学上的问题和困难，如：获取音视频资料；简单的音视频剪辑；多媒体课件中的动画制作；在线协作文档的使用等。

（3）变化显现：在摸索中积累数字化教学经验

在信息技术研究社的带动下，各种形式的自学与互学频次增多，数字技术能力的差异也逐步减小。很多教师将学习所得运用于教学过程，在摸索中积累了数字化教学经验，激发了学生的学习兴趣，构建了良好的教学生态，提升了教育教学质量。

2. 数字化校本教研的平台与资源使用的实践探索

（1）借助平台，提升教研成效

2022年春在线教学期间，我校以钉钉、classin等为教学平台，以腾讯会议室、企业微信、QQ等为辅助平台，丰富了教学与教研的载体。以钉钉平台的使用为例，不少教研组根据"直播"和"在线课堂"的区别，寻找最适合自己教学风格的功能，让线上教学尽可能达到线下课堂教学的成效。各教研组、备课组通过钉钉、classin等平台，开展集体备课和集体教研活动，统一进度，将分析、解决核心问题作为教学的重点内容来落实教学目标，推进教研成效。

（2）整合资源，提升教研成效

针对学生学力差异，选用适应的资源进行备课，让教学落到实处。同时不断探索在线教学的新模式，实践适合本学科的教学模式和方法，例如组建班级圈应用和名著打卡、在线协同文档批改英语作文、以直播解题为主的"花式"作业

等……这些在摸索中逐步积累的数字化教学经验，不仅有助于激发学生的学习兴趣，更能构建良好的教学生态，从而有效提升教育教学质量。

（二）关注学生兴趣，丰富授课形式，助力教学

线下线上课堂中，如何提高教学有效性？隔着屏幕，如何确保师生之间交流互动的有效性？这是各教研组最为关注的问题。"知之者不如好之者，好之者不如乐之者。"教师在实践探索的过程中，从学生的兴趣出发，不断丰富授课形式，时刻保持学生学习的注意力，提高教育教学成效。

1. 探寻解决方法，保持互动效率

教师在使用钉钉平台进行授课的过程中，运用多种方式集中学生的课堂注意力，比如，采用点名、答题卡、随机抽问等形式让学生参与到课堂中来，并且尝试用 App 进行口语互动。组织学生进行诗词背诵接龙与名家作品诵读的方式，让学生始终保持良好的学习状态。通过提问、举手发言、互动消息窗口实现师生互动，从学生的问题中生成新的课堂资源。鼓励学生使用写字板——老师把小粉笔交给学生，学生充当小老师讲题，很大程度上调动了学生学习的积极性和参与度。

当人工智能助力教学后，教师们也纷纷尝试担任云上主播讲解题目。如数学教研组教师，在阶段学习前后，化身数学人工智能主播，带领学生进行思考、领会、体验教师思想、情感、学业上的影响，推动学生自主学习。当 AI 主播带着老师的声音特征开始讲课，学生的学习兴趣一下子被调动起来，学习的效率也提高了。"初中数学云教研随时报"中收录我校数学教研组长胡艳老师的云播报《代数方程》等线上课程，是数字化探索的成果留痕。

2. 丰富作业模式，开展多元评价

借助数字化手段，根据学科特点和教学实际精简作业，从作业形式、作业规范、作业完成情况追踪、作业评价等多维度进行探索和实践。同时，从控制学生作业时间、保护学生视力的要求入手，结合"双减"具体要求，以作业批改、讲评为主，重视优秀作业的积累与展示，坚决避免机械作业和低效作业。根据学生学习能力、习惯与兴趣的差异，教师通过讲题视频录制指导、解题思路分析、习题纠错等指导学生自主学习。这些尝试发挥了优秀作业的示范作用，让每位学生都看得到自己成长的足迹。

3. 区级在线公开课，凸显互动成效

如何在线上教学中凸显劳技学科的实践性，让学生有机会和线下课堂一样开展操作练习，互动交流，展示评价？如何创设真实的问题情境，让学生经历问题解决的过程，培养学生的技术思维和劳动素养？我校曹冬燕老师以一堂在线公开课《布艺：绕线器的设计与制作（第一课时）》作了解答。她结合"空中课堂"布艺单元中针法相关的教学资源，创设真实问题情境：借助问题链，培养学生设计思维。学生感知问题、思考问题、解决问题的能力得到了锻炼与提升。她选用Classin平台的互动工具，营造了在线课堂的积极氛围，促进学生课堂参与。比如随机点人、举手回答、抢答器、发放奖杯、音视频连线、头像放大、展示台、学生同屏操作、小黑板、聊天区等，提供多种参与方式，调动更多的学生参与教学活动，促进了师生、生生间的有效交流。她设计学习支架，引导学生自主探究，积极参与在线课堂，让学生成为课堂的主人。这堂课凸显了师生互动的教学成效，被评为"上海市在线优秀教学案例"，发挥了良好的辐射作用。

（三）激活校园资源，完善特色课程，助力发展

《上海市教育数字化转型实施方案（2021—2023）》提出要信息化赋能教育管理与教育教学各环节，数据驱动的因材施教常态化实施，教学模式更加灵活智能，人才培养方式更加个性多元。

"强校工程"建设过程中，我校根据学校办学特色提炼出校本课程，推进特色课程的数字化建设。同时，基于初中学生特征特点与兴趣爱好开设综合实践课程，以线上线下相结合的方式拓展活动的空间，并外延到日常生活领域，将课余学习与拓展课、社团活动、课外实践等有机融合，丰富学习形式，扩展课堂空间，浓厚学习氛围，提高综合实践活动成效。

例如将文化课题与小记者培养项目相融合，统合语文、历史、道法、美术、音乐等学科核心素养，为学生创设丰富的线上线下交流学习的契机，在多重挑战中增加才干，有效提升思维能力、动手能力、表达能力与综合素养。教师完成《应变与创新：语言素养综合活动在线教学初探》，学生完成各种采访任务，邵宇哲同学诵读《黄河颂》的音频登上了"学习强国"App，师生在不同平台上展示

了才能，获得了发展，增强了自信。又如，学生发展中心创设"欣耘日签"，为心理辅导、特长展示、社会实践、家校互动、全员导师制等搭建了在线交流的模式，逐渐形成一定的德育品牌。

二、成效影响：教学数字化转型带来的变化

（一）对学生的影响

一是家长眼中的变化。在线教学阶段，从上课时有欢声笑语以及师生互动时的美好表情可以看到学生性格的变化与学习的投入。在和同伴讨论问题、策划活动的过程中增强了团队协作的意识与能力。教师颁发各类荣誉证书，进一步激发了学习的内驱力，推动了学习的自主性，提高了学习的成效。

二是教师眼中的变化。在学习方法、逻辑思辨、实践运用等方面有进步，针对内容、方法、作业以及学习中的疑难点进行提问，既梳理了知识点，也扫清了知识盲点和疑难点。有位初三学生亲手制作了22份思维导图梳理知识点，归纳总结了初中学段的学习所得，体现了学生学习主动性和实践能力的提升。

（二）对教师的影响

一是推动教学数字化实践。教师运用希沃白板等教学软件，保证课堂师生即时互动，实时指导学生解题，有效提升教学实效。教师关注学生能力发展，鼓励学生借助QQ、腾讯会议、钉钉等平台，录制讲题过程，分享思维导图，教师及时给予批改、指导，推动学生成长。

二是深化教学数字化思考。教师根据学生的问题与自己的反思撰写总结，撰写论文并获"疫情防控时期的教育学"主题征文等第奖，在教学相长中获得共同成长。同时，教师发表的相关论文数量和质量明显提高。《以学生真问题为起点的初中数学教学》《应变与创新：语言素养综合活动在线教学初探》《线上课堂做加法，线下作业做减法》《初中生写作中的主要难题究因与解决策略初探——基于问卷星的调研分析》等论文，反思在线教学阶段备课、上课、作业、评价等环节，既紧扣减负增效的要求，也激发了教学自信。

（三）对学校的作用

一是优化设备，保障数字化进程。学校用好"强校工程"专项资金，完成教

育装备配备优化，建设智慧教室，发挥数字中心、英语听说教室、理化实验室、创新专用教室，保障和支持学校教育与教学，服务教学数字化转型。

二是强化管理，推动数字化转型。学校完成管理制度废改立，明确管理要求与管理流程，为教师发展提供各种平台，引导教师搞科研、写文章、上公开课、汇编教育教学论文，积累大量数据，推动专业素养质性提升。

三、思考总结：教学数字化转型与后强校发展

《上海市教育数字化转型实施方案（2021—2023）》八项主要任务中，以下几项与学校在后强校阶段持续开展教学数字化转型的实践探索关系最为密切：一是创新教育场景示范应用，深入推进教育教学变革；二是创新教育资源建设模式，满足多元数字化教育需求；三是实施信息素养提升工程，健全师生信息素养培养体系；四是加强数字化转型研究，促进数字化转型可持续发展。在实践探索取得初步成效的基础上，下阶段，要着力从三个方面进一步推进教学数字化转型的实践与探索：

一是德育和教务管理的数字化转型，在德育综合实践课程数字化转型中，指导师生加强综合活动的实践，拓展综合实践课程的内容，完善综合实践课程的评价；教务管理数字化管理中，实现数字思维引领的价值转型，强化规范意识，提升教务管理数字化水平，优化服务意识，通过数据分析服务于教学。

二是图书馆资源的数字化利用，扩大馆藏数字化资源的利用率，动态管理电子阅读数据，提升检索数字资源效率；联动各类文化资源的利用率，丰富阅读方式，扩大图书馆数字化文化空间，提升阅读品质，构建图书馆数字化文化品牌。

三是校园文化的数字化推广，发挥学校电视台、智慧教室、数字学习中心作用，助力教学，利用网络平台，推动在线互动与交流实践，用好微信公众号，开设视频号，为学生提供学习与展示的平台。在上述载体上，构建智慧教育发展新生态，形成数字化治理体系和机制，通过视频号推送小讲师、小助手解题思路，逐步形成系列专辑。

总之，充分开发校园教学数字化转型过程中的新载体，激发每一位师生的自主性、自觉力与自信心，呈现更好的教育教学状态与鲜明的办学特色，在不断提

高整体办学质量的过程中逐步办好老百姓满意的"家门口的好初中"。

作者简介：王晓云，上海市新云台中学党支部书记、校长，中学语文高级教师，上海市作家协会会员。获上海市园丁奖、浦东新区巾帼建功标兵、上海市科研论文二等奖、学校管理论文三等奖，出版个人诗集三本，主编学校教育教学论文两本。

"杏坛论教　智慧领航"历届杏坛回眸

上海市浦东教育发展研究院　刘晓峰

千年文脉，万里江海，承古润今，改革创新——"浦东杏坛"之缘起

承古者，沐古圣先贤之光辉，孔子除地为坛，四围环植以杏，传道授业解惑，名曰"杏坛"

润今者，乘改革开放之东风，中国式现代化，浦东引领区，教育综合改革，打响浦东品牌

2021 年 7 月 15 日，《中共中央　国务院关于支持浦东新区高水平改革开放打造社会主义现代化建设引领区的意见》发布，为浦东擘画了一幅举世瞩目的壮丽画卷。到 2050 年，浦东将成为在全球具有强大吸引力、创造力、竞争力、影响力的城市重要承载区，城市治理能力和治理成效的典范，社会主义现代化强国的璀璨明珠。

这画卷里激荡着一种来自时代的呼唤，浦东要"勇于挑最重的担子、啃最硬的骨头，努力成为更高水平改革开放的开路先锋、全面建设社会主义现代化国家的排头兵、彰显'四个自信'的实践范例……"，踏上更高水平改革开放的新征程。

为响应引领区的时代新要求，立足"新时代基础教育强师计划"的新目标，开启全面建设高素质、专业化、创新型教师队伍的新征程，浦东教育发展研究院作为浦东教育的重要专业服务机构，勇挑"引领区"重担，锚定专业引领者目标定位，打响浦东引领区建设的教育品牌——"浦东杏坛"。

2021年9月,"浦东杏坛"应运而生。启动仪式上,区领导亲自为"浦东杏坛"揭牌。"杏坛论教　智慧领航",既是对源远流长的儒家传统文化的传承,也是融合现代发展理念的引领和创新,更是彰显浦东教育品牌标识度、辐射度、美誉度的教育专业声音。

"浦东杏坛"以促进教师专业发展和培养卓越教师为目标,通过专题化、专业化的论坛形式,以国家最新政策文件、国内外最新理论研究成果为导向,以教育综合改革示范区热点、重点、难点问题为抓手,聚焦"双新""课程改革""教师发展""综合改革示范区"任务,从"教育之道""评价之策""课程之法""科研之力""技术之能"五个维度来组织实施,注重专业对话和问题解决,引领浦东教育高质量发展。

杏坛论教　智慧领航——首届"浦东杏坛"

苟日新,日日新,又日新,浦东引领区打造教育专业服务"芯"高地

做大先生,教大学问,育大英才,浦东教师力担"立德树人"光荣使命

2021年9月8日,在浦东新区教育工作党委、浦东新区教育局指导下,首届"浦东杏坛""杏坛论教　智慧领航"主论坛和5个分论坛分别在竹园小学、建平实验中学、建平中学、金囡幼儿园、进才中学北校同时进行。

论坛上,有改革先锋、人民教育家、首届全国教书育人楷模于漪老师,清华大学教育研究院石中英院长等教育专家立意高远的报告;有与联合国教科文组织教师教育中心、清华大学教育研究院、华东师范大学基础教育改革与发展研究所、上海师范大学、北京市海淀区教师进修学校、上海市教委教研室等研究机构的现场合作签约;有14位专家的主旨报告;有来自浦东的42位名校园长、名教师的经验分享。论坛线上和线下同时进行,在线观看人次达5万余人,成为浦东教育的一大盛事。

教育之道,围绕立德树人、育人方式变革,探讨如何激发教育活力、教师创造力和学生创新力。

评价之策,围绕深化新时代教育评价改革,探讨科学的教育评价导向、完善的评价体系建设,助推教师专业发展和学生全面发展。

课程之法，围绕"双新"落实，聚焦核心素养，探索符合素质教育要求的新课程模式、新教材体系、新人才培养路径。

科研之力，围绕科研质量水平提升和机制体制创新，探索教师激发科研动力、提升科研能力、释放创新活力的有效路径。

技术之能，围绕深化数字化转型、技术引领高质量发展，探讨技术如何赋能教育，教师如何适应智能技术变革的方法、路径，持续提升教师信息素养。

融合共生　智向未来——第二届"浦东杏坛"

融技术之优势，创新教育之模式，智慧智能

合时代之变势，赋能教育之生态，共生共赢

2022年6月25日，第二届"浦东杏坛""融合共生　智向未来"在浦东新区外事服务学校举行。分论坛聚焦"多方协同强化联结，共筑AI教育生态"和"数字转型教育，智慧共生课堂"，探索实践数字化转型新路径，引领数据驱动教育新发展。

论坛上，交流了浦东教育数字化转型的"1134"总体框架，转型工作推进的6大任务、16项举措。首次公布了教育部"基于教学改革、融合信息技术的新型教与学模式"浦东实验区建设中，入选"区域推进面向计算思维培养的人工智能与编程教育"实验校的100所学校名单以及入选"区域推进大数据驱动的智能化教学实践"实验校的100所学校名单。

本次论坛得到上海市教委、上海市教育学会、浦东新区区委区政府、浦东新区教育局领导的高度关注，以及国家级、市级专家的大力支持，他们对浦东教育数字化转型寄予厚望，作为区域教育综合改革示范区，如何打造新时代教育数字化转型的浦东样板，促进信息技术与教育教学的深度融合，让每一位教师和学生都能得到全面而有个性的成长。

引领·培育·创生——第三届"浦东杏坛"

回眸浦东教育科研四十年筚路蓝缕，长效引领，作育良师

探寻教育科研强师兴教密码，知行合一，创生智慧

2022年10月29日，上海普教科研40年系列学术活动浦东专场暨第三届"浦东杏坛"在上海市尚德实验学校举行。主论坛和分论坛分别聚焦"引领·培育·创生"三个主题，上海市教育科学研究院、上海市浦东新区教育局等相关领导和专家，《上海教育》《上海教育科研》《上海教师》等沪上教育媒体代表，浦东新区部分校园长及教师，老一辈区教科室主任和科研员代表现场出席，2万多位教育同仁线上参会。

科研强师，教育科研成果要让学生受益。《四秩深耕，引领未来：浦东教育科研之路》专题片回顾了教育科研引领浦东新区基础教育变革的路径和成果。"科研兴教、作育良师，持续优化区域教育研究新生态"主旨发言，回眸了浦东教育科研40年精细管理、队伍建设、科研品质提升和科研高质量发展。几代浦东教育科研人呈现了一个个本土创生的典型案例，从中可窥40年来教育科研助力浦东强师兴教的"密码"。

科研兴教，引领教育改革与创新。论坛上，颁发了近三年来浦东新区基础教育荣获的国家级、市级、区级教育科研成果奖，无论是获奖数量还是获奖质量均创历史新高。培育一支高素质创新型科研队伍，已成为教育科研谋求发展的关键。

"知之真切笃实处便是行，行之明察精细处才是知。"浦东新区作为教育改革的前沿和沃土，将持续推进区域科研体制机制建设、科研队伍建设、科研普及指导和优秀成果培育，助力引领区建设贡献更多优秀成果和鲜活经验。

育人方式变革背景下教研转型的应为与可为——第四届"浦东杏坛"

新课程，新教材，区域教育质量提升呼唤新教研

新时代，引领区，谱写教育治理新篇章舍我其谁

2022年11月17日，第四届"浦东杏坛"暨全国新区（湾区）教育治理与高质量发展联动机制建设论坛"育人方式变革背景下教研转型的应为与可为"在浦东教育发展研究院开展。论坛聚焦"新时代课程改革深化背景下的新区教研转型""课程改革的区域推进""教研人员的专业发展""智库与教育治理、教育综合改革"等主题，开展全国新区教育学院院长之间的思想交流与高端对话，汇集众

智，凝聚共识，从区域教育教学专业支持枢纽端发力，助推新课程新教材的落地实施。

上海市教委、浦东新区人民政府、上海市教师教育学院、上海市教师学研究会、浦东新区教育局相关领导出席论坛，来自上海市五大新城的教育学院院长和书记，来自全国19个国家级新区和三大湾区教育学院、教育研究院和教科所的代表亲临现场或通过在线方式参加本届论坛。

于漪老师寄语浦东：新区、湾区是中国式现代化建设的前沿阵地，教研领域要有新的思维，要提炼新思想、新观点、新方法，充分调动发挥教师的教育智慧、教改勇气和教育创造力，群策群力，共同奋斗，创造新区、湾区以及各个地方教育的精彩。

面对新时代所提出的历史使命，作为上海市教育综合改革示范区和社会主义现代化建设引领区的浦东教育，应和19个国家级新区和粤港澳大湾区进一步探索"互学互鉴互通，共商共建共享"的联动机制和教育改革之策，形成和分享更多教育改革的发展经验，真正实现教研转型，共绘教育高质量发展的蓝图。

铸魂·生根·强基——新时期教师专业发展学校建设论坛——第五届"浦东杏坛"

铸魂固本，铸牢信仰之基、把稳思想之舵
生根正源，唤醒发展之源、激活内生之力
强基赋能，塑造高质量高水平专业教师队伍

2023年4月26日，铸魂·生根·强基——新时期教师专业发展学校建设论坛暨第五届"浦东杏坛"在上海市浦明师范学校附属小学成功举办，聚焦"教师专业发展理论""教师专业发展学校建设体系""教师专业发展学校建设的路径与机制"等话题，共谋新时代教师队伍建设和教师专业发展。

浦东作为教育大区，近20年来持续开展教师专业发展实践探索，已经拥有一个由90所教师专业发展学校组成的优质教师教育联合体，走在了全市前列。

"究竟是好课还是好人，在影响着我们的孩子？"论坛上，华东师范大学附属中学周彬提出一个令校长们深思的问题，引起了浦东校长的共鸣。4位浦东的特

级校园长、正高级教师在报告中都提到人在教师专业发展中的关键作用。

北京师范大学教育学部朱旭东部长表示，要从制度上把教师教育者队伍建起来，教师专业发展学校要深入挖掘"五要素"：教师、学生、课程、教学和环境，开展实践研究。

浦东教育工作党委毛力熊副书记提出，浦东将探索如何给教师教育者以身份，激发教师专业成长内驱力，提供充足外部推动力，来打造浦东高质量师资队伍。

大模型、人机协同与教学数字化转型——第六届浦东杏坛

数字化赋能，塑造智慧教育新场景

大模型驱动，点亮智教深融新时代

2023年9月26日，第六届"浦东杏坛"——大模型、人机协同与教学数字化转型，暨中国人工智能学会智能教育技术专业委员会2023年学术研讨会，在上海市进才中学开展，聚焦"大模型时代的智能化教育：人工智能教学实践的新机遇与挑战"、"大数据时代的智能化教学：数字化撬动课堂教与学的转型"，此次论坛既是教育部"基于教学改革、融合信息技术的新型教与学模式"浦东实验区开展人工智能赋能教育数字化转型的理论研究与应用实践的成果发布、案例展示，也是围绕新一代人工智能背景下中小学人工智能教育、智能技术支撑下的教与学新模式、新方法的深度对话，助推人工智能时代的浦东教育变革与数字化转型。

实验内容之一"区域推进面向计算思维培养的人工智能与编程教育"项目以学习人工智能素养提升为主要目标，旨在全区形成区域推进人工智能教育新生态、构建人工智能与编程教育新模式、探索人工智能素养新评价。

项目与科学研究紧密相连，前期进行了大量且详尽的研究，将前沿的知识与技术运用到实际项目中。围绕"1+N+100"建设模式，"打造1个人工智能与编程教育大平台、建设N类实验中心、围绕100所实验校、探索人工智能教学与评价模式"。通过研究与探索，成功立项多个市区级课题，发表多篇高质量学术论文，为项目推进筑牢理论基础。通过"教师培训、磨课教研、师生活动、课题

研究"的融合与伴随，构建区域人工智能教育的立交桥，全方位支撑100所实验校开展人工智能普及性教育，不断提高区域人工智能课程设计质量，全面提升区域教师人工智能教育教学能力，促进区域人工智能与编程教育的质量提升。

实验内容之二"大数据驱动的智能化精准教学"项目，旨在打造浦东"智慧共生课堂"，通过人工智能等数字技术，打通录播系统、互动系统、中控系统和教学系统、评价系统的壁垒，实现优质教学资源即时共享，助力教育公平的实现；通过"课前—课中—课后"的整体设计和实施，全过程采集数据，找到教学的难点和痛点，反思具有针对性，从而实现精准教学。盘活已有优质资源、激发活力。积极推进上海市教学数字化转型项目，通过"三个助手"项目试点开展精准教学，课堂变革，实现提质减负，促进学生智慧学习。开展教学评一体化的智能教学，积极探索数字化教研模式，构建纵向贯通、横向联动的教研体系。

未来已来，让我们泰然若素，与自己的时代狭路相逢！

"浦东杏坛"以专业的对话和合作，奏响了浦东教育的壮阔奋进之音，为"引领区"教育的高质量发展贡献了专业力量。

"道阻且长，行则将至，行而不辍，未来可期！"站在新的历史方位，浦东教育发展研究院将以党的二十大精神为指引，守正创新，踔厉奋发，更好发挥思想库、研发池、运维源、服务器、评价者等重要作用，依托"浦东杏坛"等专业教育品牌，办好人民满意的教育，争当上海市乃至全国教育改革的探路者、示范者、引领者，引领浦东广大校园长、教师、学生，共同向建设浦东高质量教育体系迈进！

作者简介：刘晓峰，上海市浦东教育发展研究院教师教育培训部师训员，华东师范大学教育学博士。